NEW CLASSIC
SERIES

わたしの隠れ場

The Hiding Place

コーリー・テン・ブーム 著
湖浜 馨 訳

いのちのことば社

The Hiding Place

by Corrie ten Boom with John and Elizabeth Sherrill.
Published by Chosen Books LLC.,
Mount Kisco, New York USA.

はじめに

私たちが『神の密輸商人』（原題・*God's Smuggler*）という本の取材をしていたころ、コーリー・テン・ブームという名前が絶えず出てきました。このオランダの女性――初めて彼女について聞くようになったのは、七十歳の半ばでした――は、ブラザー・アンドリューのよき旅行相手でした。アンドリュー氏というのは、鉄のカーテン内部の宣教師です。彼は、ベトナムでコーリーが「最も貴重なおばあ様」というような意味の、最高に名誉ある称号を受けたとか、人々を惹きつけるような話や、共産圏諸国で活躍した彼女の話などをしてくれました。それが、あまりにもたびたび思い出されてくるので、私たちは彼の回想のうずに巻き込まれて、ついには立往生してしまう始末でした。「彼女をある特定の本に書き著すことは、とてもできない」と、私たちは言いました。「彼女自身が一冊の本のような気がする。」もちろんこれは言葉の綾であって、特別な意味があるわけではありません。

一九六八年の五月、私たちはドイツの教会に行きました。ひとりの男性がナチスの強制収容所での経験を語っていました。その顔は言葉以上に、当時の様子を雄弁に伝えていました。その苦悩の色を浮かべた目、震える手は、いつまでも忘れることができません。

彼の次に、肩幅が広く、センスのいい靴をはき、顔が愛と平安と喜びに輝いている白髪の女性が聖書朗読台に立ちました。ところが、この二人の人が口にした物語は同じだったのです。彼女も強制収容所に入れられて、同じような残忍な行為を見、同じような損失をこうむりました。最初の男性の反応は容易に理解できますが、あとの女性の場合は、そうはいきません。

私たちは残って彼女と話をしました。そのうちに、私たちの目の前にいるのは、アンドリュー氏が言っていたコーリーだとわかったのです。慰めと助言を与える彼女の世界的な奉仕は、強制収容所の中から始まりました。彼女はそこに、預言者イザヤが約束した「嵐と雨から逃れる避け所、また隠れ家」（イザヤ四章六節）を見つけたのです。

引き続いて訪問するうちに、このすてきな女性をさらによく知るようになりました。私たちはいっしょに、間口が一部屋分しかないという古ぼけたオランダの家屋に行ってみました。彼女はここで五十を過ぎるまで、独身の時計工として淡々とした生活を送っていました。彼女が、姉と年老いた父親の面倒を見ていた時、あのすさまじい冒険の世界が間近に迫っていたとは、夢にも知りませんでした。

私たちはまた、娘時代のコーリーが永久に心をささげたという、南オランダの庭園に行ってみました。さらに、裕福なお得意さんのピックウィックが、戦争のさなかだというのに本物のコーヒーを出してくれた、ハールレムにある大きなれんが造りの家にも足を運びました(本書六章参照)。

その間、過去を見つめているのではなく、将来を見つめているのだという、実に奇妙な感覚になっていました。知り合いになった人たちや場所が、すでに起こったことではなく、一九七〇年代の私たちの前にある世界について語りかけているように思えたのです。私たちは、次の点について、彼女から学んだことを、すでに実生活に応用していることに気づきました。

・別離にどう対処するか
・乏しいもので生活する方法
・危険のさなかでの安全
・赦し
・神は弱さをどのように用いられるか
・難しい人と付き合う方法
・死に直面した時
・どのようにして敵を愛するか
・悪が勝つ時、どうすればよいのか

私たちはコーリーに、あなたの思い出すことはみな実生活に役立つことや、その記憶が私たちの直面する問題や決断に光を与えてくれることを伝えると、彼女はこう答えました。「でも、私は、過去のことを言ったまでですよ！　神様が与えてくださる様々な経験や、神様が私たちの生活の範囲内に置かれる人々はすべて、ただ神様だけがご覧になれる将来への、完全な備えなのですね。」

すべての経験、すべての人……オランダでいちばんの時計修理の仕事をしながら、請求書を送るのを忘れたという父親。身体が病弱のため、刑務所に閉じ込められたような生活を送りながらも、霊魂は自由にはばたいていた母親。たった三つのじゃがいもと出がらしの紅茶葉でパーティーを開くことのできたベッツィー。敗北を知らないこの女性の、愛くるしくまばたきをする青い目を見つめていると、これらの人々が私たち自身の生活の一部であったならと思うのでした。

もちろん私たちは、そのとおりになることを知ったのです。

一九七一年七月　ニューヨーク、チャパクアにて

ジョン・シェリル
エリザベス・シェリル

目次◉わたしの隠れ場

一　百年目の誕生日

お日さまが出ているかしら？　それとも霧かしら？

その朝、それだけを考えてベッドから飛び起きました。オランダの一月は、たいてい霧に包まれ、湿気が多くて薄ら寒く、灰色の世界に閉じ込められています。でも時たま、ごくまれに魔法にかかったような日があって、白い冬の太陽が顔をのぞかせることがあるのです。

私は寝室にあるたった一つの窓から、できるだけ身を乗り出してみました。このベイヨイ（家屋の名称）から空を眺めることは、とても難しい芸当です。ここは古都ハールレムの混雑した中心街で、古くからの建物が林立していて、その無表情なれんがの壁が視線をさえぎっています。でも、痛くなるほど首を伸ばして見上げると、奇妙な屋根やねじ曲がった煙突の先の一角に、ぼんやりと真珠色に光ったところが見えるのです。どうやらパーティーが開かれる今日は、太陽が顔をのぞかせそうです。

壁側に、旧式ですわりのよくない洋服ダンスがあります。新しいドレスを取り出しながら、私はちょっとばかりワルツを踊ってみるほどはしゃいでいました。父の寝室は真下にありますが、七十七歳の父はまだぐっすりと寝ています。それは年を取った人の一つの特権かしらと考えながらドレスの袖に手を通し、洋服ダンスの扉に付いている鏡に姿を映してみるのでした。一九三七年当時、オランダ人女性の中には膝丈のスカートをはいている人もいましたが、昔風の慎重派な私は、靴の上三インチ（約八センチ）のスカート丈でした。

鏡に映る自分の姿を見ながら、「あなたは別に若くなったわけじゃないのよ」とひとり言を言いました。いつもより自分に対して批判がましくなったのは、新しいドレスのせいかもしれません。そのころの私は未婚の四十五歳で、ウエストがなくなってから、かなりの年月がたっていました。

姉のベッツィーは私より七つ年上ですが、うらやましいほどほっそりしていて、道行く人が振り返って見るほどです。それが彼女の服装のせいでないことは、神がよくご存じです。私たちの小さな時計店では、まとまったお金など入ったためしがありません。ところが、ベッツィーがドレスを着ると不思議な魅力が漂うから妙です。

それに反して私ときたら、ベッツィーが面倒を見てくれないかぎり、洋服の縁はほころび、ストッキングはたるみ、襟は曲がっているという始末です。でも今日は、狭い部屋で鏡からできるだけ離れて立ってみると、濃い栗色に包まれてきりっとしていて、とてもおしゃれに見えます。

と、その時、ずっと下の通りに面した入口で呼び鈴が鳴りました。朝の七時にもならないというのに、いったいだれかしら？　寝室のドアを開けた私は、傾斜の急ならせん階段を駆け下りました。この階段は、私たちが住んでいる風変わりな古い家屋の構造上、あとになって取り付けられたものです。じつはこの家は二軒の家からできています。表通りの正面にあるのは、小作りながらも典型的な古いハールレムの建物で、奥行が二部屋、幅はわずか一部屋の三階建になっています。この家の長い歴史の中で、いつのころからか、うしろの壁が突き破られ、ひょろ長い塔のような家が付け足されました。この部分には、わずか三部屋しかなく、その一つ一つが積み上げられている格好です。このらせん状の狭い階段は、二つの家屋に押しつぶされそうになって這い上がっているのです。

　ベッツィーは私より一足先に、すばやく裏口玄関に出ていました。途方もなく大きな花束が廊下いっぱいに広がっています。花束をベッツィーが受け取ると、うしろから配達してくれた少年の顔が現れました。「パーティーには、もってこいの日ですね」と彼は言って、すでにコーヒーやケーキが並べられているかのように、花束越しに奥をのぞき込もうとしました。きっとこの少年も、あとからパーティーの席に現れることでしょう。まるでハールレム中の人がやって来そうな気配です。

　ベッツィーと私は、花束の贈り主はだれかとカードを探しました。「ピックウィックだわ！」

私たちは同時に、大声を上げました。

ピックウィックはとても裕福なお得意さんで、最高級の時計を買ってくれただけでなく、よく階段を上って来ては、店舗の上にある我が家を訪ねるのでした。ほんとうの名前は、ハーマン・スルリングと言います。ディケンズの小説の挿絵に信じられないほどよく似ているので、ベッツィーと私はお互いにだけに通じる「ピックウィック」というあだ名を彼に献上したのです。

このハーマン・スルリングは、文句なしにハールレム一《いち》の醜男《ぶおとこ》です。背が低く、お話にならないほど太っていて、それに頭ときたらオランダのチーズのようにつるつるです。魚の目のように大きいどんぐり眼はそれぞれ違う方角を見ていて、こちらを見ているのか、それともほかの人を見ているのか、さっぱりわかりません。ところが、おっかない風貌に反比例するかのように、とても親切で気前がいいのです。

さて、その花束は、狭い通りに通じる家族専用の出入口の廊下に置いてありました。ベッツィーと私は、それを廊下から店に運び入れました。最初の部屋は、腕時計や柱時計を修理する仕事部屋です。そこには父の仕事専用の高い椅子があります。父はそこで長年の間、背中を丸めて神経のすり減る細かい仕事をしてきました。そして、今ではオランダ最高の職人と言われるまでになったのです。部屋の中央には私の椅子があります。その隣には見習のハンスの、そして壁に向かって年老いたクリストフェルの椅子があります。

仕事部屋の向こうは顧客が買物をする店舗になっていて、そこには時計がいっぱい並ぶガラス製の陳列ケースがあります。

ベッツィーと私が花を運び入れ、どこに置くべきかを悩んでいる時、店中の柱時計がいっせいに七時を打ち始めました。私は子どものころから、この部屋に入り浸るのが好きでした。チック、タックという無数の音が歓迎してくれるように思えたからです。

部屋の中がまだ暗いのは、通りに面した窓のシャッターが上がっていないからです。私は正面玄関のドアの鍵を開け、バルテルヨリス通りに一歩踏み出してみました。狭い街路にひしめくほかの店舗は、どれもシャッターが下りたままで静まり返っています。私たちの家の隣はめがね屋で、その先には洋品店やパン屋が並んでいます。通りの向かい側にあるのはベイル毛皮店です。

シャッターを上げてちょっとの間だけ、ベッツィーと私がめずらしく意見の一致を見た、飾り窓の陳列具合を誇らしげに眺めてみました。この窓はいつも、私たち二人の間に論議をかもし出す原因となっていました。私はといえば、手持ちの商品をできるだけたくさん棚に並べたいほうでしたし、ベッツィーは二個ないし三個の美しい高級時計を、波形にあしらった絹かサテンの上にふんわりと載せるのがエレガントで、しかも人目を引くと主張して譲らないのです。

ところが、この飾り窓にかぎっては私たちの両方を満足させてくれました。今そこには、町中の友人や古道具商から借りてきた、少なくとも百年の歴史はあるという、いわくつきの置時計や懐中時計のコレクションが所狭しと並んでいます。今日は、私たちの店の百年目の誕生日なのです。一八三七年のこの日、父の父にあたる人が、この窓に「テン・ブーム時計店」と書き込んだのでした。

十分ほど前から、正確な時間の経過など無視しているかのように、ハールレムのあちこちの教会の鐘が、まちまちに七時を打ち鳴らしています。そして今や、半ブロック離れた町の広場にある聖バボ教会の大きな鐘が、厳かな余韻を込めて鳴り響いています。寒さが厳しい一月の朝、私は通りにたたずんで、その鐘の音を数えていました。

もちろん今では、ハールレムのどの家にもラジオがありますが、聖バボ教会の鐘の音で動いていた時代、正確な時間を必要とした列車乗務員などは、わざわざ私たちの家に立ち寄って「天文時計」に時間を合わせていたことを思い出します。そのころ、父は毎週汽車でアムステルダムまで行き、海軍の観測所から正しい時間を持ち帰っていました。そのため、店内にある天文時計には一週間に二秒以上の誤差はないというのが父の自慢の種でした。当時のような存在価値はなくなったとはいえ、その天文時計は今なおコンクリート台の上でにぶい光を放ち、背丈の高い重厚な威容を誇っているのです。

路地の入口のベルが、また鳴りました。今度も花束です。大小の花束や手の込んだ盛り花、それに家庭で栽培した鉢植などが一時間にわたって持ち込まれました。今回のパーティーはお店を主体としたものでしたが、町の人たちの愛情が父に注がれていたのです。人々は父を「ハールレムの大御所」と呼んでいましたが、口先だけではないことを証明しようとしたのです。

店にも作業室にも、もうこれ以上花束を入れることができなくなったので、ベッツィーと私は、今度は店の二階にある二つの部屋に運ぶことにしました。タンテ・ヤンス（ヤンスおばさん）が亡くなってから、かれこれ二十年にもなりますが彼女の部屋はもとのままになっています。タンテ・ヤンスは母の姉で、その遺していった暗い色調の頑丈な家具は、今もなお彼女の面影をとどめているように思えます。ベッツィーは温室育ちのチューリップの鉢を下に下ろし、一歩下がって、いかにも嬉しそうに言いました。

「コーリー、見てよ。ここだと、とても引き立って見えるわ。」

かわいそうなベッツィー。このベイヨイは周囲の家屋とかなり接近しているので、彼女が春になるときまって栽培する出窓の鉢植は、一度も生長して花を付けたためしがないのです。

七時四十五分になると見習のハンスが出勤して来ました。八時には営業と帳簿係のトゥースが姿を見せました。このトゥースという人は、いつも苦虫をかみつぶしたような陰気な顔の女性で、怒りっぽいために一つの職場で長続きしたことがありませんでした。ところが十年前に、父のもとで働くようになったのです。

父の穏やかでいんぎんな風格に接しているうちに、すっかり警戒心を解いて物腰が柔らかくなった彼女は、そんなことを認めるぐらいなら死んだほうがいいと言うでしょうが、他の人々を憎んだのに反比例して、父を熱烈に愛するようになりました。ベルが聞こえてきたので、私たちはハンスとトゥースをあとに裏口に行き、それから二階の食堂に行きました。

私はテーブルにお皿を並べながら、「たったの三枚でよかったのだわ」と念を押しました。食堂は、あとから建て増しされた部分にあって、店よりは階段を五つ上がったところにありますが、タンテ・ヤンスの二階部屋よりは低いのです。路地を見渡す窓が一つだけ開いているこの部屋は、私にとっては家の中心でした。幼いころ、このテーブルにすっぽりと毛布をかぶせると、即製のテントになったり、海賊の隠れ家になったりするのでした。学校に通うようになって、宿題をするのもこの部屋でした。また冬の夜など、母はここでディケンズの物語を読み聞かせてくれました。そんな時、れんがのいろりの中では石炭が音をたてて燃え、「イエスは勝利者」と書かれたタイルを赤々と照らし出すのでした。

父とベッツィーと私は、テーブルの片すみを使いました。でも、いつも私には、ほかの家族たちがそこにいるように思えてなりませんでした。母の腰掛けていた椅子もあれば、向かい側には三人のおばの席もあります。(タンテ・ヤンスだけでなく、ほかにも母の姉妹が二人、私たちといっしょに住んでいました。)私の隣にはもう一人の姉のノーリーが、父の横には家族の中で唯一の男の子である兄のウィレムが座っていたのです。

ノーリーとウィレムがそれぞれの家庭を持ったのは、もうかなり前のことです。母とおばたちは、みな亡くなってしまったのですが、私には今でもこの人たちが目の前にいるような気がします。もちろん彼らの椅子が、いつまでも主人のいないままになっていたわけではありません。父は、子どものいない家など考えられない性分でしたので、家のない子どもがいると聞くとすぐに引き取り、新顔が次々とテーブルに着くことになっていたのです。

どういうわけか、あまりもうからない時計店のやりくりの中から、父は自分の子ども四人が成人してから、十一人もの子どもたちを養ってきたのです。でも今では、これらの子どもたちも成長して、結婚しているか、それとも仕事を見つけて家を離れているかのどちらかなので、私がテーブルに並べるのは三枚のお皿だけでよかったのです。

ベッツィーは食堂の奥まったところにある、押入れに毛の生えた程度の小さな台所から、コーヒーを運び、サイドボードの引出しからパンを取り出してテーブルに並べていると、階段を下りて来る父の足音が聞こえてきました。らせん階段に差しかかると少し歩調が落ちます。それでも、私が物心ついてから毎朝そうであったように、その日も父は、自分で調整した時計のように正確に、八時十分かっきりに食堂に入って来たのです。

「お父さん」と言って頬に口づけした私は、「パーティーにはもってこいのお天気ですよ」と付け加えました。

父の頭髪とひげは、ベッツィーがこの特別な日のためにと広げた最高級のテーブルクロスと同じくらい、白く輝いています。丸くて厚味のあるめがねのうしろにある青い目は、いつものように穏やかで陽気な光をたたえています。父は嬉しくてたまらないといった表情で、私たち二人をつくづく見比べるのでした。

「コーリー、ベッツィー。今日は二人とも華やかで、ほれぼれするほど美しいよ。」

父は椅子に腰掛けると頭を垂れ、食前の感謝をささげました。それから、熱の込もった口調で続けました。「母さんがいたらなあ。そのニュー・スタイルの服は、きっとお気に召すだろうよ。二人ともとても美しく見えるから、喜ぶだろうになあ。」

ベッツィーと私は吹き出しそうになるのを懸命にこらえて、じっとコーヒーを見つめていました。父の言う〝ニュー・スタイル〟は、実は若い姪たちにとって見るもうんざりの代物だったのです。彼女たちはいつも私たちに、もっと明るい色彩でスカート丈も短く、襟ぐりがもっと広がった服を着せようと苦心していたからです。

ところが、私たちにとっては保守的と思えるこの衣装も、母の目から見ればどうでしょう。母は、私の着ている濃い栗色のものや、ベッツィーの濃紺のドレスのように明るいものなど、ただの一度も着たことがないのです。彼女の時代には、既婚女性や一定の年齢に達した未婚女性は、あごの下からつま先まで黒ずくめでした。私は母やおばたちが、黒以外の色ものを着ている姿をついぞ見たことがありません。

ベッツィーが口をはさみました。「母さんが今日の様子を見たら、とても喜ぶでしょうにねえ。母さんが『特別の日』をどんなに大切にしていたか、覚えている。」

母は、たいていの人が「おめでとうございます」と言い終わらないうちに、コーヒーポットをストーブにかけたり、ケーキをオーブンに入れたりする早業ができるのでした。彼女は、ハーレムに住む人たちをほとんど全部知っていました。特に、貧しい人や病気の人や見捨てられた人に気を配っていたので、一年中でだれかを招かなかった日は、ほとんどないくらいでした。彼女は目を輝かせながら、「今日は特別の日ですよ」と口ぐせのように言うのでした。

私たちはコーヒーをすすりながら、たいていの人が何かの記念日にそうするように過去を振り返ってみました。母が生きていたころやそれ以前のころ、そして父がこの家で育った少年時代へと話はさかのぼっていきます。

「わしはな、この部屋で生まれたんだよ」と、父は今までに百回も私たちに話したことなど、まるで忘れたかのように言うのでした。「そのころ、ここは食堂ではなく寝室だった。窓もなければ明かりもなく、空気の流れもしごく悪かったこの部屋の壁に、ちょうど戸棚のような格好でベッドが組み込んであった。わしは、生き残った最初の赤ん坊ということだった。わしの前に、何人生まれたかわからんが、みんな死んだということだ。母は胸を患っていたんだが、そのころの人は肺病が空気伝染することも、赤ん坊を患者から離しておくことも知らなかったんだな。」

今日は記憶の糸をたぐる日です。過去を呼び覚ます日です。ところで、私たちはその時、やがて記憶に取って代わる、夢にも思わなかった事件が割り込んでくるなどと、どうして想像できたでしょうか。異常な事件と苦悩、恐怖と天国が外まで近づいていたのです。ただ、それを知らないだけでした。

ああ、父よ、ベッツィーよ。もし私に将来が読めたとしたら、一人で先に行くようなことをしたでしょうか。また、私が経験したようなことを、あえてすることができたでしょうか。

しかし私に、先のことなどわかるはずはありません。「オパ（おじいさん）」とハールレム中の子どもたちに呼ばれているこの白髪の老人が、見知らぬ人たちによって墓標のない墓に投げ込まれるなどと、だれが想像できたでしょうか。

それに、レースの高襟をきちんと付け、周囲にいつも美しさをかもしだす才能のあるベッツィーよ。私にとって世界でいちばん大切なこの姉が、裸で立たされ、部屋いっぱいに詰めている男の視線を浴びるなど、どうして考えることができたでしょうか。その日、食堂では、このようなことなど思いもよらない出来事だったのです。

朝食が終わり、トゥースとハンスがドアをノックして入って来ると、父は立ち上がって、棚から真鍮《しんちゅう》の飾りの付いた大型聖書を取り出しました。毎朝八時半になると、この家の全員が聖書朗読に参加するというのが、ベイヨイの日常生活のかなめになっていました。

父が大きな聖書を開く時、ベッツィーと私は思わず息を止めました。今日は特別な日で、まだやることがたくさんあるのだから、まさか一つの章全体を読むなんてことはないでしょう、と私たちは心の中でつぶやきました。ところが父は昨日の続きの「ルカの福音書」を開いたのです。うんざりするほど長い章です。父はそこを指で押さえてから、目を上げて言いました。

「クリストフェルはどこかね？」

クリストフェルは三番目の従業員で、実際は父より十も若いのに老けて見えるだけでなく、腰の曲がった皺《しわ》の多い小柄な老人です。今から六、七年前に、彼がはじめて私たちの店を訪れた時のことをよく覚えています。あまりにも見すぼらしい服を着て、みじめな顔つきをしていたので、私は食事にありつこうとしてこのベイヨイにやって来た物乞いだと早合点してしまいました。そこで、ベッツィーがスープを煮ている台所に案内しようとしたところ、彼は威厳に満ちた声で、自分はここでずっと雇ってもらいたいから、まず私たちに奉仕したいと言ったのです。

クリストフェルは以前、今ではほとんど聞くことのない商売をしていたことがわかりました。彼は歩いてあちこちと旅をする巡回時計修理工で、オランダのどの農家でも誇りにしている背の高い振子時計の調節や修理をしていたのです。私は、この見すぼらしく小柄な人物のもったいぶった態度に驚きましたが、それ以上に、父がたちどころに彼を雇ったのを知って、二度びっくりしたのでした。

クリストフェルはのちに、こう自慢するのでした。「あてどもなく旅を続ける時計工の連中は、どこに出しても恥ずかしくない一級の職人ですぜ。何しろ袋に詰めた道具だけで、どんな修理でも引き受けるんですからね。」

ハールレム中の人たちが彼のもとに柱時計を持って来るようになって、それが事実であると証明されました。クリストフェルがお給料をどのように使っていたのか、私たちにはわかりません。とにかく彼はあいかわらずぼろをまとって、見すぼらしいなりに甘んじていたのです。父は折にふれ、それとなく注意していましたが、プライドの高いクリストフェルを前に、とうとうあきらめてしまいました。

そしてこの日、それまで一度もなかったことですが、そのクリストフェルが遅刻したのです。父はナプキンでめがねを拭いて、おもむろに聖書を読み始めました。重々しい口調で一語、一語ゆっくりと読み進んでいきます。ページのいちばん下の段まで来た時、足を引きずりながら階段を上って来る音が聞こえました。クリストフェルです。ドアが開くと、一同は思わず息を呑みました。彼は真新しい黒の洋服に、新しいチェックのベスト、雪のように白いシャツ、花模様のネクタイ、糊のきいたカラーといういでたちで、すっかり見違えていました。ところがその顔が、いつもと違っていると思われたくないことを訴えていたので、私はすばやく視線をそらしました。

父は、つぶやくような声で古風なあいさつをしました。「親愛なる協力者、クリストフェル。このめでたい日にあなたにお会いできて、まことに喜ばしい。」これだけ言って、すぐさま聖書朗読に取りかかりました。

一章を読み終える前に、正面玄関に通じる店のベルと、路地に面した裏口のベルが同時に鳴り出しました。トゥースと私が急いで応待に出ている間、ベッツィーは台所に走って行き、コーヒーをさらにたくさん沸かし、手作りのクッキーをオーブンに入れるのでした。

ハールレム中の人がわれ先にと父に握手を求めているようでした。やがて、切れ目のない来客が、タンテ・ヤンスの部屋に通じる狭いらせん階段で列をなしていました。その部屋では、父が花に埋もれんばかりに座っています。階段で私が老人に手を貸していると、ベッツィーが腕をつかんで言いました。

「コーリー、ノーリー宅のコップがすぐに必要なの。どうしたらいいかしら……。」

「私が取って来てあげるわ。」

姉のノーリー夫妻は、午後になって六人の子どもたちが学校から帰って来たらすぐ来ることになっていました。私は大急ぎで階段を下り、コートを取りました。それから裏口玄関に置いてある自転車を持ち上げ、敷居をまたごうとした時、穏やかではあっても、きりっとしたベッツィーの声が追いかけてきました。

「コーリー、新しいドレスを着たままよ！」

あわてて私は向きを変え、階段を上って自室に戻り、いちばん古いスカートにはき替えると、でこぼこしたれんが敷きの通りに出ました。

私はノーリーの家まで自転車で行くのが好きです。彼女と夫はベイヨイから一マイル半（約二・五キロ）ほど離れた、ごみごみした中心街の外れに住んでいました。そのあたりの道路は広々とまっすぐしていて、おまけに空さえもなぜか広く見えるのでした。

町の中央広場を横切り、運河の上にかかるグローテ・ホイト橋を渡り、ワーゲンウェッグ通り沿いに自転車を走らせ、冬の薄い日差しを満喫しました。ノーリーは、ボス・エン・ホーベン通りに住んでいました。そこは、どこの家にも窓に白いカーテンと草花の鉢が並べてある、同じような造りの住宅が集まっている場所です。

近くの園芸店のヒヤシンスの球根が色づくある夏の日、自転車でノーリーの家に駆けつけた私が、彼女の家の糊のきいたカーテンのうしろで何が起こっているのか、恐ろしくて立ちつくす日が来るとは、その時どうして予想できたでしょう。

でも今日は、玄関に通じる道に勢いよく乗り上げ、ノックもせずにドアを開けて中に入りました。

「ノーリー、もうベイヨイは、お客様でいっぱいよ！　できるだけ早く来てちょうだい。あなたのとこのコップが、すぐにでも必要なんだけど！」

ノーリーは台所から出て来ました。彼女のかわいらしい丸顔は、オーブンの熱でほてっています。「コップなら、みんな包んでドアのそばに置いてあるわ。できたら私も、今からいっしょに行きたいんだけど。でも、まだクッキーをたくさん焼かなきゃならないし、それにフリップと子どもたちには、帰るまで待ってると約束してしまったの。」

「姉さんのところは、全員で来るのね？」

「そうよ、コーリー。ピーターもね。」こう言ってノーリーは、コップの包みを自転車のかごに入れました。私は公平なおばとして、どの姪も甥も同じように愛そうと心がけていました。ところが、ピーターは別格でした。十三歳の彼は音楽の才能にあふれた少年で、大変ないたずらっ子でしたが、私の自慢の甥でした。

ノーリーは言いました。「ピーターは今日のために、特別な歌を作ったのよ。ところで、この包みは手に持つよりほかになさそうねえ。注意してちょうだいよ。」

ベイヨイに戻ってみると、前より大勢の人でごった返していました。路地は多くの自転車で通路もないほどでしたので、私の自転車は、曲がり角に乗り捨てておくよりほか仕方がありませんでした。

ハールレムの市長は、燕尾服に金の時計鎖をのぞかせて来客の列に加わっています。郵便配達員、路面電車の運転手、それにハールレム警察署から来た数人の警官が曲がり角の近くで順番を待っています。

昼食ののち、子どもたちがやって来ました。彼らはいつものように、まっすぐ父のところに行きました。年上の子どもたちは輪になって床の上に座り、年下の子どもたちは父のひざに上ります。父のきらきら光る人なつっこい目と長いひげのほかに、その胸元から聞こえてくるチック・タックと刻む音に、子どもたちは引き寄せられてくるのです。

時計は棚の上に寝かせておくのと、身に付けているのとでは進み具合が違うので、父はいつも調節中のものは身に付けることにしていました。父のジャケットには四つの大きな内ポケットがあって、その一つ一つに十二個の時計をつるすフックが付いています。ですから、父が歩くたびに、何百もの小さな歯車の楽しそうなハミングが付いて回るのです。

両ひざに一人ずつ幼い子どもをのせ、ほかの十人の子どもが取り巻く中で、父は別のポケットから柱時計のぜんまいを巻く十字形の重いねじを取り出しました。その四つの先端は寸法がまちまちで、サイズの違う柱時計に合うように工夫してあります。彼が指先で器用にひねると、それは重いコマのように音を立てて、にぶく光りながら回転します。

ちょうどそこへ、ケーキをお盆に載せたベッツィーが入って来て、「まあ、お父さんたら、部屋にだれが来ても気がつかないんだから」と言いました。

私が使い終わった皿の山を抱えて階段を下りて行くと、ちょっとした悲鳴が聞こえて来ました。ピックウィックが来たに違いありません。私たちのように彼を愛している者は、彼と初めて会う人がどんなショックを受けるか、すっかり忘れていたのです。

大急ぎで裏口玄関に出て、アムステルダムから来た卸商の奥さんにそそくさとピックウィックを紹介してから、彼を連れて二階の部屋に行きました。ピックウィックは父のそばの椅子に、ずんぐりした巨体を沈め、片方の目は私に、もう片方の目は天井に向けて言いました。「ぼくのコーヒーには、角砂糖を五つ入れてください。」

気の毒なピックウィック。彼は父同様に大の子ども好きです。ところが、子どもたちは父のほうに気を取られているので、彼としては、何とかして子どもたちの注意を自分に向けなければならないのです。そのピックウィックには、絶対に失敗したことがないという芸当がありました。

私は、どっさりお砂糖の入った彼用のコーヒーを運んでから、ピックウィックが周囲を見回しながらびっくりするほど大声で、いたずらっぽく演出するのを見ていました。「ところで親愛なるコーリーおば様。このコーヒーカップを置くテーブルがありませんねえ。」彼は子どもたちが注目しているのを確かめてから言葉を続けました。「でも、さいわい、ぼく専用のテーブルをここに持って来てるんですよ。」

こう言って、突き出た太鼓腹の上にコーヒーカップと受け皿を載せました。この芸当に降参しない子どもは、一人もいません。まもなく彼の周りに、尊敬のまなざしで見つめる子どもたちの輪ができました。

しばらくして、ノーリー一家がやって来ました。「コーリーおばさん。おばさんは、百歳のおばあちゃんには見えないよ。」ピーターが無邪気に挨拶しました。私がぶつまねをすると、彼はするりと逃げてタンテ・ヤンスのアップライトピアノに向かいました。ピアノから流れ出るメロディーは、古い家のすみずみまで響き渡ります。居合せた人々は、流行歌やバッハのコラールの一節や賛美歌など、めいめいにリクエストしました。まもなく部屋中の人がピアノに合わせて合唱し始めました。

幸せいっぱいの午後、そこにいた人々のうち何人が、やがて全く違った状況下で再び会うことになるとは！　ピーター、警官、親愛なる醜男のピックウィック、それに親族のほとんど全員が集まっていますが、兄のウィレム一家だけがまだ顔を見せていません。どうして、こんなに遅いのかしら、と私はいぶかりました。ウィレムと奥さん、それに子どもたちは三十マイル（約五十キロ）離れたヒルフェルスムに住んでいます。それにしても、もうとっくに着いているはずなのです。

すると突然、音楽が止みました。ピアノの椅子に腰掛けていたピーターは、鋭く「シッ！」と人々を制してから言いました。「おじいちゃん、商売敵《がたき》がやって来たよ。」

私は窓からのぞいてみました。同じ通りにある、もう一軒の時計店を経営しているカン夫妻が、ちょうど曲がり角を曲がったところです。ハールレム流の基準からすると、彼らは新顔ということになります。開店したのが一九一〇年のことですから、バルテルヨリス通りには、たった二十七年しかいない計算になります。けれども、彼らは私たちよりはるかにたくさんの時計を売ってきたので、ピーターが商売敵と言ったのも、もっともだと思えました。

ところが父は、これが気に入らず、「ピーター、商売敵ではないよ。商売仲間だ」とたしなめました。父は両ひざの子どもを急いで下ろし、立ち上がって、カン夫妻を迎えるために階段のところまで出て行きました。

カン氏がたびたびうちの店を訪れることを、父は、大切な友人の儀礼と受け止めていました。カン氏が帰ったあと、私は口をとがらせてよく言ったものです。「お父さん、あの人が何しに来たのか、わからないの？　あの人は、うちの商品の値段を確かめて、それより安く売ろうとたくらんでいるのよ。」カン時計店の陳列窓をのぞいてみると、いつもきまって、私たちのところよりちょうど五ギルダー（約千五百円）安い価格が太字で書いてあるのです。

これを知ると、父が時計工の商売面を考えることはめったにありませんが、顔に満足そうな驚きの色を浮かべるのでした。「でもなあ、コーリー。お客さんはあちらの店から買うと、それだけ得したことになるんだよ。」こう言ってから、きまって次のように付け足すのでした。「それにしても、どうもわからんなあ。どうやってあの人は、あんなみごとな商売をするんだろう。」

父は祖父同様、商売の仕方については無知でした。何日もかかって難しい修理を終えたあと、請求書を送るのを忘れたりするのです。それに、高価でめずらしい時計になればなるほど、お金に換算して考えるのが不得手になるのです。「こんな時計の場合、職人はまたとない仕事をする特権にあずかったんだから、逆にお金を払うべきだ。」口ぐせのようにこう言うのでした。

店の経営に至っては、開業してから八十年というもの、夕方の六時になると早々と通りに面したシャッターを下ろす始末でした。今から二十年前になりますが、私が店で仕事をするようになってはじめて、黄昏時になると散歩をする人たちが狭い通りにひしめき合っていて、それを目当てにほかの店は窓に明かりをつけ、客寄せしていることに気づいたのです。このことを話すと、父はまるで私が大変な発見でもしたかのように小躍りしました。「なるほど、通行人に時計が見えたら、ひとつ買いたいという気になるかもしれんなあ。コーリー、おまえはなんて頭がいいんだろう!」

ケーキをいっぱい持ったカン氏が、美辞麗句を並べながら私に近づいて来ました。嫉妬心を抱いていたため、うしろめたさを感じた私は、大勢の人がいることをよいことにして、その場を逃げ、階下に下りて行きました。仕事部屋もお店も、善意の人たちが二階より大勢詰めかけています。

ハンスは奥の部屋でケーキを配っています。トゥースは、下がり気味の下唇に笑いに近い表情を浮かべながら、前の部屋で給仕をしています。クリストフェルときたら、信じられないくらい社交的になっています。店の入口に立って、来る人ごとにあいさつをする堂々とした風采からは、いつもの腰の曲がった見すぼらしい姿など想像できません。今日が彼の生涯にとって最良の日であることは、どうやら間違いなさそうです。

冬の短い午後の日、父の友人だと自認する人たちが、ひっきりなしに訪ねて来ました。若い人も老人も、貧しい人もお金持も、学識豊かな紳士も、読み書きのできない下働きの少女もいます。父には、この人たちはみな同等に見えるのでした。彼は人々の間にある差別を見落したのではなく、そんなものは初めからないと考えていたのです。ここに父の秘訣があります。

ところで、兄のウィレムはまだやって来ません。私は、入口に近くにいる何人かの人を見送り、外に出てしばらくの間、バルテルヨリス通りの人の流れを目で追っていました。まだ午後四時だというのに、あちこちの店には明かりがともり、一月の夕暮れ時に淡い光を投げかけています。

私は五つ年上の兄に、相変わらず妹らしい尊敬の念を抱いていました。ウィレムは牧師で、テン・ブーム家で大学に行った、ただ一人の兄なのです。私は、彼には先を見抜く力があると思いました。やがて世界に起ころうとしていることを感じ取っていたのです。

私はたびたび、ウィレムがあまり将来を見通したりしないように願いました。というのは、その見通しの多くは、恐ろしいものだったからです。ちょうど十年前の一九二七年のことでした。ウィレムはドイツ語で博士論文を書いて、ドイツに恐ろしい悪が根を下ろし始めたことを指摘しました。大学の中に、世界がかつて見たこともないような人命に対する軽蔑の種がまかれている、と言うのです。その論文を読んだ人の中には、笑う人さえいました。

もちろん今になってみれば、ドイツについて笑うような人はいません。優秀な時計の大半を製造しており、何年もの間、私たちの取り引き先であったいくつかの工場が、最近になって理由もなく突然、不可解なことに〝廃業〟しました。ウィレムは、これを計画的で大がかりな反ユダヤ人運動の一部だと見ました。閉鎖された工場は、ユダヤ人が経営していたものばかりです。ウィレムは、オランダ改革派教会のユダヤ人救済運動の責任者であったため、これらの情報が入手できたのです。

私は家の中に戻ってドアを閉めながら、父が時計の優秀なセールスマンであるように、兄は教会のすばらしいセールスマンだと思いました。彼が過去二十年間に一人でもユダヤ人を回心させたかどうかについては知りません。けれどもウィレムは、人々を変えようとするのではなく、人々に仕えようとしていたのです。

彼は生活を切り詰めてお金を蓄え、ヒルフェルスムに高齢のユダヤ人のためのホームを建てました。ウィレムは、どのような種類の差別にも反対していたので、そのホームには様々な宗教を信奉する人々が暮らしていました。ところが最近では、ドイツのあちこちから逃げて来た若いユダヤ人たちでホームはあふれるようになりました。そこで、ウィレムと家族は自分たちの部屋を提供し、自分たちは廊下で寝るようになったのです。このように避難所を求めてやって来る、家のないおびえきった人たちはあとを絶たず、人々を取り巻く狂気は増大するばかりです。

私が台所に行ってみると、ノーリーがコーヒーを沸かしていました。それを持って階段を上り、タンテ・ヤンスの部屋に入りました。コーヒーポットを置きながら、私はテーブルを囲んでいる人たちに聞いてみました。「ドイツの〝あの人〟は、いったい何が欲しいんでしょうね。戦争を望んでいるとでもいうのかしら？」こんな話がパーティーにそぐわないことなど、よくわかっていました。でも、ウィレムの思想はいつでも私の心を難しい問題へと向けさせたのです。

一瞬、重苦しい沈黙がテーブルの上に漂い、たちまち部屋中に広がっていきました。

一人の人が、ぽつんと言いました。「それがどうしたと言うんですか。大国同士が戦えばいい。こちらには関係のないことだ。」

「そのとおり」と相づちを打ったのは、時計のセールスマンです。「ドイツ人は戦争が起こっても、われわれには干渉しないだろう。オランダを中立にしておくほうが、彼らにとって有利なんだから。」

「あんたは、そう言えるだろうよ！」　こうどなったのは、私たちが時計の部品を仕入れている人でした。「あんたのとこの在庫はスイスから来る。しかし、わしらはどうなるんだ。もしドイツが戦争を始めたら、わしはどうすりゃいいんだ！　戦争で失業するかもしれないのに！」ちょうどその時、ウィレムが部屋に姿を現しました。そのうしろには、妻のティンと四人の子どもが控えています。ところが部屋中の人の視線はウィレムではなく、その腕に支えられている人物に注がれたのでした。それは、ユダヤ人特有のつばの広い帽子をかぶり、黒のロングコートを着た三十代前半の男性でした。人々の注目を集めたのは身なりではなく、その顔です。男性の顔にはひどい火傷がありました。右耳には灰色のちぢれた巻毛が垂れ下がっていて、まるで年老いた人の髪の毛のようです。あごひげの一部は失われ、そこに生々しい傷口が開いていました。

ウィレムはドイツ語で紹介しました。「こちらは、ヘール・グートリーバーさんです。この方は、今朝ヒルフェルスムに着いたばかりです。ヘール・グートリーバーさん、私の父です。」こう言ってからウィレムは、今度は早口のオランダ語で説明しました。「この人は、牛乳を運ぶトラックでドイツを脱出しました。ところが、ミュンヘンの非行少年たちが彼をつかまえ、ひげに火をつけたのです。」

父は椅子から立ち上がり、心を込めて、この新来者と握手を交わしました。私は彼のところに、ノーリーの作ったクッキーとコーヒーを運びました。私は、父が自分の子どもたちに、オランダ語と同じくらいにドイツ語と英語を話せるように仕向けてくれたのを、その時どんなに感謝したことでしょう。

ヘール・グートリーバーは、こわばった表情で椅子の端に座り、ひざの上に載せたコーヒーカップを見つめていました。私は彼のそばに椅子を引き寄せ、一月にしては季節はずれの気候のことなどピントはずれのことを話しかけました。それをきっかけとしたかのように、周囲では再び会話が始まり、パーティーの雰囲気は盛り上がったり沈んだりしました。

「チンピラたちの仕業だ！」時計卸商の声が聞こえてきました。「若いチンピラたちですよ。どこの国でも同じことです。きっと警察が連中をつかまえてくれますよ。ドイツは文明国だから。」

こうして一九三七年の冬の午後、おそろしい影がそっと私たちの前を横切りました。もっともその時は、それほどおそろしいものとは思いませんでした。その小さな暗雲が、やがては大空をくまなくさえぎるほどのものになろうとは、だれひとり、夢にも思わなかったことでしょう。ましてや、その暗黒の舞台で、父、ベッツィー、カン氏、ウィレム――そして、この床の高さがちぐはぐの古風で風変りな家屋ベイヨイまで、それぞれの役割を果たすよう求められるとは、いったいだれが想像できたことでしょう。

最後の客が帰った夕方、私は過ぎ去ったころのことだけを考えながら、階段を上って自分の部屋に戻りました。ベッドの上には、栗色の新しいドレスが脱ぎ捨てられたままです。しまい忘れていたのです。「私は今まで一度も着るものを大切にしたためしがない。若いころから、いつもこうだったわ……。」

子ども時代の出来事が、不思議に身近で差し迫った感覚を伴って、夜のとばりの中からよみがえってきました。今にして思えば、それらの記憶は過去ではなく、未来を開くための鍵であったのです。これまでの人生経験は、神が私たちに用意されている働きのための神秘的で完全な準備となるものです。

その時は、そんなことには気づきませんでした。それどころか、私のように単調で先のことも簡単に見通せるような生活にも、心備えをすべき新しい未来があるなどとは考えも及びませんでした。その時の私にわかっていたことといえば、いちばん上の部屋にあるベッドに身体を横たえた時、ずっと昔のある時のことが、流れていった過去のぼんやりした思い出の中からよみがえり、はっきりと映像を結んだということです。それらの映像は妙に鮮明で、しかも手近なところにあり、あたかも、まだ終わっていないんだよ、まだ語るべきことが残っているんだよ、と言わんばかりだったのです。

二 追憶

一八九八年、私が六つの時のことでした。ベッツィーは、洋服ダンスの鏡の前に私を立たせて、お説教をしていました。

「自分の靴を見てごらん。留めボタンがみんな外れてるじゃないの！　それに、今日ははじめて学校に行くというのに、そんな古くて破れたストッキングをはいていくなんて。ノーリーを見なさい。きちんとした格好をしているから！」

ノーリーと私は、ベイヨイのいちばん上の寝室を共有していました。この八歳になる姉を見てみると、なるほど靴のボタンはみなきちんと留めてあります。ベッツィーが洋服ダンスをかき回している間に、私はしぶしぶ靴を脱ぎました。

十三歳になったベッツィーは、私にとっては、おとな同然に思えました。もっとも彼女は、ほかの子どものように走り回ったり、大騒ぎをすることができないので、いつも年齢より上に見えるのでした。ベッツィーは生まれつき悪性貧血でした。そのため、弟や妹たちは鬼ごっこをしたり、輪ころがしをしたり、凍った冬の運河でスケートをして遊んでいる時でも、彼女だけは座って、刺繍のようなおとなじみたことをしていました。

一方、ノーリーはほかの子と同じように思う存分遊び、しかも私とあまり年が離れていないのに、何をしてもきちんとやってのけるのです。これはどう見ても公平とは思えません。

このノーリーが思い詰めた表情で話しかけます。「ベッツィー。私、あの大きくてみっともない帽子は、絶対に学校にかぶって行かないわ。いくらヤンスおばさんが買ってくださったからって。去年のは、あのみっともない灰色のだったし、今年のは、もっとかっこ悪いわ。」

ベッツィーは、同情の目を彼女に向けました。「でもねえ……帽子をかぶらないで、学校には行けないでしょ？　それに、うちでは別のを買うことはできないし。」

「買う必要なんかないわ。」

ノーリーはドアのほうを心配そうに視線をやってからひざまずき、狭い部屋に置かれたベッドの下に手を伸ばし、小さな丸い箱を引き出しました。その中には、今までに見たこともないような、小さな帽子が入っています。それは毛皮でできていて、あごの下で青いサテンのリボンを結ぶようになっています。

「まあ、すてきじゃないの。」ベッツィーは箱から恭しく取り出して、周囲の高い屋根越しにわずかに差し込んで来る陽光に、それをかざしてみました。「これ、どこで手に――」

「ヴァン・ディベールのおばさんが、私にってくれたの。」ヴァン・ディベールというのは、私たちの家の二軒隣で洋品店を経営している人でした。「ヤンスおばさんがあの帽子を買って帰ったあと、私がこれをじっと見ていたの。そしたらお店のおばさんが、あとでこっそり届けてくれたのよ。」

テン・ブーム家の家族写真（1895年）
上段左から、コルネリア（母）、キャスパー（父）、家族の友人
中段左から、タンテ・ヤンス、タンテ・ベップ、タンテ・アンナ
下段左から、ウィレム、コーリー、ノーリー、ベッツィー

ノーリーは洋服ダンスの上を指さしました。そこには、ビロードで作った薄紫色のばらの花をふんだんに飾り付けた、縁の大きい茶色のボンネットが、タンテ・ヤンスが買ったんだと言わんばかりにふんぞりかえっています。母の姉にあたる彼女は夫に先立たれると、私たちと生活をともにしたいと引っ越して来ました。彼女に言わせると、残りわずかな日々をともに過ごすためということでしたが、彼女はまだ四十そこそこだったのです。

それまでにも、母の二人の姉妹のタンテ・ベップとタンテ・アンナという先客がすでにいました。そのため、タンテ・ヤンスの入居は、この古い家屋での生活にさらなる混雑をもたらしました。というのも、彼女はベイヨイの小さな部屋に、大きすぎる家具をたくさん持ち込んだからです。

タンテ・ヤンスは、店と作業室の真上にある二階の二部屋を自分専用に使うことにしました。第一の部屋では、キリスト教について熱烈な内容の小冊子を書いてオランダ中に名を知られるようになり、第二の部屋では、その仕事をサポートしている裕福な女性たちの応待をすることにしていたのです。

彼女は、私たちの将来の祝福は、この地上でどれだけのことをするかにかかっていると信じていました。原稿を執筆する部屋では、ベッド一つ分のスペースを仕切り、そこを寝室に当てていました。タンテ・ヤンスはよく、死が仕事から自分を奪い去ろうと待ち構えていると言うのでした。それで、睡眠時間すら効率的にすませようと心掛けていたのです。

タンテ・ヤンスが来る前のベイヨイでの生活がどうであったか、また二階の二部屋がだれのものであったか、私は思い出すことができません。その上の三階は、急な傾斜の屋根の下にある狭い屋根裏部屋です。私が物心のついたころから、この空間は、四つのこじんまりした部屋で仕切られていました。バルテルヨリス通りを見下ろす最初の部屋だけに窓らしい窓が付いていて、ここはタンテ・ベップのものでした。そのうしろは、寝台車の狭い通路をへだてて並んでいる個室のようになっていて、タンテ・アンナ、ベッツィー、それから兄のウィレムの部屋が続いていました。

この屋根裏部屋から階段を五段上がったところに、つまりあとで建て増しされた部分の最上階に、ノーリーと私の小さな部屋があります。その下に父と母の部屋があって、さらにその下が、ほんのおざなりの台所の付いた食堂でした。

この混雑した家屋の中で、タンテ・ヤンスの居室がかなり大きいとしても、いっしょに暮らしている人々はそうは思っていないのですから不思議です。世界は、彼女のためにおのずから場を開けたというのがあたっているようです。

私たちの家の前を一日中、乗合馬車が車輪とひづめの音をたてて走って行きます。次の停留所は、半ブロック先の中央広場にあるグローテ市場です。少なくともそこが、他の人たちのために止まる場所なのです。ところが、タンテ・ヤンスがどこかに行きたいと思う時には、テン・ブーム時計店の真前の歩道に立つだけでいいのです。

数頭の馬が轟音をかき立てて近づくと、彼女は手袋の指を一本立てます。私にしてみれば、停留所でない所に乗合馬車を止めるよりは、太陽の動きを止めるほうが簡単なように思えました。にもかかわらず、乗合馬車はブレーキをきしませ、馬は折り重なるようになってタンテ・ヤンスのためにわざわざ止まるのです。しかも彼女が乗車する時には、御者は山高帽をちょっと上げ、会釈するのでした。

ノーリーは、小さな毛皮の帽子をわがものとするために、ぜひともこの威力あるおばの視線をかいくぐらなければなりません。タンテ・ヤンスは、私たちといっしょに住むようになってから三人の姪っ子の衣類をほとんど買ってくれました。ところが、彼女の贈り物は高くつくことになったのです。

タンテ・ヤンスにとっては、自分の若いころに流行した服装だけが、神の最終の許可を得ているものでした。それ以後の変化はみな、悪魔のスタイル・ブックから抜け出したものだというのです。事実、彼女のおなじみの小冊子には、幅の広い袖口の上着や短かめのスカートを発明した張本人は、ほかならぬ悪魔だときめつけてあります。

「いい考えがあるわ。」私は、靴のボタンをベッツィーに手早く留めてもらいながら言いました。「ボンネットの下に、その毛皮の帽子をかぶればいいのよ。外に出たら、ボンネットを取ればいいじゃない。」

「コーリー、そんなことをすれば正直でなくなるわ!」ノーリーは私の提案にショックを受けました。彼女は、大きな茶色の帽子をいまいましそうに横目で見てから、毛皮の小さなほうを取り上げ、朝食をとるためベッツィーのあとに付いて階段を下りて行きました。

私は自分の帽子――それは去年からのもので、ほかのきょうだいからも嫌われている灰色の代物――を取り、重い足を引きずりながら、二人の姉のあとを追いました。片手で階段の中柱にしっかりとつかまりながら、「タンテ・ヤンスに、あのばかげた帽子を見せればいいんだわ。私はどうってことないんだから」とひとり言を言いました。どうして服装について騒ぎ立てるのか、私にはその気持ちがわかりませんでした。

　ただわかっていたことは、その日が初の登校日であり、私がおそろしく不安になっているということでした。ママやパパ、それにおばさんたちと離れて、この古い家から外に出て行くのです。事実、確かな手触りがあり、心から愛しているものを全部あとに残して行くのです。こう考えた私は、いきなり柱を強く握り締め、その周囲を回ったので、てのひらが擦れて音を立てました。

　なるほど、小学校はほんの一ブロック半ほど離れた場所にあって、ノーリーは二年間というもの少しも問題を感じないで通学しています。でも、ノーリーとこの私は別です。彼女はかわいらしい上にお行儀がよく、いつもハンカチを手放したことがありません。

　らせん階段の最後のカーブのところまで下りた時、突然いい考えが浮かびました。それは実に簡単で、しかも効果的なので思わず声を上げて笑ってしまいました。学校に行かなければいいのです！　家にいてタンテ・アンナのお料理を手伝ったり、母に読み書きを教えてもらったりすれば、あの不格好な学校に行く必要なんかないのです。急に解放感が押し寄せてきたので、私は最後の三段を一気に飛び下りてしまいました。

「シーッ」と言ったのは、食堂の外で私を待っていたベッツィーとノーリーです。「コーリー、お願いだから、タンテ・ヤンスの機嫌を損ねるような真似はしないで」とベッツィーは言って、「きっとパパとママは、それにタンテ・アンナはノーリーの帽子が気に入るはずだわ」と、確信がなさそうに付け加えるのでした。

「でも、タンテ・ベップは反対すると思うわ」と私が口をさしはさむと、ノーリーが受け止めて言いました。「タンテ・ベップは、なんでも反対するのよ。あのおばさんは、考えに入れないことにしましょう。」

タンテ・ベップは、いつも何を頼んでも「うん」と言いそうもない、不機嫌な顔をしています。そのため、このいちばん年長のおばは、私たち子どもが最も苦手としている存在でした。彼女は三十年の間、裕福な家庭を回って家庭教師をしていたので、いつも私たちを自分が教えた良家の若い子女と比較するのでした。

ベッツィーは廊下の壁にある掛時計を指さし、その指を口に当てながら、静かに食堂のドアを開けました。八時十二分で、朝食はもう始まっていました。

「二分遅れだぞ。」ウィレムは、勝ち誇ったように言いました。

「ウォーラー家のお子たちは、遅れたことなんか一度だってありませんよ。」こう言ったのは、タンテ・ベップです。

「でも、子どもたちはちゃんと来たじゃないか。部屋が、ずっと明るくなったよ！」と柔らかく受け止めたのは父です。

ところで、私たち三人の耳にはタンテ・ヤンスの声は聞こえません。彼女の席は、空いたままになっています。

私たちが、めいめいの帽子を帽子掛けに掛けている時、ベッツィーは希望を込めて尋ねてみました。「タンテ・ヤンスは、今朝はまだ起きていないの？」

「今おばさんは、台所で飲み薬を作っていらっしゃるのよ。」母は前かがみになって、私たちのカップにコーヒーをつぎながらこう言い、急に声を落しました。「今日は、特にヤンスのために気を配ってあげてほしいの。今日は、ご主人の妹さんの命日に当たるんですって。妹じゃなくて、いとこだったかしら。」

「ご主人のおばさんじゃなかったかしら」とタンテ・アンナが言うと、「いや、いとこだったわ。あの人は、死ぬのが恵みだったんですもの」とタンテ・ベップがさえぎりました。

「とにかく、だれであっても、命日になるとヤンスは気が落ち着かなくなるんですよ。みんなで、気をつけてあげなくてはね。」母は急いで話を切り上げました。

ベッツィーは、丸型の大きいパンから三切れほど切り取っています。私はテーブルを見回しながら、学校に行かないで家にいるという決心に、だれがいちばん賛成してくれるだろうと品定めをしていました。

父は、教育といえば、ほとんど宗教に近いほど重要視しています。少年のころから時計店で働かされるようになったので、早くから学校に行くのを断念しなければなりませんでした。父は独学で、しかも五か国語で歴史、神学、文学を一通り身に付けたのですが、いつも学校教育を受けられなかったことを残念がっています。この父は、私をどうしても学校に行かせたいはずです。それに母は、父の望むことなら何でも同意するのです。

では、タンテ・アンナはどうでしょう。よく彼女は、急な階段を上り下りして手伝ってくれる私がいないと、とても困ると言っています。母が丈夫じゃなかったので、タンテ・アンナが私たちの家族のために、力のいる家事仕事はほとんど引き受けていました。彼女は四人の姉妹の末っ子で、それに母のように寛大な心を持っていました。

私たちの家族の間には、だれもが信じている一つの言い伝えがありました。タンテ・アンナは家事手伝いのため、お給料をもらっているというのです。そういえば父は土曜日になると、彼女に一ギルダーを渡していました。ところが、水曜日になって八百屋さんが来ると、父はたびたび、それを返してほしいと頼み込む羽目になりました。するとタンテ・アンナは、いつも待ってましたと言わんばかりに、手つかずのお金を戻すのでした。このおばさんなら、私の決心の支持者になってくれそうです。

「タンテ・アンナ」と私は切り出しました。「私が学校に行くようになると、おばさんは一日中、とても忙しくなるでしょう――」

その時、深く息を吸う音が聞こえてきたので、全員がそちらを見ました。タンテ・ヤンスが台所の入口に立っていて、その手には、濃い褐色の液体の入った大きなコップが握られています。彼女は胸いっぱいに空気を吸い、目をつむり、コップを口にあてがって一気に飲み干しました。それから、ため息まじりに息を吐き出し、コップをサイドボードの上に載せ、席に着きました。

彼女は、私たちが薬のことを話しているとでも思ったのか、見当はずれのことを話し出しました。「でもねえ、お医者さんに何がわかるのかしら。ブリンカー先生はこの飲み薬を処方してくださったけど、薬に何ができるっていうの。死ぬ時が来たら、何も役に立たないというのに。」

テーブルを見回すと、だれひとり答えていません。タンテ・ヤンスの死を見すえた態度は、見方によってはおかしいはずなのに、実際はそうではなかったのです。私はまだ幼かったけれど、死が決しておかしいものではないことを知りました。

「でもねえ、ヤンス。薬のおかげで、たくさんの人がいのち拾いをしていますよ。」父は穏やかにいさめました。

「でも、ズーフュエは助かりませんでした！　それに彼女には、ロッテルダムでいちばん腕のいいお医者さんがついていたのに。彼女が召されたのは、ちょうど今日だったのです。彼女は今の私より若かったし、その日は今朝の私と同じように、起きて朝食に行こうと着替えをしたほどでした。」

　タンテ・ヤンスは、ズーフュエの最後の日の模様を念入りに説明し始めました。と、彼女の目は、ノーリーの新しい帽子に釘付けになったのです。

「あれは、毛皮のマフ（保温のため両側から手を差し込む円筒形のもの）かしら？　こんな季節だというのに？」　その言葉には、疑惑の混ざったとげが感じられます。

「マフではありません、タンテ・ヤンス。」ノーリーは小声で言いました。

「では、いったい何なの？　教えてちょうだいな。」

「帽子です。ヴァン・ディベールのお店のおばさんから、いただいたんですって。きれいでしょ――」代わりに返事したベッツィーの言葉を、タンテ・ヤンスがさえぎり言いました。

「おお、とんでもない。ノーリーの帽子には、育ちのいい娘さんのものらしく、縁が付いているはずです。この私がお金を出して買ったんだから、ちゃんと覚えていますよ。」

　タンテ・ヤンスの目には炎が揺らぎ、ノーリーの目には涙が浮かびました。気まずい空気を感じ取った母が「このチーズは傷んでいないかしら？　どうも私には自信がないんだけど」と助け船を出しました。母は、テーブルの真中にある大きい容器に入った黄色のチーズをかぎながら、それを父のほうに押しやって「お父さん、どう思いますか」と言いました。

　人の目をごまかすことなどとてもできないし、おまけに人のごまかしに気づかない父は、母の演技を真に受けて、長い間チーズをかいで言いました。「ちっとも傷んでいないよ。作り立てのように新鮮だ。スティールワイクのとこのチーズは、いつもそうだ。」

何かを言いたげな母のまなざしに気づいた彼は、今度は頭が混乱してヤンスを見つめ、訴えました。「あのー、ヤンス。あんたはどう思うかね？」

タンテ・ヤンスは容器をつかんで、真剣そのものの顔つきでのぞき込みました。彼女にとって、今はやりの服装以上に目を光らせるものがあるとしたら、それは傷んだ食べ物でした。とうとう彼女は、しぶしぶ――私にはそう思えたのですが――チーズが大丈夫であることを受け合いました。そして、帽子のことはすっかり忘れてしまったのです。

彼女は今度は「自分と同じ年の知り合いの人が、疑わしい魚を食べて死んだ」という気の毒な話に熱中しました。ちょうどそこへ、店で働いている人たちが来たので、父は棚から重い聖書を取りました。

一八九八年当時、店で雇っていた人は、柱時計専門の修理工と父の見習で使い走りをする少年の二人だけでした。この二人に母がコーヒーをつぐと、父は縁なしのめがねを掛け、聖書を読み始めました。

「あなたのみことばは　私の足のともしび／私の道の光です。……あなたは私の隠れ場　私の盾。私はあなたのみことばを待ち望みます」（詩一一九・一〇五、一一四）。

どんな隠れ場のことかしら?と私は、父が口を開くたびに褐色のひげが上下するのを見ながら、ぼんやり考えていました。何から隠れる必要があるというのでしょう。

それは、うんざりするほど長い詩篇でした。隣のノーリーは、つらそうにもじもじしています。やっと父が大型聖書を閉じると、ノーリーとウィレム、それにベッツィーは、ばね仕掛のように立ち上がり、帽子をひったくりました。次の瞬間、彼らは階段を駆け下り、勢いよく裏口のドアを開けて外に出ました。

それに続くようにして、二人の店員はゆっくりと立ち上がり、階段を下りて店の裏口から入っていきました。その時はじめて、あとに残った五人のおとなたちは、まだテーブルについたままの私に気づいたのです。

「コーリー。」母がびっくりして言いました。「あなたは、小学生になったのを忘れてしまったの?　今日は学校に行く日でしょう。急がないと、一人で通りを横切ることになりますよ。」

「学校になんか、行きたくないわ。」

テン・ブーム時計店の作業室の様子（1913年）

虚をつかれた沈黙が、しばらく続いたあとで、おとなたちは一斉にしゃべり始めました。

「私が子どものころは……」と言い出したのは、タンテ・ヤンスです。

「ウォーラー家のお子たちはね……」とまくし立てるのは、タンテ・ベップです。

やがて、父の重々しい声が、ほかの人たちの主張を引っ込めさせました。「もちろん、コーリーは一人では、学校に行きたくないはずだ。今日は、ノーリーがすっかり興奮してしまって、待つのを忘れてしまったんだよ。それだけのことさ。コーリーは、私といっしょに行く。」

こう言うと父は、掛けてあった私の帽子を取り、私の手をしっかり握って部屋の外に出ました。

私の手は、父の大きな手の中にあります。このぬくもりは、スパールネ川沿いの風車や、運河を泳ぐ白鳥を見に行くことを連想させます。でも今は、彼は私を行きたくない場所へ連れて行こうとしています。私は父とつないでないほうの手で階段の手すりつかみ、それにしがみつきました。

ところが熟練した時計職人の指は、私の指を一本一本、優しく解いていくのでした。こうして私は、わめいたり暴れたりしながら、それまでなじんできた世界から、さらに大きな、未知の、困難な世界へと引いて行かれたのです。

＊　＊

月曜日になると、父はアムステルダムまで汽車で行き、海軍観測所で正確な時間を照合することにしていました。私は学校に行くようになったので、父のお供をするのは夏だけになりました。その日が来ると私は階段を駆け下りて、店になっている部屋に入ります。待っていたベッツィーが私の手足を洗い、服のボタンを掛け、点検してから許可を与えます。一方、父は見習工に最後の指示を与えます。「今朝は、スタルの奥さんが時計を取りに来るぞ。この柱時計は、ブルーメンダールのバッケルさんのとこのだ。」

こうして父と私は、手をつないで駅へ向かうのでした。私は大股で歩き、父は歩幅をせばめて歩調を合わせてくれます。アムステルダムまでの汽車の旅はわずか三十分ですが、それは楽しい思い出になっています。

車窓からは初めのうち、ハールレム旧市街の軒を接した建物の集団が見えます。次第に、周囲にわずかばかりの空地がある家並となり、空間の面積がだんだんと広くなっていきます。それから田園風景が開け、平坦なオランダの畑は地平線にまで伸び、定規で測ったようにまっすぐな運河の数々が、幅の広い線となって車窓を流れていきます。とうとうアムステルダムです。ここは、見たこともない通りや運河が入り組んでいる、ハールレムより大きな都市です。

父はいつも、正午の時報の一、二時間前に、アムステルダムに着くことにしていました。それは時計や部品を回してくれる卸商を、ついでに訪問する目的があったからです。その多くはユダヤ人で、私たち親子は彼らのところに行くのが、何よりの楽しみだったのです。

父は、できるだけ手短かに商談を切り上げると、旅行カバンから小型聖書を取り出します。ユダヤ人の卸商は、父より長いひげを生やしていますが、引出しから書物をすばやく出し、頭には祈禱用の帽子をかぶります。こうして二人は、それぞれの立場から、議論したり、比較したり、相手の言葉をさえぎったり、否定したり、議論にすっかり熱中してしまうのでした。

私の存在が完全に忘れられたように思えた時、突然、その卸商は、あたかもはじめて私の存在に気づいたかのように見つめ、こぶしを作って額を叩き、こう言いました。

「やあ、お客さんだ。私の家にお客さんが来ているのに、もてなしもしないなんて!」彼はあわてて席を立つと、棚の下や戸棚の中を捜します。こうしてまもなく私のひざの上には、蜜入りのケーキ、なつめやしの入ったケーキ、それにナッツ、フルーツ、砂糖を混ぜたお菓子などを載せたお盆が置かれます。ベイヨイではデザートが出ることはごくまれで、このようなもてなしは、私にとって世界最高のものと思えるのでした。

正午の五分前にはいつも駅に戻り、海軍観測所の塔がよく見える駅のホームに立ちました。この塔の先端には二本の可動式アームが付いた高い吹き抜けがあって、アムステルダム港内に停泊しているすべての船舶から見えるようになっています。毎日、正午が鳴ると同時に、この二本のアームが下がる仕掛けになっています。

駅のホームの見晴らしのいい場所で、懐中時計とノートと鉛筆を手にした父は、つま先で立たんばかりにして見守っています。やがてその顔には、自分の時計が正確であったという喜びが浮かびます。今週は、たった四秒早かっただけです。こうして一時間以内に、ハールレムの店にある「天文時計」は、一秒の狂いもなく調節されるのです。

帰りの汽車の中では、私たちは窓の外を眺めず話に熱中しました。その話題も、年とともに変わっていきます。ベッツィーは病気で長い間欠席したけれども、中学校を卒業できたこと、兄のウィレムが卒業したら奨学金をもらって大学に行くかどうかということ、ベッツィーが父の店で帳簿係として働くことなど、話題は尽きませんでした。

この帰り道を利用して、私は日ごろ頭を悩ませている問題を持ち出すことにしていました。家では何かを質問すると、すぐさまおばたちが横取りして答えてしまうからです。

ある時――たぶん、十歳か十一歳のころだったと思いますが――前の年の冬に学校で読んだ詩の意味について、父に尋ねてみました。その一節に「性の罪のかげりさえ顔に浮かんでいない、ある若い人」とありました。私はその意味を学校の先生に聞いてみるだけの勇気がなかったので、母に尋ねてみると、母の顔は真っ赤に染まりました。新しい世紀に入ったばかりのころは、「性」のことなど、たとい家庭内でも口にされなかったのです。

そのため、この箇所が私の頭にこびりついていました。「性」とは、少年か少女のどちらかであるということであり、「罪」とは、タンテ・ヤンスをかんかんにさせるものだと、私なりに判断しました。ところが、この二つを合わせると、いったいどのような意味になるのか、まるで見当がつかなかったのです。そこで、列車の仕切られた部屋で父の隣に座っていた私は、「お父さん、『性の罪』って何のこと？」と、出し抜けに聞いてみたのです。

父は、質問に答える時はいつもそうするように、振り返って私を見つめました。ところが驚いたことに、その口からは何も言葉が出てきません。しばらくして父は立ち上がり、頭上の荷物棚から旅行カバンを下ろし、床の上に置きました。

「コーリー、汽車から降りる時、これを運んでくれるかい？」父が言いました。

私は立って、そのカバンを持ち上げようとしました。その中には、その朝買った時計だのスペアの部品などがいっぱい詰まっています。

「とても重くて、持ち上がらない。」

「そうだろ。こんな重いものを小さな娘に持たせる父親がいるとしたら、お話にならないねえ。コーリー、知識についてもこれと同じなんだよ。ある知識は子どもには重過ぎるんだ。おまえがもっと大きくなり、力がついたら持ち上げることができる。でも今は、お父さんが代わりに運ぶのを信頼して黙って見ていればいいいんだ。」

この説明で私は満足しました。満足するだけでなく、すっかり安心してしまいました。この問題だけでなく、解決できないすべてのことについても答えがあるはずです。今の私は、それらのことをすっかり父に任せておけばいいのです。

＊　＊

ベイヨイの夜は、いつも仲間と音楽とともにありました。来客はそれぞれ、フルートやバイオリンを持参し、だれもがタンテ・ヤンスの前の部屋にあるアップライトピアノの周りに集まり、家族はみんな歌うか楽器を弾くかして、全員がオーケストラのように奏でるのでした。

恒例の音楽会がお流れになるのは、町でコンサートがある夜だけです。チケットを手に入れることはできませんでしたが、コンサート・ホールのステージわきのドアから、はっきりと音が流れてきます。このドアの外の横道では、私たちをはじめ、ハールレムの音楽愛好家たちが耳をそばだてるのでした。

母とベッツィーは健康がすぐれないので、あまり長い間立っていることはできませんでした。ベイヨイから来たほかの者たちは、雨や雪の夜も霜の下りる宵も、そこに立ち尽くしていました。ホールの中からは、身体を動かす音や咳き込む音が聞こえます。でも戸外の聞き手の間からは、物音一つ聞こえませんでした。

いちばんご機嫌なのは、聖バボ教会でコンサートがある時でした。親類の一人が、そこで働いていたからです。関係者専用の小さな通用門を入ったところに、壁に沿って木のベンチが置いてあり、そこに私たちは座ります。背中は、古い石の壁でひんやりとしていますが、耳と心は聞こえてくる音楽でほのぼのとしてきます。

大きな金色のオルガンはモーツァルトが弾いたという由緒あるもので、それが奏でる音は、まるで天国から流れてくるように思えました。そのころの私は、天国は聖バボ教会に似たもので、それとほぼ同じ大きさだろうと考えていました。地獄は熱いところですから、天国はきっと、このように冷え冷えとした湿っぽくて清らかな建物で、観客が使う足温器が使用するアロマのような良い香りが漂う場所に違いありません。天国では、だれもが足温器を持参しているものと、当時の私は本気で信じていました。

夏でさえも、厚い大理石の床には冷気が漂っていました。ところが、オルガニストの指が鍵盤に触れたとたんに、冷たい感触のことなどすっかり忘れてしまうのでした。バッハの曲の場合には、なおさらのことでした。

＊　＊

私は母とノーリーのあとについて、暗いひと続きの階段を上っていました。くもの巣が髪の毛にからみつき、上のほうではねずみが走っています。ここの家は、ベイヨイから一ブロック以内の場所にあり、ベイヨイより百年あとに建てられているはずです。ところがここには、床をごしごし洗ったり、ワックスを塗ったりするタンテ・アンナのような人がいないのです。

私たちは今、母の受持区域にある、近所の貧しい家庭を訪問しようとしています。私たちテン・ブーム家の子どもたちは、一度も自分たちが貧しいなどと感じたことがありません。「貧しい」というのは、施しを受ける側の形容詞なのです。母は、台所に立てるほど健康な日はいつでも、見捨てられた老人や青白い顔をした若い母親たちのために、栄養のあるスープやオートミールのおかゆを作ることにしていました。

実は前の晩に、この家の赤ん坊が亡くなりました。母は作り立てのパンをバスケットに入れ、不幸な家庭を見舞おうとしていました。彼女は手すりのない階段を苦労して一段一段と上り、途中何度も立ち止まっては息を入れました。

階段を上がった先にドアがあり、それを開くと、台所と食堂と寝室を兼ねた一室が現れます。すでに大勢の弔問客が詰めかけていて、その大半は椅子がないために立っています。母はすぐさま、若い母親のところへ行きました。一方私は、入口で凍りついたようにすくんでいました。ドアのそばには手製の赤ん坊用のベッドがあり、そこに小さな身体が横たわっていたのです。

子どもたちから「性」を隠そうとした社会が、死に関しては無神経であったということは、何とも辻つまの合わないことです。身動きしない嬰児を見つめているうちに、私の心臓は怪しく高鳴ってくるのでした。いつも私より勇敢な姉のノーリーは、手を伸ばして、象牙のように白い頬にさわりました。私もそうしたかったのですが、怖くて尻込みしてしまいました。しばらくの間、好奇心と恐怖が格闘していましたが、とうとう意を決して、一本の指でこわごわ小さな手に触れてみました。

冷たい感触でした。

ベイヨイに帰る時も、夕食前に手を洗う時も、ガス燈の灯る食堂に座る時も、冷気が私を包んでいました。テーブルを囲む見なれた顔と私の間には、氷のように冷たい小さな指先が浮かんでは消えるのでした。

タンテ・ヤンスは、よく死について話しましたが、それは言葉だけのものとして受け止めていました。ところが今は、それが実際に起こることを知ったのです。赤ん坊が死ぬのなら、次は母、それから父、それからベッツィーの順で死ぬことになるでしょう。

私は悪寒で震えながら、ノーリーのあとに付いて自分の部屋に行き、彼女の隣のベッドにもぐり込みました。そのうち、心待ちにしていた父の足音が、らせん階段を伝わって聞こえてきました。父が三階に上って来て、私たちの夜具の掛け具合を直してくれる時が、一日のうちでいちばん幸福な時でした。私たち子どもは、父が特別な方法で毛布をマットレスの下に折り込んで、それぞれの頭に手を載せるまでは、決して眠らないことにしていました。その時は、足の指まで動かさないように、じっとしていたものです。

ところがその夜は、父がドアを開けて入って来るなり、私はわっと泣き出してしまいました。

「お父さん、死んではいや。いつまでも生きていて……いつまでも……」

隣のノーリーは、ベッドの上に座って説明しました。「今日は、フーグさんのところにお見舞いに行って来たの。コーリーは、夕ごはんを食べなかったのよ。」

父は狭いベッドの端に腰を下ろして、優しく語りかけました。

「コーリー、おまえとお父さんは、いっしょにアムステルダムに行くだろ。その時、お父さんがおまえに、いつ切符を渡すか覚えてるかい?」

私は二、三度鼻をすすってから、しばらく考えて答えました。

「汽車に乗るちょっと前……」

「そのとおり。天におられる私たちの賢いお父様も、いつ私たちに必要なものを与えたらよいのか、ちゃんとご存じなんだよ。だからコーリー、天のお父様の先走りをしてはいけないよ。やがて、家族のだれかが死ぬかもしれないね。でも、そんな時に、心の中を見つめてごらん。ちょうどおまえに必要な力がそこにあることが、わかるだろうよ。」

三　カレル

はじめてカレルに会ったのは、母の口ぐせの「特別な日」でした。それがだれかの誕生日であったのか、結婚記念日であったのか、それとも生まれたばかりの赤ちゃんを祝う日であったのか、どうしても思い出せません。

母はどんな日でも、何か理由をつけては、パーティーを開く名人だったのです。

その席で、兄のウィレムはライデンから来た友だちだと言って、カレルを紹介しました。彼は家族の一人一人と握手を交わしました。私の番になって、彼のたくましい長い手を取り、深く澄んだ褐色の目を見上げたとたん、恋心が芽生えてきたのです。

みんなにコーヒーが行き渡ると、私は座ってじっと彼を見つめていました。彼は私の存在に少しも気づかないようでしたが、それは当然のことです。私はまだ十四歳の少女で、カレルとウィレムは、まばらなひげを生やした大学生だったのです。

私としては、カレルと同じ部屋にいるというだけで幸せいっぱいでした。気づかれずにいるということでは、私はすっかり慣れっこになっていました。これに反してノーリーは、男子生徒たちの目につくタイプでしたが、多くのかわいらしい少女と同じように、彼女はそんなことには無関心を装っていました。

男子生徒が、彼女の髪の毛の束が欲しいと言うと——これは当時、愛を表現する代表的な方法になっていました——彼女は、寝室に敷いてある灰色の古いカーペットから毛を引き抜き、それをブルーのリボンでくくりました。それから、それを相手の少年に渡すために、私を使者に仕立てるのです。こうしてカーペットはすっかりささくれ立ち、学校は傷心の少年たちであふれるようになりました。

一方、私はクラスの男子生徒に片思いを寄せては、次々と失望感に浸るのでした。私はかわいらしい女の子ではなく、おまけにすごく内気で、自分の感情を外に表せないたちだったのです。ですから、三十二番の席に座っていた女子生徒には、どの男子生徒も見向きもしなかったのです。

ところが、スプーンでコーヒーにお砂糖を入れているカレルの姿を見ていると、彼だけは別のように思えるのでした。私はカレルがすっかり好きになってしまったのです。

それから二年たって、再び彼に会う機会がめぐってきました。一九〇八年の冬のことで、ノーリーと私は兄のウィレムに面会を求めて、ライデンの大学まで行きました。家具らしい家具のほとんどない兄の居室は個人宅の四階にありました。ウィレムはノーリーと私をきつく抱きしめてから、窓のところへ走って行きました。

　窓敷居の上で冷やしておいたクリーム入りの菓子パンを取り、彼は言いました。「きみたちのために、わざわざ買っておいたんだよ。腹をすかせた友だちが来ないうちに、早く食べてしまいなさい。」

　ノーリーと私はウィレムのベッドの端に腰掛けて、大きな口を開け、見るからにおいしそうな菓子パンをほおばりました。これを買うためには、ウィレムはきっと昼食を抜くことになったでしょう。次の瞬間には、ドアが勢いよく開いて、兄の友だちが四人なだれ込んで来ました。背が高く、太い声の青年たちで、上着のえりは擦り切れて二重に折り曲げてあり、ズボンのすその折返しはほころびていました。その中に、カレルがいたのです。

　大あわてにあわてた私は、菓子パンの最後のかけらを飲み下し、スカートのうしろの部分で手をぬぐい立ち上がりました。ウィレムは、友人たちを順番にノーリーと私に紹介しました。ところがカレルの番になると、その当人がいきなり言い出したのです。

「私たちは、すでに知り合いの仲ですね。覚えていらっしゃいますか？　ほら、あなたがたの家のパーティーで、お会いしたでしょう。」軽く会釈するカレルからノーリーへと、私は視線を移してみました。なんと、彼は私のほうをじっと見ているのです。私の心は感極まって、夢中で返事をしようとしました。ところが私の口には、まだ食べ残りが詰まっていて言葉が出てきません。

まもなく若い人たちは、私たちのそばの床の上にじかに腰を下ろし、さっそく熱弁をふるい始めました。

私と並んでベッドに腰掛けているノーリーは、大学生を訪ねるのは毎日の出来事であるかのように、ごく自然に会話に加わりました。十八歳だというのにロング・スカートをはいている大人びた彼女は、それだけ有利だったのです。それにひきかえ、私のほうは短めのスカートから黒の厚手の女学生用のストッキングがのぞいていて、それを何ともみじめな気持ちで意識していたのです。

おまけにノーリーは、前の年から師範学校に通い始めていたので話題に事欠きませんでした。もっとも彼女は、実際に先生になるつもりはありませんでした。当時の大学の奨学金は女子を対象としてはいませんでしたし、それに師範学校は安上がりだったのです。ノーリーは、学生たちにとって興味のある話題——アインシュタインの相対性理論とか、ピアリー提督がはたして北極に到達したかどうかといったこと——について、いろいろな知識をもとに気安く話し相手になっていました。

「ところでコーリー、あなたも師範学校に行くつもりですか。」

私の足もとの床に座っていたカレルは、こう言って私にほほ笑みかけました。とたんに、首元がほてり出し、顔が赤くなるのを感じました。

「もちろん、来年のことですけど。たしか今年は、中等学校の最後の年でしたね。」

「ええ。でも師範学校には行きません。母やタンテ・アンナといっしょに、家に残るつもりです。」

私の口からは、短くてぶっきらぼうな言葉しか出ませんでした。語りたいことは山ほどあるのに、話したことといえばあまりにもわずかだったのです。

その年の春、私は学校を卒業し、家事を引き受けることになりました。前々からそうする予定ではいましたが、私がそうしなければならない別の理由ができたのです。タンテ・ベップが結核にかかったのです。

この病気は治らないものと思われていました。そのころのただ一つの治療法は、サナトリウムで安静にしていることでしたが、これはお金持だけの特権でした。タンテ・ベップは長い間、自室の小さな押入れに横たわり、咳込んでいのちを縮めていたのです。

家族に感染しないようにと、タンテ・アンナだけが病人の部屋に出入りすることになりました。彼女は一日中姉の看護にあたり、幾夜も睡眠をとらないことがありました。それで、家族のために食事の支度をしたり、洗濯をしたり、掃除をしたりという仕事が私の割当てになったのです。

私は働くのが好きでした。タンテ・ベップのことさえなければ、とても幸福なはずでした。彼女は病気というだけでなく、いつも不機嫌で失意に沈んだ態度をとっては、すべての者の上に暗い影を投げかけていました。

タンテ・アンナにお盆を渡す時や返してもらう時に、よく病室の中をのぞくことがありました。そこには、他人の家で三十年間仕えてきた思い出の品がいろいろと並べてあり、感傷をそそっています。もうずっと空になっている香水のびんが並んでいます。裕福な家庭では、クリスマスになると、きまって家庭教師に香水をプレゼントしたものでした。子どもが写っている、色あせた銀板写真も飾ってあります。そして今では彼らにも、きっと子どもや孫がいることでしょう。

ドアはすぐに閉められますが、私は狭い廊下にしばしたたずんで、病人に何か慰めの言葉をかけてあげたい思いにかられるのでした。きっとタンテ・ベップを何らかの方法で愛したいと思ったのです。

こんな気持ちを母に話したことがあります。そのころの母は、ベッドに横たわることが多くなっていました。これまでも胆石の痛みがひどくなると、母は手術を受けていました。ところが、最後の手術のあと軽い脳卒中を起こし、それ以上開腹手術をすることは不可能になりました。それで、タンテ・ベップだけでなく母に食事を運ぶ回数も増えてきたのです。

母の部屋に昼食を運んだ時、たまたま彼女は手紙を書いていました。母は針さばきが器用で、近所の人たちのために赤ん坊の衣類を縫っていない時は、家に引きこもっているハールレム中の人々のために、温かい励ましの手紙を書いているのでした。彼女自身、生涯の大半は家に引きこもっている身であるということに少しも気がついていないようでした。私が部屋に入るなり、母は大きな声で言ったのです。「コーリー、気の毒な方がいるものね。その方は三年間も部屋から出たことがないんですって。考えてもごらんなさいな。長いこと空を見ていないのよ！」

家族の集合写真
左から、タンテ・ヤンス、父、母、ウィレム、タンテ・アンナ、コーリー、ベッツィー、ノーリー

母の部屋にあるただ一つの窓から、三フィート（約九十センチ）先のところに、れんがの壁があります。私はそれをちらっと見て、ベッドの上にお盆を置き、そのそばに腰掛けながら言いました。「お母さん、タンテ・ベップのために、何かしてあげられることはないかしら。おばさんが、この世で最期という時に、自分の好きじゃない場所で過ごすなんて、とても気の毒だと思うわ。ウォーラーさんのとこや他のところにいた時は、とっても幸せだったんでしょう？」

母はペンを置き、私の顔をしげしげと見ていましたが、おもむろに口を開きました。「あなたは、おばさんがいつからウォーラー家のことを、すごくほめるようになったか知っている？　そこを出てからよ。あそこにいる間は、いつも不平だらけだったの。もちろん、ウォーラー家とそれ以前におばさんがいたヴァン・フック家と比較することはできないでしょう。ヴァン・フックさんのところでは、とてもみじめだったから。コーリー、幸福っていうものは、環境によって決まるものではありませんよ。それは私たち自身が、心のうちに築き上げていくものなのよ。」

＊　＊

タンテ・ベップの死は、彼女の妹たちに、それぞれ特有の影響を及ぼしました。母とタンテ・アンナは、地上で働く期間がいかに短いものかを悟ったかのように、近所の困った人たちのために食事を作ったり、縫い物をしたりして、今まで以上に奉仕に励むようになりました。タンテ・ヤンスの場合には、彼女独特の不安を感じていました。彼女は、一日のうちで何もしないでいる時など、「実の姉が亡くなるなんて。この私が死んだのと同じようなものだわ」と、よくため息まじりに言うのでした。

タンテ・ベップの死から一年ほどたって、テン・ブーム家の主治医であったブリンカー先生の代わりに、新しい医師が責任をもつようになりました。その人はヤン・ヴァン・ヴィーンといい、その妹であり看護師であるティン・ヴァン・ヴィーンを連れて健康診断にやって来ました。

この医師は、血圧を測る装置を持って来ました。その装置がどのようなものかを知らないまま、家の中にいる者全員が、交互に腕を出して細長い布の袋を巻いてもらい、それに空気が送り込まれるのを見つめました。

タンテ・ヤンスは、ありとあらゆる種類の医療器具に異常な興味を示すたちで、この新顔の医師にすっかり心酔してしまいました。それからというもの、お金の都合がつきさえすれば、健康のことで彼に相談するようになりました。こうしてヴァン・ヴィーン先生は、それから一、二年後に、タンテ・ヤンスに糖尿病があることを発見したのです。

そのころは、糖尿病と診断されたら肺結核の時のように、死刑の宣告を受けたも同然でした。何日もの間、家族全員がショックで口もきけない状態でした。私たちは、この病気のことを聞いて長年の間恐れていましたが、それが今、現実となってしまったのです。タンテ・ヤンスは、さっさと床に潜り込んでしまいました。

ところが、活動的な彼女にとって何もしないでじっとしていることは、よほどつらいことだったのでしょう。ある日の朝、八時十分ちょうどに、朝食のため食堂に下りて来て皆を驚かせ、医者の見立てはよく誤るものだとまくし立てたのです。「いろいろな検査や試験管で、ほんとうのところ、何がわかるのでしょう」と言う彼女こそ、実はそれらのものを無条件で信じていたのです。

それからというもの、タンテ・ヤンスは以前にも増して精力的に、執筆、講演、クラブの結成、新しい企画を軌道に乗せる仕事に熱中しました。一九一四年のオランダは、ヨーロッパの他の国同様、戦争に向けて人々が動員されており、ハールレムの町には、急に軍服姿の若者たちがあふれるようになりました。

タンテ・ヤンスは、バルテルヨリス通りを見下ろす窓から、兵士たちがぶらぶらと歩いているのや、店のショーウインドーを目的もなく眺めているのを見つめていました。彼らの大半は、お金がなく、孤独な青年たちでした。そのうち彼女は、軍人センターを作るというアイディアを思いついたのです。

それは、当時にしては斬新《ざんしん》な考えでした。さっそくタンテ・ヤンスは、そのことに情熱を傾けるようになりました。そのころ、バルテルヨリス通りを走っていた馬力の鉄道は廃止され、その代わりに電気動力で動く大きな車体の路面電車が登場していました。ところが、昔と同じように、タンテ・ヤンスがベイヨイの前に悠然《ゆうぜん》と立っていると、電車は車輪をきしませ、レールや電線から火花を散らしながら急停車するのでした。

彼女は、片手で黒のロング・スカートをつまみ上げ、もう一方の手には、新しい事業の賛助者になってくれそうな裕福な女性のリストを持って、さっそうと乗り込みます。彼女をいちばんよく知っている私たち家族だけが、このような行動へ彼女を駆り立てているものが、実は大きな恐怖であることに気づいていたのです。

そしてその間、彼女の病気は、深刻な経済問題を引き起こしました。毎週、血液中の糖分量を測るための検査をしなければなりません。そのためには、ヴァン・ヴィーン先生か妹さんがわが家に来て、複雑で値段のはる検査をする必要があったのです。

最終的に、自分たちでも検査ができるようにと、看護師のティン・ヴァン・ヴィーンは毎週の検査のやり方を私に仕込んでくれました。検査するためにはいくつかの手順がありますが、いちばん難しいのは、最後の調合液を指示された温度まで正確に上昇させることでした。薄暗い台所にある旧式の石炭レンジで、精密な温度の変化を要求する仕事をすることは、とても困難なことでした。やっとの思いでコツを覚えてからというもの、毎週金曜日になると化学薬品を混ぜ、私が検査を担当するようになりました。熱を加えても、混合液が澄んでいれば問題はありません。黒ずんだりした場合は、すぐヴァン・ヴィーン医師に報告することになっていました。

牧師に任命される日を控えたウィレムが、学生生活の最後の休暇を過ごすために帰郷したのは、その年の春のことでした。彼は二年前に大学を終え、神学校の最終学期に入ったところでした。ある暖かい春の夕方、ウィレムを交えて家族はみな、食堂のテーブルを囲んでいました。父は三十個の時計を前に並べ、小さなメモ帳に「二秒遅れ」とか「五秒進み」と、きちょうめんに書き込んでいました。ウィレムは、オランダの宗教改革史を声を出して読んでいました。

そのとき、裏口玄関のベルが鳴りました。食堂の窓の外側には玄関を向いた鏡が取りつけてあり、訪問者がすぐわかるようになっていました。私はその鏡をのぞくと、思わずテーブルから跳び上がってしまいました。

「コーリー、スカートに注意しなくっちゃ」とベッツィーがたしなめます。

私は、長いスカートをはいていることなど、すっかり忘れていました。あまり急いで動くとスカートにほころびができ、そのためベッツィーは、幾晩もかかって繕う羽目になるのです。私は、一気に階段を五段も飛び下りて、廊下に立っていました。

入口のドアのところには、らっぱ水仙の花束を手にしたティン・ヴァン・ヴィーンがいたのです。心が浮き浮きする春の夜のせいであったか、それとも、説教で鍛えたウィレムの感動的な声のせいであったか、よくは覚えていませんが、私は突然、ふたりの人物の出会いには特別な意味があると直感したのです。

「コーリー、お母様にこれを……。お喜びいただければ嬉しいのですが」とティンは言って、ドアを開けた私に花束を渡そうとしました。

「あなたがお花を持っていらっしゃいな。お花があると、あなたはいっそう美しく見えますよ。」

こう言うなり私は、彼女のコートをぬがせてあげるのも忘れて、びっくり顔の彼女を階段へと押し上げていました。

ティン・ヴァン・ヴィーンの背中を押したまま食堂に入り、彼女のかかとを踏まんばかりにして、ウィレムの反応を見守りました。私は、どんな光景が、どんなふうに出現するのか正確に知っていました。そのころ私は、ロマンチックな文学作品を読みふけっていたのです。図書館から、英語、オランダ語、ドイツ語の書籍を借りてきて、気に入った本はよく三か国語で読み比べていました。そして、物語の主人公が恋人と会う場面を、幾度となく実演していたのです。

ウィレムはゆっくり立ち上がりました。その視線は、彼女の顔に釘付けになっています。父も立ちあがり、古風な言葉づかいで紹介しました。「ヴァン・ヴィーンさん。愚息のウィレムをご紹介することを、お許しくだされ。ウィレム、こちらは、私がたびたび口にしていた、有能で親切な若い女性だよ。」

二人とも、こんなふうに紹介されたのは初めてのことでしょう。彼らは、部屋の中には互いのほかにだれもいないかのように、また世界の中には二人しかいないかのように、じっと見つめ合っていました。

ウィレムは牧師に任命された二か月後に、ティンと結婚をしました。式の準備期間中、一つのことがどうしても私の心から離れませんでした。それは、カレルが来てくれるということです。

結婚式の当日は、爽やかな、すがすがしい朝でした。私は教会の前の群衆の中から、目ざとくカレルを見つけました。彼は、ほかの男性の参列者と同じように燕尾服《えんびふく》を着て、シルクハットをかぶっていましたが、ひときわハンサムに思えました。

私自身はといえば、この前彼と会ってからというもの、心の中に何か大きな変化が起こったことに気づいていました。私が二十一歳でカレルが二十六歳であるということなど、以前のように、もう問題ではなくなっていました。

それだけでなく、私は自分が美しくないことを認めていました。その日のようにロマンチックな場面でも、自分の顔には自信がもてませんでした。自分のあごが角張りすぎていること、足が長すぎて、手も大きすぎることを知っていました。でも、どの文学書でも認めているように、私を愛している男性には美しく見えるはずだと信じていました。

ベッツィーはその朝、ヘア・アイロンを使い、一時間もかけて私の髪をセットしてくれました。おかげで、髪の毛は高く盛り上がっています。彼女はまた、私のために絹のドレスを作ってくれました。私だけでなく、家中の女性たちのためにも、夕方のランプの下で縫物に精を出しました。店は、一週間に六日は営業していましたし、日曜日には縫物をしないことにしていたため、あいているのは夜しかなかったのです。

人込みを見回してみると、私たちの手製の衣装は、ほかの人のと同様になかなか素敵だということがわかりました。教会の入口に向かって静かに人の波が動き始めた時、上品な絹ずれの音を立てているこの絹を買うために、父が嗜好品をがまんし、タンテ・ヤンスが自室の暖房の火を止めなければならなかったとは、だれも気づかないだろうと私は一人考えてみました。

「もしかして、コーリー？」

私の前に立ったカレルが、いぶかしげに尋ねました。彼は手に黒のシルクハットを持ち、真偽を確かめるような目つきで、私の顔をのぞき込んでいます。

「そうよ。私よ！」私は、笑いながら答えました。カレル、この私です。目の前に立っているのは、あなたなのね。長い間夢にまで描いていた場面が、とうとう実現したんですね。

「ずいぶん、おとなになったものですね。ごめんなさい、コーリー。もちろん、あなたはもうおとなです。でも、私はいつも、あなたが大きな青い目をした少女だと思っていたのです。」もう一度、カレルは私を見つめてから、柔らかく言葉を付け足しました。「あの少女が、今ではレディーになったんですね。しかも、こんなにかわいいレディーに……。」

その時、入口からオルガンの曲が流れてきました。それは、私たち二人だけのために奏でられているようでした。彼が差し伸べた腕に載せている手袋をはめた私の手だけが、この体がハールレムのとんがり屋根を越えて舞い上がらないように、つなぎとめている唯一のものでした。

＊　＊

雨風が強い、一月の金曜の朝のことでした。私の目は、見てはならないものを見てしまいました。台所のレンジにかかっていたガラスのビーカーの液体が、どす黒い色に変わっていたのです。

思わず私は、木製の古い流しに寄りかかり、目を閉じました。「どうか神様、私がどこかでミスをしていますように。」頭の中でこれまでの手順を思い返し、化学薬品の入ったびんと計量スプーンを一つ一つ見直しました。どこにも誤りはありません。いつものとおりにしてきただけです。

この部屋のせいかしら、とも考えてみました。小さく仕切ってある台所は、いつも暗かったのです。私は、鍋つかみでビーカーをつまみ上げ、台所の窓のところに走って行きました。

やはり、黒でした。それは恐怖と同じ色の黒でした。

ビーカーをつかんだまま、息をはずませて階段を駆け下り、店に通じるうしろのドアから一気に中に飛び込みました。父は、片方のまぶたに拡大鏡をつけ、仕事台に並べてある部品セットの中から、微細な金属片を器用に選り分けていました。それを、いちばん新米の見習が、肩越しに見ています。

店に通じるドアにはめてあるガラスから中をのぞいてみると、帳場の小さな机を前にベッツィーが座っていて、女性客と話していました。よく見ると、お客ではなく、営業を妨害する常習犯です。私はその女の人を知っていました。彼女は、時計について相談するふりをして店に立ち寄り、実際には通りの筋向かいのカン時計店から、欲しい品を買っていたのです。最近、このようなケースがずいぶん増えてきているのに、父にしても、ベッツィーにしても、一向に気にかけていないようでした。

その女性が帰ると、私は重大な意味を秘めているビーカーを持って店の中に走り込み、大声でわめきました。

「ベッツィー！　ああ、ベッツィー、黒になってしまったのよ！　タンテ・ヤンスに、どんなふうに知らせたらいいの？　どうしたらいいっていうの。」

ベッツィーは大急ぎでそばに寄り、私の肩に手を掛けました。父はただならぬ様子と知って、作業室から店に飛んで来ました。その視線は、ビーカーからベッツィー、それから私へと順々に移っていきました。

「コーリー、手順どおりにやったんだね。どこかで間違えるようなことは、なかったかい？」

「間違っていません、お父さん。」

「そうだと思うけど、でも一応、ドクターの意見を聞かないとね……。」

「これからすぐ、これを届けてきます。」

私は醜悪な液体を小さなびんに入れ、雨ですべりやすくなっているハールレムの通りを、一目散に駆けて行きました。

ヴァン・ヴィーン先生のところには、新しい看護師が来ていました。私は待合室で、重苦しい沈黙の三十分を過ごしました。やっと外来の患者が帰ると、ヴァン・ヴィーン先生は私からびんを受け取り、小さな実験室に姿を消しました。

再び出て来た彼は、こう言いました。「コーリー、検査にミスはありません。お気の毒だが、あなたのおばさんはせいぜい、あと三週間というところです。」

私が帰ると、すぐさま店の中で家族会議が開かれました。集まったのは、母とタンテ・アンナと、父、ベッツィー、それに私でした。ノーリーは勤めに出ていて、夕方にならないと帰宅しません。相談の末、すぐタンテ・ヤンスに知らせることで、全員の意見が一致しました。

「みんなでいっしょに行って、ヤンスに話してこよう。最も大事な点は、私が話すようにする。ひょっとしたら……」と言って、父の顔は急に明るくなりました。「ひょっとしたら、ヤンスは、これまでにしてきたいろんなことを思い出して、気を取り直すかもしれない。彼女は、何かを成し遂げることを、とても大切にしてきて、それを実行してきたんだ。彼女が正しいことは、だれも認めているからなあ。」

こうして小さな行列は、ぞろぞろと階段を上り、タンテ・ヤンスの部屋の前に止まりました。父のノックに答えて、彼女は「お入り」と言ってから、いつものように注文をつけました。「身震いするような隙間風が入らないうちに、できるだけ早くドアを閉めてちょうだい。」

タンテ・ヤンスは、円いマホガニーのテーブルを前にして座り、軍人センター設立のために新しい趣意書を書いていました。部屋の中に大勢が押しかけて来たので、ペンを置き、一人一人の顔を見回しました。その中に私が混ざっているのを知り、何かを感づいたらしく、少し顔色を変えました。その日は金曜日で、しかも私はまだ彼女に検査の結果を報告していなかったのです。

　父が、穏やかな口調で話し始めました。「親愛な義理の妹、ヤンス。神の子どもたちは、遅かれ早かれ、喜ばしい旅路に着かなければなりません。ある者は、何も持たずに御父のもとへ行くというのに、ヤンス、あなたは両手に抱えきれないほどのものを持って、御父のもとへ走って行けるのです。」

「あなたは、ずいぶんたくさんのクラブを作りましたね……」と、タンテ・アンナが思い切って言いました。

「あなたの書いたものも……」と母が付け加えます。

「おばさんは、たくさんの募金を……」とベッツィーが言い、「おばさんの講演は……」と私が口をはさみました。

　ところが、私たちの善意の言葉は、少しも通じませんでした。私たちの前にあるものは、かつての誇り高い顔ではなく、くしゃくしゃになった顔です。タンテ・ヤンスは両手で顔を覆い、声を詰まらせながら言いました。「むなしいわ。むなしいわ！　私たちは、神のもとに何を持って行けるというの。私たちの手にあるがらくたや、私たちがしてきたごまかしになど、神様は目も留められないはずよ。」

とても信じられないという表情で、私たちがそのつぶやきを聞いていると、彼女は両手を下ろしました。おばは、依然として頬に涙を伝わらせながら小声で言いました。「愛するイエス様。私たちが、手ぶらでみもとに行けますことを感謝します。あなたは、すべてのことを――そう、文字どおりすべてのことを――十字架の上で成し遂げてくださいました。私たちは、生きるにしても死ぬにしても、このことだけを心に留めていればよいのです。」

母は両手を彼女の肩に載せ、二人は強く抱き合いました。私は、目の前で奇蹟を見た思いで、まるで根が生えたようにその場に立ち尽くしていました。

天の御父は、ちょうど必要な時に汽車の切符を渡してくださったのです。

タンテ・ヤンスは、ハンカチを顔に当て、勢いよく鼻をすすり上げて、もう感傷の時は終わったことを周囲の人々に知らせるのでした。

「もし私に、ちょっとでも時間が許されるなら、することを片付けてしまいたいのです。」彼女はこう言うと、父をちらりと見ました。おばのけわしい目には、今まで見たことのない輝きが宿っていました。

「キャスパー、仕事が大切だって言うんではありませんよ。仕事のことなんか、どうでもいいんです。でも……机の中を乱雑にしておいて、あとで、だれかに整とんしてもらうようなことは、したくないんです。」これだけのことを言うと、彼女は威勢よく、私たちを外に追い出してしまいました。

＊　＊

タンテ・ヤンスの葬式がすんだ四か月後に、ウィレムが最初の説教をするという、待ちに待った時がやってきました。アウトハウゼンの教会で副牧師を一年足らず勤めたあと、オランダ南部の美しい田園地方にあるブラバントの教会に主任牧師として赴任することになったのです。オランダ改革派では、最初の任地における最初の説教は最も厳かで、しかも喜びに満ちたものでした。しかも、いつもは冷静な人たちが、最大限に感情を外に表す機会でもあったのです。新任牧師の家族や友人たちは遠くからやって来て、何日も滞在するのでした。

カレルは、自分が副牧師をしている教会から手紙を書き、再び私たち全員が会う日を楽しみにしていると知らせてきました。この「全員」という言葉に、私は特別な意味が含まれているものと考え、期待に胸をふくらませながら、ドレスにアイロンをかけ、トランクに荷物を詰め込むのでした。

母はあいにく、健康のすぐれない時にぶつかってしまいました。彼女は、私たちの乗り込んだコンパートメント（訳注＝列車の小さく仕切られた座席）の隅に押し込まれました。父の手を握りしめているその手は、列車が揺れたり、傾いたりするたびに力が入り、指関節のあたりが白くなりました。

ほかの乗客の目は、六月の新緑に萌えるポプラ並木に注がれているのに、母の目は、じっと空を見つめたままでした。私たちにとっては田園地帯の旅行にすぎなくても、母にとっては、雲と光、それに無限に広がる青の空間の饗宴でもあったのです。

ウィレムの任地であるマデ村は最近になって過疎化し、礼拝出席者の数も減っていました。ところが、過去の良き日に建てられた会堂自体は大きく、通りの筋向いにある牧師館も堂々としていました。それはベイヨイを基準にすれば、途方もなく広壮に思え、初めの数日間というもの夜は天井があまりにも高く感じられて、なかなか寝つけませんでした。

毎日のように、おじだの、いとこだの、友人だのがやって来ました。でも、どれだけ人が大勢押しかけて来ても、部屋の半分はあいているように思えました。

マデ村に着いて三日後のことです。玄関のノックの音に出てみると、そこにはカレルが立っていました。その肩の上には、長い汽車旅のため煤煙のすすが、あちこちと付いています。彼は私の手をつかんで、六月の陽光の中に引っぱり出しました。「コーリー、今日はすばらしいお天気だ！　さあ、田舎道を歩いてみよう。」

それからというもの、毎日カレルと私が連れ立って歩くのが日課のようになりました。村からは、曲がりくねった道が四方に広がっていて、私たちは少しずつ距離を伸ばして散策を楽しみました。両足で踏みしめる土の感触は、ハールレムのれんが敷きの通りとは全く別のものでした。ヨーロッパのほかの国々が、史上で最も血なまぐさい戦争に巻き込まれているとは信じられないくらいです。海の向こうでも、狂気が浸透しているもようです。新聞は、アメリカも近々参戦すると報道していました。

中立国である、ここオランダでは、陽光のまぶしい六月の日々が気持ちよく続いていました。ウィレムのような、ごく一部の人だけが、今度の戦争はオランダにとっても悲劇になると主張していたのです。彼の最初の説教は、このことをテーマにしたものでした。

「ヨーロッパおよび世界は、今や変わりつつあります。どちらの陣営が勝とうと、今までの生活は失われることになるでしょう」と彼は言いました。私は教会に集まって来た、たくましい村の人や農夫たちを見回してみました。これらの人たちは、兄の考えには少しも関心を寄せていないように見受けられました。

説教が終わったあと、友人たちや遠くから来た家族たちは、ぞろぞろと帰って行きました。しかしカレルは、その後も滞在することにしたため、私たちの散策は続けられることになりました。私たちは、しばしばカレル自身の将来について話し合いました。そのうち話題は、カレルが何をするかではなく、私たち二人が何をするかに変わっていたのです。

私たちは、ウィレム夫妻が入居したような、古くて大きな牧師館を空想の中で描いていました。

そして二人が、家具や花について同じ考えを持っており、それに好みの色まで同じだとわかって喜びました。ただ、子どものことで意見が食い違いました。カレルは、子どもは四人がいいと言い、私は六人だと言い張って譲りませんでした。

私たちのその語らいの中には、「結婚」という単語は一度も出てこなかったのです。

ある日、カレルがまだ村にいる時、ウィレムがコーヒーを二人分持って、台所から出て来ました。ティンは自分の分を手にして、そのあとに続きました。

ウィレムは私にコーヒーを渡し、いかにも言いにくそうに話し始めました。

「コーリー、カレルはきみに、どんな印象を与えたんだい？　たとえば――」

「彼は、あなたとの結婚のことを本気で考えているの？」ティンが、兄の言葉を補足して尋ねました。

「さあ……でも……どうして？」と言葉に詰まった私は、首のあたりが真っ赤になるのを感じていました。

ウィレムの顔も、ぱっと赤くなりました。

「いいかい、コーリー。きみとカレルとの結婚は、あってはならないことなんだ。きみは、カレルの家族を知らない。彼の両親は、カレルがまだ小さい子どものころから一つのことを願ってきた。彼らはそのために犠牲を払い、それが実現するために計画を立て、その上に生活の全部を築いてきた。だからぼくは、両親がカレルの……〝りっぱな結婚〟を願っていると思うんだ。ただでさえがらんとした応接室に、いっそう寒々とした空虚感が漂いました。

「でも、カレルはどうなの？　彼はもう小さな子どもではないわ。」

ウィレムは、彫りの深い顔に真剣な表情を浮かべて言いました。

「コーリー、彼はほかの人と結婚するはずだよ。もちろん、彼がそれを望んでいるというわけではないが。そうすることが、カレルにとって人生の事実だからだ。大学時代、ぼくたちは好きな女の子のことで話し合ったことがある。ところが、彼は最後になると決まって『でもぼくは、あの娘《こ》とは結婚できない。そんなことをしたら、母を殺してしまうことになる』と付け加えていた。」

熱いコーヒーで口の中はやけどしそうでしたが、それを一気に飲み干し、その場から逃がれるために庭に走って行きました。私は、この陰気な古い家屋を憎みました。また、いつも物ごとの暗い面ばかりを見るウィレムが、時々、本気で憎らしいと思えるのでした。

けれども、この庭だけは別です。ここには、カレルと私がいっしょに見つめなかった木や花は一つもありません。この庭にあるものには、私たちのお互いの思いが秘められているのです。なるほどウィレムは、神学や戦争、政治については、私より多くのことを知っているでしょう。でもロマンスについては、どうでしょう？　文学作品の中では、お金、社会的名声、家族の期待といったものは、いつの場合でも、雨雲のようにやがては消えていくものだというのに……。

カレルは、それから一週間ほどして、マデ村を去って行きました。彼の最後の言葉に、私の心は天にも昇る思いでした。ただ、ずっとあとになって、カレルが妙な言い回しをし、その声には、ほとんど絶望に近い切なさがこもっていたことに気づいたのです。

私たちは牧師館の車寄せに立って、マデの村びとたちが列車に乗る時に、駅へ行く唯一の交通機関である乗合馬車を待っていました。二人はすでに、朝食のあとに別れのあいさつを済ませていました。私の心の半分は、カレルがまだプロポーズしていないことに失望しているにしても、あとの半分は、彼のそばにいるというだけで満足していたのです。カレルは突然、車寄せに立っている私の両手をしっかりと握り締めました。

「コーリー、ぜひ手紙を書いてね。」

そこにあるのは明るい表情ではなく、何かを訴えるようなものでした。「ベイヨイのことを、ぜひ知らせてね。ぼくは、あのおんぼろの、でも美しい家について、どんなことでも知りたいんだ。コーリー、きみのお父さんのことも書いてもらいたいんだよ。彼が請求書を出すのを忘れたということなんかも、ぜひ手紙に書いてほしいなあ。コーリー、きみのいるところはオランダでいちばん幸福な家庭だ。」

父と母、ベッツィーとノーリー、それにタンテ・アンナと私は、ベイヨイに戻って来ました。今までも、そこはずっと幸福の宿る住まいでした。でも、今はそれ以上で、どんな小さな出来事でも、それをカレルと分ち合えるという期待で輝くように思えてきたのです。私の作る毎日の食事は彼へのささげものであり、磨き上げられた鍋は詩となり、ほうきの一掃き一掃きは愛の行為となったのです。

カレルからの手紙は、弾む心で筆を走らせる私の手紙ほど、ひんぱんには来ませんでした。それを私は、彼の仕事のせいだと考えていました。彼からのある手紙には、教会の主任牧師が教区を訪問する責任をカレルに任せたことが書いてありました。裕福な会員が多かったので、たくさん献金する人たちは、別に用がなくても牧師がたびたび訪問してくれるのを望んでいたのです。時がたつにつれ、彼から来る手紙の数は減ってきました。私はその分だけ、自分の書く回数を増やし、鼻歌まじりに夏と秋を過ごしました。

オランダ中の人が私といっしょに歌を歌っているような、晴れわたった寒い十一月のある日、玄関のベルが鳴りました。私はちょうど、台所で昼食のお皿を洗っているところでしたが、家族のほかの者が騒ぎ立てる前に、食堂を走り抜け、階段を下りていきました。

裏口のドアを勢いよく開けると、カレルが立っています。その隣には、若い女性がいました。

彼女は、私にほほ笑みかけています。私は、彼女の羽根の付いた帽子、毛皮の襟、カレルの腕に置かれた白い手袋をはめた手を見つめました。次の瞬間、目の前がぼうっとかすんでしまいました。

「コーリー、ぼくのフィアンセをご紹介します」というカレルの声が、響いてきたからです。

私はきっと、何かを言ったと思います。今では応接室として使っているタンテ・アンナの部屋に、二人を案内して行ったと思います。私が覚えていることはただ、家族が出て来て、私の窮状を救ってくれたということです。彼らは、私が何かをしたり、話したりしなくても済むようにと、代わりに話し相手になり、握手をしたり、コートを脱がせたり、椅子を捜したりしてくれました。

母は、コーヒーをすばやく沸かすので定評があるのに、その日は、それまでの記録を破ってしまいました。タンテ・アンナは、ケーキを配る役を引き受けました。ベッツィーは、冬の流行の服装のことで、若い女性の話相手を務めました。父は、カレルを部屋の隅に押し込めるようにして、ウィルソン大統領がアメリカ軍をフランスに派兵するニュースについてどう考えるかなどと、あたりさわりのない国際問題について、いろいろと質問しました。

やっとのことで三十分が経過しました。私は、どうにかこうにか若い女性と握手を交わし、続いてカレルとも同じようにして、彼らの幸福を願っていることを口にしました。ベッツィーが、この二人を玄関まで送って行きました。ドアがまだ閉まらないうちに、私は階段を急いで上って三階の自分の部屋に入ると、止めどもなく涙がこぼれ落ちてきました。

生涯にただ一度の愛を失ったことで、どれくらいの時間、ベッドにうつ伏せになって泣いていたかわかりません。しばらくして、階段を上って来る父の足音が聞こえてきました。毛布を掛け直しに来る父を待つ、少女のころの気持ちが、ちょっとの間だけよみがえりました。

でも、今は毛布では癒やすことのできない、大きな心の痛手を負っています。父が何を言うだろうかと、急にこわくなってきました。「すぐに、ほかの人が現れるから」と言いはしないかと恐れたのです。もしそんなことを言おうものなら、これから永久に、父と私の間には嘘が入り込むことになります。私は心の奥底で、カレル以外の人は二度と出てこないことを知っていたのです。

父はもちろん、真実を避けた気休めなど口にしませんでした。

「コーリー、何がいちばん心を傷つけるか知ってるかい？　それは愛だ。愛は、世界でいちばん強い力だ。しかし、それが妨げられると苦痛が起こるんだ。

こうなった時には二つの解決法がある。愛を殺して、痛みを止めるのが一つ。でも、そんなことをしたら、私たちの一部分も死んでしまうことになるね。もう一つの方法は、神様にお願いして、愛が発散していく別の道を開いていただくことだよ。神様は、おまえ以上に、カレルを愛しておられる。もし神様にお願いするなら、神様はおまえに、何ものも妨げたり、破壊することのできない愛を、きっと与えてくださるはずだ。コーリー、古くからある人間的な方法で愛せなくなった時に、神様は私たちに、完全な方法を与えてくださるんだよ。」

階段を回りながら下りて行く父の足音を聞きながら、私は父が、今のつらい時期に対処する鍵以上のものを与えてくれたことに気づきませんでした。これよりはるかに暗い部屋――人間的な考えからすると、だれかを愛することなど思いもよらない場所――を開く秘訣を、父が私に与えてくれたことに、気づいていなかったのです。

私は、まだ愛については、幼稚園児にすぎませんでした。その時私のなすべきことは、カレルに対する感情は手放すけれど、その感情とともに育まれてきた喜びと驚きは、そのままにしておくということでした。私はベッドに伏したまま、途方もなく壮大な祈りを口ずさんでいました。

「主よ、私はあなたに、カレルに対する感情と、私たちの将来についての考えをおささげします。主よ、あなたはすべてをご存じです。どうか、あなたの立場に立ってカレルを見る恵みをお与えください。その立場で、カレルを愛することができるように助けてください。これだけお願いします。」

祈りが終わるか終わらないうちに、私はぐっすり眠っていました。

四　時計店

私は椅子の上に立ち、食堂の大きな窓をふきながら、路地を通る人たちに時たま手を振っていました。一方、母は台所で昼食用のじゃがいもの皮をむいていました。一九一八年のことで、世界を恐怖に追い込んだ戦争もやっと終わり、道行く人の歩きぶりにも、何か新しい希望が感じられるようでした。

ふと私は、いつもと違う母の様子に気づきました。彼女は、決して物を粗末にしない性分で、水道の水を出しっ放しにすることなど、ありえないことだったのです。

「コーリー。」

私を呼ぶ母の声は低く、かすかなささやきのように聞こえました。

「なあに？　お母さん。」

「コーリー。」母は再び呼びました。その時、流しにあふれた水が床に流れ落ちる音が聞こえました。あわてて椅子から飛び下り、台所に駆け込むと、母は蛇口《じゃぐち》に手を当てたまま立っていました。流しから勢いよくほとばしり出る水が足をぬらしているというのに、彼女はうつろな目で私を見つめています。

「お母さん、どうしたの！」と叫んで、蛇口に手を伸ばしました。磁石のようにくっついている母の指をほぐし、水を止め、床の上にできた水たまりから母を遠ざけました。

「コーリー。」母は、もう一度言いました。

「お母さんは具合が悪いのよ！　今すぐベッドに連れて行ってあげる！」

「コーリー。」

私は母の肩の下に手を回し、食堂を通って階段へとゆっくり連れて行きました。私の叫び声を聞いたタンテ・アンナは上から駆け下りて来て、母の腕を取りました。二人して母をベッドに寝かせると、私は父とベッツィーに知らせるため、夢中で店に下りて行きました。

それから私たち四人は、母のからだ全体に脳溢血の影響が徐々に広がっていくのを一時間にわたって見つめていました。麻痺は、まず手首にきて、それから腕、続いて足へと移っていくように思えました。見習いが走って呼んで来たヴァン・ヴィーン先生も、私たち家族と同じように何もすることができませんでした。

意識だけは最後まで残っていました。母の目はしっかり見開かれて、私たち一人一人を懐かしそうに見ていましたが、そのうちに、ゆっくりと閉じてしまいました。私たちは、もう母は永久に帰って来ないものと思いました。ところが、ヴァン・ヴィーン先生は、それはただの昏睡状態で、そのまま死ぬか、それとも生き返るかのどちらかになると説明しました。

母は二か月もの間、意識を失ったままベッドに横たわっていました。夜間の付添いにあたるノーリーを含めて、五人の者が交互に母を看病することになりました。ある朝、発作が起こった時と同じように突然、彼女の目が開き、あたりを見回しました。やがて、だれかの助けを借りて室内を動ける程度に手や足の機能が回復してきました。ただし、母の手は二度と、かぎ編棒や縫物用の針を持つことはできなくなりました。

私たちは母を、れんがの壁に面した小さな寝室から、タンテ・ヤンスの部屋に移しました。そこなら、にぎやかなバルテルヨリス通りを見下すことができます。

やがて、彼女の思考力は、以前のように活発になってきました。でも、三つの言葉以外は、しゃべることができませんでした。母は、「はい」と「いいえ」、そして――たぶんそれは、彼女が最後に言った言葉であったからでしょうが――「コーリー」と三語だけしか発音することができなかったのです。

そこで私と母は、意志を伝えるために「二十の質問」のような、ちょっとした連想ゲームを発明しました。まず母が「コーリー」と言います。

「お母さん、なあに？　だれかのことを考えているの？」

「はい。」

「それは、家族のだれかのこと?」

「いいえ。」

「じゃ、通りで見かけた、だれかのこと?」

「はい。」

「それは古いお友だち?」

「はい。」

「男の人……」

「いいえ。」

ここまでくると、長いこと母の知り合いだった女の人だということがわかります。「わかったわ! お母さん。きっと、だれかの誕生日なんでしょう?」そこで私は、知っているかぎりの名前をあげていくと、そのうち母は、いかにも嬉しそうに「はい」と答えます。こうして私は、母がその人を見かけたこと、そして誕生日を心から祝福していることを簡単に書き記すのです。

ただし、文の終わりにはいつも、曲らなくなった指にペンを持たせて、自筆のサインをしてもらうことにしました。それまでの、美しく流れるような筆跡のサインと違って、それこそぎごちないものでしたが、まもなくそれは、ハールレム中の人々に母のサインと認識され、喜ばれるようになりました。

母が不自由な身体で、このような生き方をしてきたというのは、驚きの一語に尽きます。三年にわたって、麻痺したからだで生き抜く母の姿を見て、私は愛について、今までと違う発見をしました。

それまでの母の愛は、困っている人のためにスープを作ったり、縫物をしたりという形で表現されました。けれども、そのような奉仕が取り去られた今となっても、愛はそれまでと同じように健全に働いていたのです。

母は窓のそばの椅子に座って、私たちを愛してくれました。彼女は、通りを歩く人たちを愛しました。しかも、その愛は、それ以上に広がっていったのです。母の愛は、ハールレム中に浸透し、オランダ全体に及び、世界へとはばたいていきました。こうして私は、愛というものは、それを閉じ込めている壁より大きいことを学びました。

＊　＊

両親の写真
母・コルネリアと父・キャスパー

ノーリーは夕食のテーブルで、彼女が奉職している学校の若い同僚の教師、フリップ・ヴァン・ブールデンについて、よく話すようになりました。そのヴァン・ブールデンが父を正式に訪問する前に、父は祝福の言葉を何度も反復し、磨きをかけるのでした。

そして、明日はいよいよノーリーの結婚式という前の晩、ベッツィーと私が、母を両方から抱き上げてベッドに載せた時、彼女は突然、涙にむせびました。私たちは「二十の質問」の形式で、母は娘の結婚を喜んでいないわけではなく、フリップもとても好きだということを知りました。原因は、その夜に母と娘の間でなされる厳粛な語らい——それは当時の寡黙な社会が提供した、性教育の機会であったのです——ができない、というところにありました。

結局その夜は、タンテ・アンナが目を大きく見開き、頰を赤く染め、ノーリーの部屋に行くことになりました。ノーリーはずっと以前に、階段のいちばん上にある私との共同の部屋から、タンテ・ベッツプが暮らしていた小さな部屋に移っていました。その中に閉じこもって、彼女とタンテ・アンナは、規定の三十分間を過ごしました。

おそらくオランダ中で、タンテ・アンナほど結婚の知識に欠けている人はなかったでしょう。でも、これは一つの儀式だったのです。何世紀にもわたって、年長の女性が年下の女性のカウンセラーになるのがしきたりでした。たとい結婚指輪なしで済ますことができたにしても、このカウンセリングなしに結婚することは、当時の社会では考えられなかったのです。

翌日、長い白のドレスを身にまとったノーリーは、大輪の花のようにあでやかでした。ところが、私の目を引いたのは母でした。彼女は、いつものように黒ずくめでしたが、突然若返って少女のようになり、その目は、テン・ブーム家が迎えた最高の日にふさわしく、喜びで輝いていました。

ベッツィーと私は、教会に母を早目に連れて行きました。ヴァン・ブールデン家の人たち、それに友人の多くは、会堂の最前列に座るしとやかで微笑をたたえた女性が、実は歩くことも話すこともできないとは、夢にも思わなかったことでしょう。

ノーリーとフリップが手をたずさえて、会堂の通路を進んで来た時になってはじめて、私は、カレルとの、このような場面を夢に描いていたことを思い出しました。私はベッツィーのほうを見ました。彼女は母の向こう側に、すっきりと美しい姿勢を崩さずに座っています。

ベッツィーは、健康上の理由から自分には子どもができないことを知っていたので、かなり前から生涯独身で過ごす決心をしていました。私は二十七歳で、ベッツィーは三十代の半ばです。私は、ベッツィーと自分はこれからもベイヨイに住み、未婚のままでいることを知っていました。

でも、それは決して悲しい考えではなく、幸せなものでした。このように思えたのは四年前に、神が私の移ろいやすい感情を受け入れてくださったと確信できてからのことです。それ以来、カレルについての追憶――それは、私が十四歳の時から彼について抱いていた思いと同様、愛でまばゆく輝いていました――は、少しも胸を痛めるものにはなっていませんでした。「主イエス様、カレルを祝福してください。」私は口の中でつぶやきました。「そして、奥さんも祝福してください。彼ら二人が、いつまでも仲よくしていけますように。また、彼らがいつもあなたのみそば近くにおりますように。」でもこの祈りは、だれの助けも借りずに、このコーリー・テン・ブーム自身からひとりでに湧き上がってきたものではなかったのです。

ところで、この日最大の奇蹟は、あとで起こりました。式の終わりの賛美歌として、私たちは、母の好きな「イエス君はいとうるわし」を選んでいました。私が立って歌い始めた時、同じ列から母の歌声が聞こえてくるのに気づきました。三つの言葉しか話せないあの母が、一語、一語、一節、一節と、よどみなく歌っているではありませんか。高くて明瞭だった母のかつての声は、しわがれて途切れ途切れではありましたが、私の耳には、天使の歌声のように響きました。

横を向いたら魔法が解けはしないかと恐れて、母が歌っている間、私はじっと正面を見つめていました。全員が座った時、母の目も、そしてベッツィーと私の目も涙で濡れていました。

初めのうちは、母が回復する兆しではないかと期待を寄せていました。しかし、彼女は自分が歌った言葉の一つ一つを、再び口にすることはもちろん、歌うこともできなかったのです。それは結婚式の当日だけの、私たちに対する神からの特別なプレゼントだったのです。それから四週間ののち、母は唇に微笑を残したまま、永久に私たちのもとを去って行きました。

＊　＊

その年の十一月の末、ひとつの風邪が我が家に大きな変化をもたらしました。ベッツィーが鼻をすすり、くしゃみをしだしました。そのため父は、彼女を、ドアの開閉のたびに冬の冷たい空気が入り込む帳場に座らせておいてはいけないと思いました。

ところが、店にとってはいちばんの書き入れ時であるクリスマスが近づいていたのです。ベッツィーは厚着をして寝込んでいるため、私は何度も店に駆け下りては、お客の相手を務め、品物を包装し、父の代わりに一時間に十回以上も高い作業台を下りたり、上ったりしました。

タンテ・アンナは、料理とベッツィーの世話は自分が引き受けると申し出ました。そこで私は、ベッツィーの仕事場に入り、売上額や修理の手間賃を書き込み、新しい品物の買い入れや部品の購入のために使った金額を記入しました。ところが、過去の記録をめくっていくうちに、次第に不安になってきました。

ここには、一目でわかるように整理された資料など、どこにもありません。請求書が支払い済みであるのか、そうでないのか、わかりませんし、私たちが顧客に請求する価格が、はたして高いのか、安いのか、見当もつきません。正直言って、店がもうかっているのか、それとも損をしているのか、それを知る目安がどこにもないのです。

ある冬の日の午後、私は急いで外出して本屋へ行き、現金出納帳を一式買い求めて来ました。そして、今までの乱雑で意味のない書き込みを、どうしたら体系化できるかと真剣に取り組み始めました。ドアに鍵が掛けられ、シャッターが下ろされたのち、幾晩も私は、ゆらめくガス燈の下に座って、古い明細目録と卸売商の計算書に目を通すのでした。

一方では、父に尋ねてみました。「先月のホークさんのところの修理代は、いくらになさったの？」

そんな時、父は私を無表情に見つめて、「えーと、どんな時計だったか、覚えとらんなあ……」と言葉を濁すのでした。

「お父さん、バチェロンの古いのですよ。わざわざスイスから、部品を取り寄せたでしょう？ここに、先方からの請求書がありますけど。」

父の顔は、急に明るくなりました。「もちろん、覚えとるよ。コーリー、とても美しい時計だった。あんな時計がいじれるなんて、そりゃ、嬉しいことだよ。非常に古いものだが、機械の中にごみが入っているだけだった。りっぱな時計は、いつもぴかぴかにしておかんとなあ。」

「それで、お父さん。修理代として、いくら請求なさったんですか。」

私は、請求書を切る仕組を編み出しました。私が帳簿に書き込む数字は、次第に実際の取引きに対応するようになりました。しかも、私は自分でもこの仕事が好きだということがわかってきたのです。

それまでも私は、無数の小さな音がささやき、棚には小さな光る顔が並んでいる店にいると、いつも楽しくなるのでした。ところが今度は、ビジネスの面も好きだとわかったのです。カタログを見たり、ストックを記録することはもちろん、活気にあふれた多忙な営業の世界に飛び込むことが、性に合っていることもわかってきたのです。

ベッツィーの風邪は胸部に内攻して、いつものように肺炎を起こす危険性が出てきたことを思うと、そのことに動揺していない自分自身を責めるのでした。そして夜になって、階下の寝室から激しく苦しそうな咳が聞こえると、私はベッツィーがすぐに良くなるようにと心を注いで祈りました。

クリスマスを二日前にした、ある夕方のことでした。店じまいをして、作業室から階段下に通じるドアの鍵を掛けていると、両手にいっぱい花を抱えたベッツィーが裏口玄関から飛び込んで来ました。私の姿を見た彼女は、ばつの悪そうな顔をしました。

「コーリー、クリスマス用よ。クリスマスには、どうしてもお花が必要だわ！」と彼女は弁解しました。

私は言い返しました。「ベッツィー・テン・ブーム！　こんな状態が、どれくらい長引いているかわかってるの？　あなたがよくならないのは当然のことだわ！」

「一日の大部分は、ベッドでじっとしていたわ。信じて……」身体を震わせながら咳き込む間、しばらく言葉が途切れました。「……ただ、どうしてもしなければならないことのために、ちょっと起き出しただけよ。」

私はベッツィーをベッドに寝かせつつ、家中の部屋を目を大きく見開いて調べてみました。彼女の言う「どうしてもしなければならないこと」とは何か、自分で確かめたかったからです。それまで私は、家の内部がどのようになっているのか、ほとんど気づいていませんでした。けれども、ベッツィーは至るところに手を加えていたのです。

私は彼女の部屋に戻って、証拠を突きつけました。「ベッツィー、食器棚のお皿を全部並べ換えるのは、どうしてもしなければならないことなの？」

私を見つめる彼女の顔は赤くなりました。次の瞬間、急に反抗的になって、こう言いました。

「そうよ、だってあなたは、いつも決まって、同じしまい方をするんですもの！」

「それに、タンテ・ヤンスの部屋のドアはどうしたの？　だれかさんが、ペンキ落しを使ったり、紙やすりをかけているわ。あれは重労働よ。」

「でも、ペンキの下には美しい木目《もくめ》があるのよ。長い間、いつか古いニスをはがしてみたい、と思っていたの。コーリー……」彼女は急に声を落とし、いかにも申し訳ないという表情で言葉を続けるのでした。

「あなたが毎日、お店に出なければいけないのに、私は自分のことしか考えず、ひどいことをしているってわかっているわ。あなたに負担をかけないように、これからはからだにうんと気をつけるつもりよ。ああ、でも、一日中ここにいて、自分が主人公になったつもりで、いろいろやってみたいことを計画するのは、何とも言えない気分だわ……」

それからというもの、私とベッツィーの仕事の分担を逆にしてみることにしました。このように、いったん配置転換をしてみると、万事がうまくいきだしたのです。私が家事の責任をもっているころ、家はいつもきれいになっていました。ところが、ベッツィーの責任となってからは、きれいさを通り越して、光るようになってきたのです。彼女は、木材や模様や色彩の中に美を見つけ出し、しかも私たちにもそれがわかるように手を加えてくれました。

私たちの家庭の食費は、肉屋に行くころには、ほんの少ししか残っておらず、パン屋ではすっかりなくなるのが普通でした。それがベッツィーの手にかかると、今まで食卓に上ったことのないようなごちそうが並べられるようになったのです。「今日のお昼のデザートは何か、楽しみにしていてね。」彼女は朝食の時に言うのです。すると、私たち店で働く者は午前中ずっと、お昼が待ち遠しくてたまらなくなるのでした。

ガスレンジのうしろにある、スープなべやコーヒー・ポットを、私はついに使う時がありませんでした。ところが、ベッツィーが台所役を引き受けた最初の週から、それらのものは盛んに湯気を立てるようになりました。まもなく母が台所にいたころと同じように、郵便配達の人や警官、見捨てられた老人、寒さに震える使い走りの少年たちが、ひっきりなしに裏口玄関から入って来るようになりました。彼らは足を踏み鳴らし、かじかんだ手を熱い大型コップにあてがって、まず暖を取るのでした。

一方、私はお店の中で、今まで夢にも思わなかったような、仕事の喜びを味わっていたのです。まもなく私は、自分が接客や帳簿付け以外のことを望んでいることに気づきました。私は、時計の修理を習いたかったのです。

父は非常な熱意をもって私に教えることを引き受けました。やがて私は、時計の動く部分と固定された部分の部品名を覚え、油や溶解液の化学、様々な道具、研磨器、拡大鏡などの知識を身につけました。でも、父のすさまじい忍耐力とか、時計に内蔵された精密機械の調和と、ほとんど神秘的なまでに呼吸を合わせるという技術は、とても口先で教えられるものではありません。

そのうち腕時計が流行するようになったので、私はこの方面の職業学校に通うことにしました。こうして、母が死んでから三年後には、オランダの女性時計技能士第一号が誕生したのです。

ここで、それからの二十年以上にわたるテン・ブーム家の生活様式が決まることになりました。朝食が終わり、父が聖書を棚に戻すと、父と私は階段を下りて店に出ます。ベッツィーは、スープ鍋をかき混ぜ、じゃがいも三つと羊肉一ポンドで魔法を演出するのでした。

私が収入と支出に目を通すようになってからは、店の経営状態も好転し、やがて女性店員を一人、雇うことになりました。店頭での販売をこの女性に任せ、父と私が店裏の作業室で仕事に専念するためです。

この小さな部屋には、絶え間なく人が来るようになりました。ある時は顧客であり、多くの場合は、ただの訪問者でした。その中には木の靴をはいた労働者から、船主に至るまでいろんな人たちがいて、それぞれに悩みごとを父のもとに持って来るのでした。父は、店先には顧客が来ており、仕事場には職人たちが働いている中で、少しもものおじすることなく、頭を垂れ、人々の悩みに解決が与えられるように祈るのでした。

父はまた、仕事のためにも祈りました。彼は、ほとんどの種類の修理を手がけていました。ところが時たま、父でさえまごつくようなものにぶつかりました。そんな時、こう祈るのが聞こえてきました。「主よ、あなたは銀河宇宙の歯車を回しておられます。あなたは、何が惑星を回転させているかをご存じです。ですから、何がこの時計を動かしているかもご存じです。」

祈りの言葉づかいは、いつも違っていました。科学好きな父は、いろいろな大学の機関紙の熱烈な愛読者でした。年間を通じて、動かなくなった時計は、「原子を踊らせるお方」または「海流を絶えず循環させておられるお方」のもとへ持っていったのです。

このような祈りの答えは、しばしば真夜中に与えられるようでした。朝になって仕事場に行くと、手の施しようがなくて分解したままにしておいた無数の部品が組み合わされ、気持ちよさそうに時を刻んでいることがよくあったからです。

私には店の中で、どうしてもベッツィーのようにはいかないことが一つだけありました。それは、ドアを開けて入って来る一人一人への応待の仕方です。お客が入って来ると、よく私はうしろのドアから出て、ベッツィーのいる台所へ行き、声をかけました。「ベッツィー、ブルのビロードの時計バンドで、アルパイナの腕時計をはめている女の人、だれだか知ってる？ 太った、五十歳ぐらいの……」

「ああ、それならヴァン・デン・クーケルさんよ。弟さんが、インドネシアから、マラリヤに罹って帰って来たので、今、その弟さんを看病してるんですって。」急いで階段から下りる私の背後から、ベッツィーの声が追いかけて来ました。「コーリー、リンカーさんとこの坊やが元気になったかどうか、聞いてみてちょうだい。」

二、三分後に店を出たヴァン・デン・クーケル夫人は、ご主人にこう報告したということです。

「コーリー・テン・ブームは、お姉さんそっくりだわ！」

＊　＊

一九二〇年代の後半にタンテ・アンナが死ぬ前にも、ベイヨイのあいたベッドは、次々と里子に占領されていきました。こういう子どもたちの笑い声は、十年以上にわたって、古い壁にはね返りました。ベッツィーは、スカートのすそやズボンの折返しを下ろす仕事が加わって、多忙をきわめました。

一方、ウィレムとノーリーの家族はそれぞれ増えていきました。ウィレムとティンの間には四人の子どもが生まれ、ノーリーとフリップの間には六人も生まれたのです。

ウィレムは、かなり前に田園地方の教会を離れていました。そこでは、難しい真理を語る彼のやり方が、教会員たちを不幸にしたからです。そのあと彼は、ハールレムから三十マイル離れたヒルフェルスムに養護施設を設立しました。

ノーリーの家族とは、ひんぱんに会いました。今では、夫のフリップが彼女の奉職している学校の校長となり、しかもその学校はハールレム市内にあったからです。彼らの六人の子どもたちのうち、一人か二人がベイヨイに来て、おじいちゃんの仕事ぶりを見たり、ベッツィーおばさんのこね鉢の中をのぞいたりしない日は、ごくまれでした。彼らはまた、里子たちと競争して、らせん階段を上り下りして大騒ぎするのでした。

私たちが、ピーターに音楽の才能があるのをはじめて知ったのは、このベイヨイでした。その出来事は、私たちがラジオを囲んでいる時に起こったのです。

この現代の不思議ともいわれるラジオをはじめて見たのは、友人の家です。「オーケストラが全部聞けた」と私たちはすっかり感動して、何度もそのことが話題に上りました。小さな箱の中で音楽を再生することは、とりわけ困難なことに思えたのです。それ以来、私たちはラジオを買う資金にと、小銭を積み立てるようになりました。

まだ必要な額にはほど遠いころ、父は肝炎で倒れ、危うく一命を取り留めたのでした。長い病院生活のうちに、父のひげは雪のように白くなりました。退院した日は、七十歳の誕生日の一週間あとでしたが、町の人たち数名が訪ねて来ました。彼らは店舗経営者、街路清掃人、工場所有者、はしけの船頭の代表でした。父が病気になってみて、彼の存在のありがたみが痛いほどわかったというのです。感謝の印にと、彼らはお金を出し合って父にラジオをプレゼントしたのです。

それは、外側に半円形のスピーカーの付いた大きな卓上ラジオで、長年にわたって私たち家族に喜びを与えてくれました。日曜日ごとに、ベッツィーはオランダ語の新聞はもちろんのこと、英語、フランス語、ドイツ語の新聞を読みあさりました。ラジオを通じて、ヨーロッパ中の局からの放送が聞ける上に、日曜日の新聞には、その週のコンサートやリサイタルの番組が載っていたからです。

そのような日曜日の午後、たまたまノーリーとその家族が遊びに来ていました。するとピーターが、ブラームスの協奏曲の途中で、突然、口をはさんだのです。

「ラジオで下手なピアノを流すのは、おかしいと思うなあ。」

「シーッ！」とノーリーが制すると、「ピーター、それはどういう意味だい？」と父が尋ねました。「音が一つ、違っているよ。」

その場に居合わせたおとなたちは、思わず顔を見合わせました。八歳の子どもに何がわかるか、といった表情です。ところが父は、少年をタンテ・ヤンスのアップライトピアノのところに連れて行き、「どの音だい？　ピーター」と聞きました。

ピーターは鍵盤を叩いていましたが、中央のC（ハ）から進んでB（ロ）のところに来ると、「これだよ」と言いました。

その時、部屋にいた人たちは皆、ラジオからその音が流れるのを聞きました。演奏会用のグランド・ピアノのBが、半音狂っていたのです。

その日の午後ずっと、私はピーターのそばに座ってピアノに向かい、簡単な音楽のクイズをし、彼には驚異的な音楽の記憶力や絶対音感があることを発見しました。

こうしてピーターは、私の音楽の生徒になりました。ところが約六か月後には、私の知っているかぎりの知識を吸収してしまったので、専門の教師に付くことになりました。

ラジオはまた、私たちの生活に別の変化を及ぼしました。それは最初のうち、父が抵抗を感じていたものです。BBC放送からは、一時間ごとにビッグ・ベン（訳注＝イギリス国会議事堂の時計塔にある時鐘）の時報が聞こえてきます。父は、英国式時報の最初の打音が、正確な時刻と一致することをしぶしぶ認め、ストップウォッチを片手に、店にある天文時計に修正を加えるようになりました。

　ところが父は相も変わらず、英国時間を信用する気にはなれませんでした。英国人の知り合いが何人かいましたが、彼らは決まって約束の時間に遅れて来たからです。父が健康を取り戻して、再び列車に乗るようになると、彼は一週間おきにアムステルダムへ行き、海軍観測所の時刻に合わせることにしたのです。

　歳月が過ぎて、ビッグ・ベンと海軍観測所の時刻がいつも完全に同じだとわかると、アムステルダムへ行く回数が減り、ついには行くこともなくなりました。一方、店の中の天文時計は、狭い裏通りを自動車が絶え間なく走り、その震動でがたがた揺れたため、もはや精密機械の用をなさなくなりました。この時代物は、父がラジオの時報だけで時刻を合わせるという、最後の恥辱の時を迎えることになりました。

　このような変化があったものの、父とベッツィーと私の三人の生活は、本質的には以前と変わりませんでした。里子たちはおとなになり、仕事や結婚のために家を離れましたが、たびたび訪ねて来てくれました。

　店の創業百年記念日が来て、過ぎ去り、翌日、父と私はいつものように仕事場に戻りました。

父は病気が治って何年か経っていましたが、まだ足もとがおぼつかなかったので、下町への毎日の散歩には、私がお供をすることにしていました。私たちは毎日散歩をしましたが、どのような人に途中で会うかということも、完全に予測できるようになったのです。父と私は、いつも同じ時間に家を出ました。それは昼食後、二時に再び店を開くまで、いつも同じコースを歩きました。ほかのハールレムの人たちも習慣はきちんと守るので、途中でだれに会うか言い当てることができたのです。

私たちがあいさつを交わす人はたいてい、古くからの友人や店のお客でした。この毎日の散歩によって、知り合いになった人たちもいます。その中には、コニング通りをさっそうと歩く女性や、グローテ市場の電車の停留所で「世界海運新聞」を読んでいる紳士もいました。

私たちのお気に入りは、ブルドッグとあだ名を付けた男の人でした。その人はいつも決まって、皮ひもの先に二匹の大きなブルドッグをつないでいました。それだけでなく、その顔にはしわが寄って、角ばったあごと、がにまたの持主である彼は、ペットそっくりに見えたのです。

彼の動物に対する愛情は、私たちの心を打ちました。彼は二匹の犬のうしろから、いつも小声で何か話しかけたり、気をつかったりしていました。父とこのブルドッグ氏は、すれ違う時、決まって帽子に手を掛け、儀礼のあいさつを交わしました。

＊　＊

ハールレムをはじめ、オランダの他の都市の人たちが散策を楽しみ、会釈を交わし、またさっそうと歩いている時に、東の隣国では戦争の準備に大わらわでした。私たちは、そこで何が起こっているのか知っていました。知らずにいるほうが、むしろ困難だったからです。

夕方になってよくラジオのダイヤルを回すと、ドイツからの声が流れてきました。その声というのは話すのでもなく、叫ぶのでもありません。気がふれたかのように、がなり立てるのです。不思議なことですが、その声にいちばん拒絶反応を示したのは、感情の安定したベッツィーで、荒々しく椅子から立ち上がると、ラジオの前に飛んで行き、音を消すのでした。

ところが私たちには、あまり危機感がありませんでした。ウィレムが来て私たちに緊張感を与えている時や、ドイツ在住のユダヤ人時計商への手紙が何回か「住所不明」と書かれて返送されてきた時でも、私たちはドイツの一時的な国内事情によるものと信じることにしていました。「ドイツの国民は、こんな状態にいつまでがまんできるでしょう。彼らは、あの独裁者を、いつまでもそのままにしてはおかないでしょう」と私たちは言っていたのです。

ただ一度だけ、バルテルヨリス通りの小さな時計店にも、ドイツの影響が入り込んできたことがあります。それは、若いドイツの時計職人を通してでした。それまでにも、ドイツ人が父のもとでしばらく働くことは、よくありました。父の名声は、オランダの国境を越えて伝わっていたからです。そんなわけで、顔立ちがよく背の高い青年が、ベルリンの名の知れた工場の従業員証明書を持参して現れた時、父はためらうことなく彼を雇ってしまいました。

彼オットーは、いかにも誇らしげに自分はヒトラー・ユーゲント（訳注＝ナチスの独裁政権の下に組織された青少年の団体）の党員だと言いました。私たちは、なぜ彼がわざわざオランダに来たのか理解に苦しみました。というのは、オットーはオランダ国民とオランダの製品に、ケチばかりつけていたからです。「そのうち世界は、ドイツ人に何ができるか、思い知らされるだろう。」こう、彼は口ぐせのように言うのでした。

そのオットーの初出勤の日の朝、ほかの従業員といっしょに食堂に来てコーヒーを飲み、父が聖書を読むのを聞いていましたが、その後、一人で店内で座っていました。理由を尋ねると、彼は答えました。自分にはオランダ語はわからないが、店の主人が旧約聖書を読むのを見た。あれは、ユダヤ人の「嘘で固まった本」ではないかと言うのです。

これは私にはショックでしたが、父は悲しそうに、こんなふうに言ったのです。「あの人は、間違った教育を受けたんだ。でも、わしたちの生活を見て、わしたちがこの本を愛しており、しかも信頼できる人間だとわかれば、きっと自分の誤りに気づくだろう。」

それから数週間たって、ベッツィーは作業室のドアを開け、父と私を手招きしました。そのあとをついて二階に上ると、タンテ・ヤンスのマホガニー製の高い椅子に一人の女性が座っていました。その人は、オットーのいる下宿屋の女主人だということでした。

彼女は、その朝、彼の部屋のベッドのシーツを交換していた時に枕の下から出てきたのだと言って、手さげかばんの中から刃渡り十インチ（約二十五センチ）のナイフを取り出したのです。この時も父は、善意に解釈しました。「きっと見知らぬ国に一人でいるので、おびえているんだよ。たぶん、護身用に買ったんだろうよ。」

オットーが、いつも孤独だったのは事実です。オランダ語が話せない上に、それを習おうともしなかったのです。父とベッツィーと私、それに町の職人階級のごくわずかな人しか、ドイツ語を話すことはできませんでした。

夕方になると、私たちは何度もオットーを二階での団らんに誘ってみました。ところが、私たちの選ぶラジオ番組が気に入らなかったのか、それとも、夕方も朝のように祈りと聖書朗読で終わるのがいやなのか、彼はめったに顔を出しませんでした。

結局、父はオットーをクビにしてしまいました。こうして彼は、父の六十年を越える職業歴の中で解雇された、最初の雇い人となったのです。しかも、こうなったそもそもの原因は、ナイフにあったのでも、反ユダヤ思想にあったのでもなく、年老いた時計修理工クリストフェルに対する態度にあったのです。

最初から私は、この老人に示すオットーの冷淡さがとても気になっていました。オットーが何かをした――私たちの見ているところではともかく――というのではなく、何もしていないところに問題があったのです。たとえば、ドアのところで老人のクリストフェルを先に行かせようと、うしろに退いて待つこともなく、コートを脱がせてあげるでもなく、道具が落ちても拾ってあげようともしないのです。

　その態度の理由がどこにあるのか、追求するのは困難でした。ある月曜日、父とベッツィーと私は、ヒルフェルスムの兄の家で夕食をともにしました。その席で私は、オットーにはただ思慮が欠けているのだと、結論めいたことを言いました。

　ウィレムは頭をふって言いました。「彼は故意にやってるんだ。クリストフェルが年を取ってるからだよ。国家にとって、老人は価値がない。老人はまた、新しい思考法がなかなか身に付かないときてる。だからドイツは、老人をばかにするように組織的に教育してるんだ。」

　私たちは、あっけにとられてウィレムを見つめ、その真意をくみ取ろうとしました。父が口をはさみました。「ウィレム、おまえの考えは間違っとるぞ。オットーは、わしに対して、極端なほど礼儀正しいよ。それにわしは、クリストフェルよりかなり年を取っている。」

「お父さんの場合は別ですよ。お父さんはボスなんだから。あの体制には別の面があるんです。それは、権威者は尊敬するが、年寄りや弱い者は除いてしまえというんです。」

　私たちは、帰りの汽車の中で黙ったままでした。それからというもの、私たちは前より注意してオットーを見るようになりました。

ところが、一九三九年のオランダにいる私たちには、オットーがクリストフェルにちょっとした危害を加えるのは、私たちの目の届く店の中ではなく、外の表通りや路地であるということなど、とても考えられないことでした。思いがけない時にぶつかったり、うしろから押したり、かかとでつま先を力まかせに踏みつけたりするので、この年を取った職人の作業室への出入りには、恐怖が伴うようになりました。

みすぼらしいけれども、しゃんとした姿勢を崩さないこの老人は、とても気位が高く、このようなことは何一つ報告しませんでした。ところが凍てつく二月の朝、クリストフェルは頬から血を流し、上衣は破られ、ふらつきながら食堂に入って来たのです。そこで、はじめて事実が明るみに出ました。その時でさえ、クリストフェルは何もしゃべろうとしませんでした。

私は、彼の帽子を拾ってこようと走って外に出ました。そこには、何人かの憤慨した目撃者たちに囲まれた、オットーの姿がありました。角を曲がって路地に入るところで、この青年は力ずくで老人を建物に押しやり、頭をつかんで、きめの粗いれんがにその顔をこすりつけたのでした。

父はオットーに、なぜそのような行為が間違っているのか、話して聞かせました。オットーは、ひと言も答えませんでした。彼は無言で、持って来たわずかばかりの道具を集め、無言で店を出ようとしました。ドアのところで、はじめて振り返って私たちを見つめたその顔には、今まで見せたこともないような、軽蔑に満ちた表情が浮かんでいたのです。

五　侵略

私たちがその晩食堂を出た時、廊下の壁に掛かっている時計の細長い針は九時二十五分を指していました。このこと自体、私たちの普段の生活では異常です。父はもう八十歳になっており、毎晩、以前より一時間早い八時四十五分になると聖書を開き、祈りの合図をして一章を読み、神が私たちを夜どおしお守りくださるように祈るのでした。そして九時十五分には、階段を上って寝室に向かうのです。

ところが、その夜の九時三十分に、首相が国民に演説することになっていたのです。「戦争になるだろうか」という不安が、長い間止めていた息のようにオランダ全体に重々しい苦痛を与えていたのです。

らせん階段を上って、タンテ・ヤンスの部屋へ行きました。父は大型の卓上ラジオに電源を入れ、真空管を温めました。私たちが、この部屋で夕方の音楽を聞く機会も少なくなっていました。イギリス、フランス、およびドイツは交戦状態に入っていました。これらの国の放送局は、たいてい戦況報告または暗号メッセージを流し、多くの電波が乱れ飛んでいました。オランダの放送局でさえ、ほとんど戦争のニュースに終始していました。それにクリスマス・プレゼントとして、いつかピックウィックのくれたポータブルのラジオが台所に置いてあり、わざわざ二階に上がって行く必要もなくなっていたのです。

でも、これは重要放送です。どういうわけか、旧式ではあっても精巧なスピーカーの付いた大型ラジオのほうがふさわしいように思えました。そこで、背の高い木の椅子に姿勢を正し、かしこまって座り、九時三十分を待ちました。何か予感めいたものがあって、クッションのある楽椅子に腰掛けるのを避けたのです。

語りかける首相の声はよく響き、戦争にはならないから何も心配しないようにという、調子のいいものでした。両陣営の高官筋から確証を得ているので、オランダの中立主義は尊重されているというのです。確実にもう一度世界大戦は起こるが、恐れる必要はなく、オランダ人は冷静になるように――といった具合でした。

放送は終わりました。ベッツィーと私は、驚いて顔を見合わせました。父はすばやくスイッチを切りましたが、その青い目は、今まで見たこともないような怒りに燃えていました。

「希望がない時に、国民に希望を約束するのはけしからん」と父は、怒りを込めて言いました。

「単なる願望の上に、信仰を置くのはよくない。戦争はきっと起こる。ドイツが攻撃を仕掛けて来て、われわれは負けるのだ。」

父はすぐ冷静を取り戻し、再び穏やかな声になっていました。「おまえたち、神の力を知らないオランダの人たちを、わしは心から気の毒に思っているんだよ。なるほど、わしたちは敗北を味わう。しかし、神は絶対に敗北なさらないのだ。」こう言うと、父はベッツィーと私に、おやすみのキスをしました。そして、ものの一分とたたないうちに、階段を上って寝室へ向かう年老いた父の足音が聞こえてきました。

ベッツィーと私は、まるで根が生えたように椅子に腰掛けたままでした。どんな環境の中でも善を見出し、悪を信じるのは人一倍遅いという父です。その父が、戦争と敗北を見通しているのですから、それ以外になろうはずがありません。

＊　＊

私は、ベッドから跳ね起きていました。いったい何が起こっているの？　ほら、また！　ベッドが揺れるほどの衝撃の一秒あとに、目もくらむような閃光《せんこう》が走ります。窓のところに飛んで行き、身を乗り出してみました。煙突に囲まれたわずかばかりの空間が、赤味を帯びたオレンジ色に変わっています。

ナイトガウンを引っかけ、袖に腕を通しながら階段を駆け下りました。父の部屋まで来ると、ドアに耳を当ててみました。爆撃音の合間に、父の規則正しい寝息が聞こえてきます。

さらに数段下りて、タンテ・ヤンスの部屋に駆け込みました。ベッツィーはずっと以前に、台所に近く、また呼び鈴にもすぐ答えられるように、タンテ・ヤンスの狭く仕切った寝室に移っていました。彼女はベッドの上に座っていました。私は暗やみの中を手探りで近づき、お互いにしっかりと抱き合いました。

期せずして、二人は声を出しました。

「とうとう戦争だわ！」

首相の演説のあと、わずか五時間しかたっていません。私とベッツィーは、どれくらいお互いにしがみつき、聞き耳を立てていたか覚えていません。爆弾の炸裂《さくれつ》する音は、おもに飛行場の方角から聞こえてくるようでした。

とうとう私たちは、危なっかしい足取りで、通りに面した部屋に行ってみることにしました。赤々と燃える空は室内を不思議な色で染めていきます。椅子、マホガニーの書棚、古いピアノなど、家具類は脈を打つかのように、不気味な光で映し出されたり、姿を消したりします。

ベッツィーと私は、ピアノの椅子のそばにひざまずきました。私たちは長い間、祖国のために、その夜の死傷者のために、また女王のために祈りました。そのうちに、信じられないことが起こりました。ベッツィーが、ドイツ人のために祈り出したのです。ドイツを覆う巨大な悪のとりことなり、爆撃機に乗って来襲した敵兵のために、彼女はとりなしを始めたのです。そばにひざまずく姉を、私は祖国が燃えていく明かりの中で見つめていました。私は小声で言いました。「ああ主よ、この私ではなく、ベッツィーの声に耳を傾けてください。私はドイツ人のために、少しも祈ることができないからです。」

ちょうどその時、私は夢を見ました。眠っていたわけではありませんから、それが実際の夢でないことは確かです。とにかく、ある光景が突然、目の前に浮かんできたのです。半ブロック先にあるグローテ市場が、まるで現場にいるようにはっきり見えてきました。また公民館と聖バボ教会、それに正面が階段になっている魚市場も浮かんできました。

それから、昔風の農業用馬車——ずいぶん旧式なもので、もう町では見られなくなった代物です——が、四頭の大きな黒い馬に引かれて、音を立てながら広場を横切る場面が現れました。

驚いたことに、私がその馬車に乗っています。父もベッツィーもいっしょです。ほかにも大勢の人が乗っていて、中には見知らぬ人もおり、友人もいました。ピックウィックやトゥース、ウィレム、それに若いピーターの姿もありました。

私たちはいっしょに、広場をゆっくりと引かれて行くのです。しかも、馬車から飛び降りることはできません。それは、身の毛のよだつ思いでした。私たちは行きたくないどこか遠くへ、無理矢理に連れて行かれるのです。

「ベッツィー！」と私は叫び、両手で目を押さえて、飛び上がりました。「ベッツィー、私、とてもこわい夢をみたの！」

姉の手の感触が肩のあたりにありました。「さあ、外の光の入ってこない下の台所へ行きましょう。そこで、コーヒーでも飲みましょうね。」

ベッツィーがお湯を沸かしている間に、爆弾の落ちる回数は少なくなり、炸裂音は遠のいていきました。近くから、けたたましいサイレンと幾台かの消防車の疾走する音が聞こえてきます。オーブンのそばに立って、コーヒーをすすりながら、私はベッツィーに、さっき見たことを話しました。

「ひどくおびえていたから、想像の世界で、あんなものを見たのかしら？　でも、想像ではなく、実際にこの目で見たんだわ！　ベッツィー、あれが幻というものかしら。」

ベッツィーは、代々のテン・ブーム家の人たちが使って滑らかにすり減った木の流しの上に、指先で何か模様を描いていました。そして、静かにこう答えたのです。「私には、わからないわ。でも、もし神様が私たちに、あらかじめ将来の悪いことをお示しになったとしたら、神様はそれをご存じなのだから、それで十分じゃないかしら。神様は時々、そのような悪いことも、ご自分の手に握っておられることを、私たちに教えてくださるのよ。」

オランダは侵略軍を相手に、五日間持ちこたえました。私たちは店を開けたままにしておきましたが、それは人々が時計に興味を持っていたからではなく、父に会いたがっていたからです。ある人たちは、国境に配備された夫や息子のために、父に祈ってくれるように頼み込みました。またある人たちは、父が作業台を前にして、六十年間ずっとそうであったように、きちんと座っているのを目で確かめ、時計が時を刻む音を聞き、そこに秩序と理性の世界を見出そうとしているかのようでした。

私は仕事場には行かず、ベッツィーを手伝ってコーヒーを沸かし、下に運んで行く役を買って出ました。私たちはまた、ポータブルのラジオを階下に運び、陳列ケースの上に置きました。ラジオはハールレムの耳目となり、脈拍を測るバロメーターとなっていました。というのは、あの恐怖の夜以来、たびたび頭上に爆音を聞きはしましたが、二度と爆弾が近くに落ちることはなくなっていたからです。

最初の朝、ラジオを通じて、一階の窓にはテープを貼るようにとの指示が出されました。バルテルヨリス通りに店を構えている人たちは、いっせいに外に姿を現しました。そしてお互いに助言をしたり、こわかった昨夜の話をしたりしながら、粘着性のテープを貼っているうちに、今までになかった近所同士の親近感が生まれてきたのです。

大のユダヤ人ぎらいで評判だった店主は、ユダヤ人の毛皮商人ベイルが、爆撃の振動のためにガラスが外れた窓枠に板を打ちつけるのを手伝っていました。私たちの隣に住む眼鏡屋さんは、無口で控え目な人でしたが、わざわざやって来て、ベッツィーと私の手の届かないショー・ウインドウの上のほうに、テープをはりめぐらしてくれました。

それから二、三日たった夜、ラジオは私たちの恐れていたことを報道しました。女王が退位したというのです。侵略の夜、私は泣きませんでしたが、今度は泣きました。祖国の運命が見えてきたからです。朝になってラジオは、ドイツの機甲部隊が国境を越えて侵攻中と放送しました。

期せずして、ハールレム中の人が町に出ました。父は、柱時計の鳴る音のようにきちょうめんに、毎日散歩に出かけていました。ところがその日は、いつもの習慣を破って午前十時という時刻に家を出たのです。人々はあたかも、やがて国家に臨もうとしているものをいっしょに迎えようとしているかのようでした。町全体が団結し、一人一人のオランダ人は、互いに力を引き出そうとしているように思えました。

私たち家族三人は群衆に押されながら歩き、スパールネ川にかかる橋を渡り、野生の大きな桜の木がある場所に来ました。毎年、春になると、美しい白い花がまぶしいばかりに咲き誇るので、この桜は「ハールレムの花嫁」と呼ばれていました。今では、新緑の葉の萌え出た枝に、わずかに色あせた花弁が残っているだけで、花嫁と言われる花びらはほとんど散ってしまい、私たちの足の下に薄汚いじゅうたんとなって敷き詰められていました。

突然、通りに面した窓の一つが大きく開き、「オランダは降伏した！」という叫び声が聞こえました。

人々の行列は一瞬、立ち止まりました。めいめいが隣の人に、たった今耳にしたばかりのことを伝えました。十五歳ぐらいの少年が私たちのほうを向きましたが、その頰には大粒の涙が光っていました。「ぼくだったら、最後まで戦っていたなあ。ぼくは、決して手を上げたりなんかしないよ！」

父はしゃがんで、れんが敷きの舗道から一枚の傷んだ花びらを拾い上げ、少年のボタンの穴にそっと差し込んでから言いました。「その覚悟が大切だよ。オランダの戦いは始まったばかりなんだから。」

＊　＊

占領された最初のうちは、生活が耐えられないというほどではありませんでした。慣れるのにいちばんつらかったのは、ドイツの軍服姿があちこちに氾濫し、通りをドイツの軍用トラックや戦車が我が物顔に走り抜け、あちこちの店でドイツ語が話されることでした。

私たちの店にも、兵士が入れ替わり立ち替わりやって来ました。それというのも軍人の給料が高く、しかも彼らが買い求める最初のものの中に時計が入っていたからです。

彼らは、あたかもこちらが出来の悪い子どもでもあるかのように、私たちに優越感を示しました。ところが、買物のことで夢中になって話している姿など、休日にどこでも見かけられる若者と少しも変わりがないのです。彼らのほとんどが、故国にいる母親や恋人のために、女性用の時計を選んでいました。

戦争になった最初の年ほど、私たちの店にお金が転がり込んできた時はありません。新しい入荷はなくなっていたので、人々は私たちの在庫を手当たり次第に買いました。長い間寝かされていて、家具の一部になっていた旧式の置時計も売れました。また、真鍮製の天使が二ついた、緑の大理石の柱時計さえ、買手が現れたほどです。

初めのうち、夜間の外出禁止令はそれほど苦になりませんでした。最初は午後十時以降となっていたので、そのころまでには、とっくに家に引きこもっていたからです。

私たちが抵抗を感じたのは、すべての市民に発行された身分証明書です。各自の写真と指紋の貼ってある二つ折りのカードは、命令があればいつでも提示しなければなりません。兵士、ないし警官——そのころハールレム警察は、ドイツ軍司令部の管轄下にありました——は、いつでも好きな時に市民を呼び止め、身分証明書を求めることができます。そのため、このカードは首から下げた小さい袋に入れておくように、当局から指示されていました。

このほか、食糧配給券も発行されました。この配給券は少なくとも最初の一年は、実際に店に置いてある食糧や品物と交換することができました。毎週、新聞で、手持の配給券で何が交換できるかを知らされたのです。

新聞といえば、これまた適応するのに困難なものの一つでした。なぜなら、それはもはやニュースを報道してはいなかったからです。紙面に載るのは、各戦線でドイツ軍がいかに目覚ましい戦果を上げているかという長い報告です。ドイツの指導者たちを称賛する記事、反逆者やサボタージュに加わった者を告発する記事、「北欧民族」の団結のアピールなどで、読者の信頼できるニュースはただの一行もありません。

そこで、再びラジオに頼ることにしました。占領された当初、ハールレムの住民は、あらゆる私用ラジオを供出するようにという命令を受けました。私たちの家庭から一台も出さないと怪しまれると思い、ポータブルのほうを供出し、大型の性能の良いほうは古ぼけたらせん階段の下の空いているところに隠すことにしました。

これは、ピーターの発案によるものです。ドイツが侵入して来た時、彼は十六歳でしたが、ほかのオランダの十代の子と同様、怒ったり、自制力を欠いたり、たえず苛立っていました。そのピーターが、父の部屋のすぐ上の階段の間に卓上ラジオを据え付け、巧みに古い板をはめ込んで外から見えないようにしたのです。

小さいほうは、私が指定されていた大きなデパートに運びました。カウンター越しに兵士が私を見つめました。

「おまえの家にあるラジオは、それ一台だけか。」

「そうです。」

彼は、目の前に置いてあるリストを調べて、こう言いました。

「キャスパー・テン・ブームとエリザベス（ベッツィー）・テン・ブームは住所が同じだな。この二人のうちどちらか、ラジオを持っていないだろうな。」

子どものころから嘘をつくと大地が裂け、天から火が降ってくると教えられていました。でも、この時は、射すくめるような視線に耐えて、「はい、持っていません」と返事をしたのです。

建物の外に出てから足が震えてきました。生まれてはじめて、意識的に嘘をついたからではありません。嘘をつくのが、あまりにも簡単だったからです。

こうして、私たちはラジオを確保しました。毎晩、ベッツィーか私が階段下の板をはがし、うずくまってラジオを操作します。音量はやっと聞こえる程度にしておいて、イギリスからのニュースを聞くのですが、その間、二人のうちのどちらかはタンテ・ヤンスの部屋にあるピアノの鍵盤を、力いっぱい叩くことにしていました。

初めのうち、ラジオから流れて来るニュースは、占領軍に握られた新聞の報道とさほど食い違いはありませんでした。ドイツ侵攻軍は、至るところで勝利を収めていました。自由オランダ放送は、日ごとに、いつかはきっと連合軍が反撃して来るから、それを信じて勇気をもって待つようにと繰り返すだけでした。

ドイツ軍は、爆撃によって被害を受けた飛行場を修繕し、今ではそれを、英国を空襲するための発進基地として使っていました。来る夜も来る夜も、ベッドに入っていると西方へと飛び立つ爆音が聞こえてきます。時たま、英国の爆撃機が報復のために来ますが、そんな時はドイツ軍戦闘機が、ハールレムの上空で迎え撃つのでした。

ある夜のこと、頭上で空中戦が行われ、窓から見えるわずかばかりの空に火の線が飛び交いました。私は一時間ばかり、寝つけずに寝返りを打っていましたが、台所でベッツィーの動く音が聞こえてきたので、話相手にと駆け下りて行きました。

彼女は紅茶を沸かしていました。それを、窓に黒い厚紙の覆いがしてある食堂に運んで、いちばん上等の茶わんを取り出しました。どこかで爆発が起こり、食器戸棚の中の皿が音を立てて揺れました。

二人は紅茶をすすり、一時間ほど話し合いました。そのうち頭上の爆音はとだえ、空には静寂が戻ってきました。タンテ・ヤンスの部屋の前で、ベッツィーにおやすみを言った私は、暗い階段を手探りで寝室に引き返しました。空からは、すでに火の線は消えていました。

私はベッドに触りました。枕があります。その時、私の手は暗闇の中で何か固くてとがったものをつかんでいました。そして指の間から、血が流れるのを感じました。

それは、長さが十インチほどの、とがった金属の破片でした。

「ベッツィー!」と私は声をひきつらせて、手に榴散弾《りゅうさん》の破片を持ち、階段を駆け下りました。

私たちは食堂に戻り、明かりの下でそれを見つめました。ベッツィーは、私の手に包帯を巻きながら、「枕の上にあったのね」と、何度も言いました。

「ベッツィー、もし私が、台所であなたの動く音を聞いていなかったら――」

ベッツィーは私の唇に指を当て、それ以上言うのを制しました。「コーリー、それを言ってはいけません。神様の世界に、『もし』という言葉は、ないはずよ。そして、ほかの場所より安全なところなんて、ありっこないのよ。神のみこころの中心だけが、私たちにとってただ一つの安全な場所なんだから、コーリー、私たちがいつもこのことを覚えているように、さあ、お祈りしましょうね。」

＊　＊

占領政策のほんとうの恐ろしさは、ゆっくりと襲ってきました。ドイツの支配が始まった最初の年は、オランダ在住のユダヤ人に小規模な攻撃が加えられるだけでした。たとえば、ユダヤ人の経営する店の窓に石を投げつけたり、ユダヤ人の教会の壁に不快な言葉を書きなぐったりする程度でした。あたかも、ドイツ人は私たちを試し、この国の気性をテストしているかのようでした。いったいどれだけのオランダ人が、彼らに賛同するというのでしょうか。

ところが、恥ずかしいことに多くの同調者が出てきました。オランダの売国奴組織である国家社会主義党が占領下で日ごとに勢力を増し加え、大胆になってきました。一部の者は、食糧配給券や衣料切符がもっと欲しい、いちばん良い仕事と家をあてがってもらいたいという、ただ個人的な利益のために、この党に加わりました。しかし他の者は、しっかりした自覚をもって党員になりました。ナチズムはオランダにもやってきた伝染病です。しかも、反ユダヤの人たちがまずこの病気にかかりました。

父と私は毎日の散歩で、症状が次第に広がるのを目撃しました。店の窓に「ユダヤ人お断り」と書いてあります。公園の入口には「ユダヤ人立入禁止」という立て札があります。レストランや劇場、それに私たちが中の座席より外の通り道のほうがなじみになったコンサートホールでさえ、このような文字が幅をきかせるようになりました。

ユダヤ教の会堂に火が放たれ、消防車が来ました。しかしその目的は、両側の建物への延焼を防ぐためだったのです。

あるお昼時、父と私がいつものコースを歩いていると、道行く人の中に、上衣やジャケットに縫い付けられた黄色い星が点々と瞬いているのに気づきました。男も女も子どもも、真中に「ユダヤ人」と書き込まれた、先端が六つある星を付けています。毎日すれ違っている人たちの多くがユダヤ人であったことを知って、とても驚きました。

グローテ市場で「世界海運新聞」を読んでいた人は、アイロンのきいた事務服に星を付けていいます。ブルドック氏も同じです。彼の角ばった顔には深いしわが増し、犬に話しかける声は、緊張のためか鋭くなっていました。

不気味なことは、ユダヤ人たちが突然、どこへともなく姿を消すことでした。修理して持主に返すばかりになっていた腕時計が、店の壁に長い間掛かったままです。ノーリーの家の近くにある住宅は、不思議と空家が目立ち、手入れされなくなったバラの花壇は、草がぼうぼうになりました。

ある日、バルテルヨリス通りに面したカン時計店が、閉まったままになっていました。その日の午後、私といっしょにそこを通りかかった父は、家人のだれかが病気になったのではないかと心配して、ドアをノックしてみました。ところが、返事がありません。

店はシャッターが下りたままで、二階の窓は暗く、物音一つ聞こえません。このような状態が数週間続き、店は依然として閉まったままでしたが、階上のアパートには国家社会主義者の家族が引っ越して来ました。

カン家の人たちが、秘密警察のゲシュタポにさらわれたのか、それとも事前に危険を察知してどこかに隠れたのか、結局わからずじまいでした。そして、人目をはばからない公の逮捕が、ひんぱんになってきたのも事実でした。

ある日、父と私が散歩から帰る時、グローテ市場は、警官隊と兵士によって非常線を張られていました。一台のトラックが魚市場の前に止まっていて、黄色の星を胸に付けた男や女、子どもたちが乗り込んでいました。なぜ、こんな時間に、しかもこんな場所が選ばれたのか、私たちにはわかりませんでした。

「お父さん、気の毒な人たちだわ！」と私は叫びました。

警官が列を崩すと、その間をトラックが通り抜けました。トラックが角を曲がるまで、私たちは見送っていました。

「気の毒な人たちだ。」父も同じことを言いました。ところが驚いたことに、父の視線は、隊を組んで行進に移ろうとしている兵士たちに向けられていたのです。「コーリー、わしはドイツ人たちを哀れに思うな。彼らは、神にとって大切なものに触れてしまったのだから。」

父とベッツィーと私は、もしユダヤ人の友人を助けるチャンスが来たら、私たちにどんなことができるだろうかと、たびたび話し合いました。

占領が始まるとすぐ兄のウィレムは、自宅にかくまっていたドイツ系ユダヤ人たちのために隠れ家を捜してやったことを、私たちは知っていました。彼は最近また、養護施設から何人かの若いオランダ系ユダヤ人を移動させていました。「ここにいる人たちには、まさか手を出すことはあるまい」と、彼は言っていました。

ウィレムの手もとには、隠れ家の住所があります。彼は、占領軍がほとんどいない農村地方にある農家を何軒か知っていました。たしかに、頼るべきはウィレムです。

ドイツ軍が進駐してから一年半たった、霧雨の降る一九四一年十一月の朝のことでした。シャッターを上げようと店の外に出てみると、四人のドイツ兵がバルテルヨリス通りを歩いていきます。どれも目深に鉄かぶとをかぶり、ライフル銃を肩に掛けていました。

私は思わずあとずさりしながらも、こわごわと見ていました。兵士たちは歩きながら、店舗の番号を調べています。通りの真向いのベイル毛皮店の前まで来ると、彼らの足はぴたりと止まりました。兵士の一人が肩から銃をはずし、台尻で力いっぱいドアを叩きました。さらに一撃を加えようと銃を再び振り上げた時、ドアが開き、四人とも中になだれ込みました。

私は店の中に駆け込み、台所に飛んで行きました。ベッツィーは、三人分の食事を並べているところでした。「ベッツィー、急いで来てみて！　とても恐ろしいことがベイルさんのところで起ってるから！」

二人して表玄関に出てみると、ちょうどベイルさんが、うしろ向きになって店を出るところでした。彼の腹部には銃口が突き付けられています。兵士はベイルさんを歩道の少し先に連れて行くと再び店に戻り、ドアを乱暴に閉めました。この時は、逮捕が目的ではなかったようです。

店の中から、ガラスの割れる音が響いてきました。兵士たちは、両手いっぱいに毛皮を抱えて、運び出し始めました。朝の早い時間だというのに、大勢の野次馬が集まって来ました。ベイルさんは、兵士に連行された場所から一歩も動かずにいました。

上の窓が開いて、パジャマ、シャツ、下着などが、彼の上に降りかかってきました。この老毛皮商は、ゆっくりと機械的にしゃがみ、自分の衣類を集め出しました。それを見たベッツィーと私は走って通りを横切り、彼に手を貸しました。

「あなたの奥さんはどこにいるの？」ベッツィーは、小声ながらも熱を込めて聞きました。老人は、彼女を見つめて目をしばたたくだけです。

「さあ、いっしょに私たちの家に行きましょう。早く！」私は、歩道に落ちた靴下やハンカチを拾いながら、口早に促しました。

こうして私たちは、途方に暮れた老人をせき立て、ベイヨイに押し込みました。父は食堂にいましたが、少しも驚いた様子を見せないでベイルさんにあいさつをしました。父のごく自然な振舞いが、毛皮商を少しばかり落ち着かせたようです。彼の話によると、彼の妻はアムステルダムの妹の家に行っているということでした。

「どこかの電話を捜して、奥さんに帰らないように注意しなくちゃ。」ベッツィーが提案しました。

私たちの家の電話は、ほとんどの自家用電話と同じように占領の初期に線が切られていました。市内の数か所に公衆電話はありましたが、それを使うと、先方の公衆受信センターにつながります。ここでのトラブルを知らせるため、アムステルダムの家族を呼び出すことに危険はないでしょうか。それに、もしベイル夫人が帰れないとしたら、彼女はどこへ行けばよいのでしょう? ベイル夫妻はどこに住めばよいのでしょう? すぐに居場所を突き止められてしまう妹さんの家になど、当然いられないはずです。

父とベッツィーと私は、互いに目くばせしました。そして、ほとんど同時に「ウィレム!」と言いました。

これまた、公衆電話を使って先方と連絡を取ることはできません。だれかが行くことになり、その役目は私に当たりました。占領軍が来てからというもの、オランダの列車は汚くなり、すし詰めになりました。おまけに、それまでは一時間で行けたところが、ほとんど三時間もかかるようになっていました。

正午を少し回ったころ、やっとのことで大きな養護施設に着きましたが、あいにくウィレムは不在でした。代わりに、ティンと二十二歳になる息子のキックがいました。私は二人に、バルテルヨリス通りで起こったことを告げ、アムステルダムにいるベイル夫人の妹の住所を知らせました。

「ベイルさんに、暗くなったらすぐ出かけられるように伝えておいてほしい」とキックが言いました。

ところが、キックが裏口玄関のドアをノックしたのは、新しい外出禁止令が出ている夜の九時近くでした。彼は、ベイルさんの衣類を脇の下に抱え込み、この老人を連れて、夜の闇の中へと消えて行きました。

それから二週間以上たって、キックに会い、事の成行きを尋ねてみました。彼は笑っているだけです。それは、彼が子どものころから私が大好きな、何の屈託もない笑いでした。

「コーリーおばさん。もしおばさんが地下組織と手を組んで働こうと思ったら、何も聞かないことだよ。」

これが、ベイル夫妻について聞いたすべてでした。でも、キックの謎めいた言葉は幾度となく、私の頭の中を駆け巡りました。「地下組織……もしおばさんが、地下組織に加わって働こうと思ったら……。」キックは、この非合法の秘密グループと手を組んでいるのでしょうか。ウィレムも、そうでしょうか。

もちろん、オランダにも地下組織があることは知っていました。確信しないまでも、その存在を推測していました。言論統制下の新聞には、サボタージュはほとんど報道されません。ところが、そのうわさはあちこちで持ちきりです。

工場が爆破されたとか、政治犯を乗せた列車が止められ、七人とか十七人、それとも七十人が逃げたとか、うわさは繰り返されるうちに尾ひれがつき、いっそう凄味《すごみ》を増していきます。でも、それにはいつも、神の目の前には悪だと私たちの信じているものがついて回ります。盗み、偽り、殺人などを、神はこの非常の時に許されるのでしょうか。悪がはびこる時に、クリスチャンはどのように振る舞えばよいのでしょうか。

毛皮店が襲撃されてから一か月ほどたって、いつもの散歩に出かけた父と私は、信じられないものを目撃しました。そのため、思わず立ち止まったのです。

私たちのほうに近づいて来るのは、今までに何百回となく見かけた、短い足で歩道をせこせこと歩くブルドッグ氏です。胸に付けられた派手な黄色い星は、そのころでは別に奇異にも思えなくなってしまいました。私たちが、いつもと違うと思ったのは、この星のことではなく、犬のことです。二匹の犬がいっしょにいないのです。

彼は、私たちの姿が目に入らないかのように、そそくさと通り過ぎて行きました。とたんに父と私は回れ右をして、ブルドック氏のあとを付け始めました。彼はいくつかの角を曲がりましたが、私たちは次第に、とりたてて理由がないのに尾行することに気がひけてきました。父とブルドック氏とは、長年の間、帽子にちょっと手を触れて会釈する仲でしたが、まだ一度も言葉を交わしたことはなく、お互いの名前を明かしたこともありません。

ブルドッグ氏は小さな骨董品店の前で足を止め、鍵の束を取り出し、中に入りました。私たちは窓越しに、雑然とした内部をのぞいてみました。ところが一目見ただけで、中にあるのは、ただの古道具や真中にくぼみのある椅子の類《たぐい》でないことがわかりました。ここにあるものはみな、心から美術品を愛好する人が選んだものに違いありません。「ベッツィーを連れて来たいわ」と私は口走っていました。

私たちが中に入った時、ドアの上に付いている小さな鈴が鳴りました。屋内にいる無帽のブルドッグ氏の姿はめずらしいものでした。

彼は、店のうしろにある、現金の入った引出しの鍵を開けているところでした。

「自己紹介させていただきます。私は、キャスパー・テン・ブーム。これは、娘のコルネリアです」と父は口を開きました。

ブルドッグ氏は、私たちと握手を交わしました。その時、私はもう一度、彼のこけた頬に深いしわがあるのを、見て取りました。「私はハリー・デブリーズです」と彼は言いました。

「デブリーズさん。私たちはいつも、あなたが、あのブルドッグをどんなにかわいがっておられるかを知って感心していました。それで、あなたのブルドッグは元気ですか?」

腰を下ろした小柄な彼は、私たちの顔を交互に見つめていました。そのうちに、腫れぼったい目に、涙があふれてきました。「元気ですかって……」と彼は繰り返してから、「元気だと信じたいのです。元気であればと願っています。でも、死んでしまいました。」

「死んだんですって……」と、私たちは絶句しました。

「私が自分の手でペットの食器に薬を入れて、彼らを撫でながら眠らせたんですよ。あれは私の赤ん坊です。かわいい子どもです。彼らが、いつも食べ物をあてがってもらえさえしたら、と思います。私は、肉を買うだけの配給券が手に入るのを、じっと待っていたんです。二匹には、いつも肉を食べさせていたもんですからね。」

父と私は、口をつぐんだまま、彼を見つめていました。ついに私が思いきって尋ねてみました。

「犬がいなくなったのは、食べ物のせいだったんですか？」

小柄な彼は、私たちを店のうしろにある小さな部屋に案内して、椅子を勧めました。「ミス・テン・ブーム。私はユダヤ人です。私がいつ当局に連れ去られるか、だれが知っているでしょう？　私の家内はユダヤ人ではありませんが、私と結婚しているため、同じように危険にさらされています。」

ブルドッグ氏が上を向いたので、のどのたるんだ部分が、ぴんと張りました。

「私たち自身のことは別に気がかりではありません。妻のカトーも私も、両方ともクリスチャンだからです。私たちは死ねば、イエス様にお会いすることができます。

でも私はカトーに、こう言いました。『犬のことは、どうなるだろう？　われわれが連れ去られたら、だれが彼らに食べさせてくれるだろう。水を飲ませたり、散歩に連れ出すことを、だれが気遣ってくれるだろう。彼らがどんなに待っても、われわれは帰って来ない。しかもその理由は、彼らには理解できないのだ』と。こんなことが、あってはなりません。こう考えて、私は気持ちを落ち着けることにしているのです。」

父は、ブルドッグ氏の手を両手で握り締めました。「親愛なる友人よ。あなたの忠実なお供が、もうあなたといっしょに歩かなくなったのですから、今度は、私と娘について来てくださるわけにはいきますまいか。」

ブルドッグ氏は、この申し出を断わりました。「あなたがたを危険にさらしたくない」と、彼は言い続けました。ところが、父の熱心な勧めにほだされ、とうとう彼は私たちの家を訪問することを承知して、「暗くなってから、暗くなってから」と言いました。

次の週のある夕方、デブリーズ氏は、恥ずかしがり屋でかわいらしい奥さんのカトーを連れて、ベイヨイの裏口玄関にやって来ました。まもなくこの夫婦は、ほとんど毎晩のように訪れることとなり、表通りに面したタンテ・ヤンスの部屋での団らんに加わりました。

ベイヨイでのブルドッグ氏の大きな喜びは、父と話したあと、タンテ・ヤンスのマホガニーの大きな書棚に納まっているユダヤ教神学全集を開くことでした。彼は、四十年ほど前にクリスチャンになっていたのですが、忠実なユダヤ人になろうとする熱意は、少しも失われていませんでした。「私は、ただ一人の完成されたユダヤ人の弟子です」と、彼はよく笑いながら話すのでした。この全集は、ハールレムに住むラビのものでした。「いつか、これらの本の保管ができなくなる時を考えて……たぶん、無期限にそうなるでしょうが」と言って、そのラビは一年以上前に、父のところに持って来たのです。

ラビは、数冊ずつの分厚い書物を重そうに持って、あとに付いて来た少年の列に、多少申し訳なさそうに手を振って言いました。「私のささやかな趣味は、書籍を集めることでな。だが、古くからの友よ、本というものは、あなたやわしのように年を取らないものだ。わしらが死んでも、本は、のちのちの人たちに語りかける。だから、本はどうしても生き長らえさせるべきだ。」

このラビは、ハールレムから真っ先に姿を消した一人でした。

ほとんど気づかないような小さな出来事が、重大転機のきっかけとなることがよくあるものです。

市内でのユダヤ人逮捕がいっそうひんぱんになったので、私はユダヤ人の顧客のために、修理する時計を自宅まで取りに行ったり、また届けたりする仕事を引き受けることにしました。彼らが、町の真中に姿をさらさなくてもすむためです。こうして、一九四二年の初春のある日の夕方、私はある医師夫妻の家にいました。彼らは古くからオランダに住むようになった家族の子孫で、壁に掛かっている肖像画は、そのままオランダ史の教科書ともなるものでした。

このヘムストラス夫妻と私は、当時何人かの人たちが集まると決まって話題となった、食糧のことや、イギリスからのニュースについて話し合っていました。すると二階から、甲高い子どもの声が聞こえてきました。

「パパ、まだ毛布を掛けてもらっていないよ。」

ヘムストラス先生は、ばねのように立ち上がり、奥さんと私に断わってから、階段を駆け上がって行きました。そのすぐあとで、かくれんぼをする音と、二人の子どもたちのはじけるような笑い声が聞こえてきました。それだけのことです。別に、変わったことが起きたわけではありません。ヘムストラス夫人は、相変わらず、配給された紅茶にバラの葉を混ぜては、分量を増やしていました。ところが実際には、すべてが変わっていたのです。というのは、その瞬間に、ドイツ軍が侵入して以来、私のうちにもやもやしていたものが現実の姿をとったからです。

いつ何時、この家のドアが乱暴に叩かれるかわかりません。そうなれば、これらのかわいい子どもたち、このお母さん、それにお父さんはトラックの荷台に押し込まれてしまうのです。

ヘムストラス先生は居間に戻って来て、会話が再び続けられました。ところが今度は、私の心の中で言葉にならない一つの祈りが生まれていたのです。

「主イエス様、あなたの民のために私自身をささげます。いつでも、どこででも、どのようにしてでも――」

その時、不思議なことが起こりました。

祈っていると、目の前に、いつか見た幻がまたよぎっていったのです。私は再び、四頭の黒い馬とグローテ市場とを見ました。ドイツ軍の侵略を受けた夜と同じように、無理矢理に馬車に乗せられて行く人たちの姿がありありと浮かんできました。父も、ベッツィーも、ウィレムも、私自身もいます。

ハールレムを離れ、確かで安全ないっさいのものをあとにして、いったいどこへ行くというのでしょう。

六　秘密の部屋

オランダが降伏してからちょうど二年たった、一九四二年五月十日の日曜日のことでした。日差しのまぶしい春の空や、街路燈の柱に取り付けられた箱の中の花は、市内のたたずまいにはそぐわないものでした。

ドイツ兵たちは、別に目的もないのに通りをぶらつき、ある者は土曜の夜のどんちゃん騒ぎの疲れがまだ抜けていないような顔をしています。またある者は、早々とガールハントに目を光らせ、ごく少数の者が礼拝の場を捜しています。

占領政策は、月を追って厳しくなり、各種の規制も多くなっていくように思えました。オランダ人にとって、最近の最も大きな頭痛の種は、国歌「ヴィルヘルムス」を歌うことは罪に問われる通達でした。

父とベッツィーと私は、ハールレムからさして遠くないベルセンという小さな町にある、オランダ改革派教会に向かっていました。そこではピーターが、自分より年上で経験も豊富な四十人の音楽家と競って、オルガン奏者の地位を獲得していたのです。ベルセンのオルガンは、国の中でも最高級の部類に入るものでした。列車は、乗るたびに遅くなっているように感じられましたが、私たちはたびたびこの教会に足を運んでいました。

私たちが先客で混んでいる長いすに割り込んだ時、ピーターはオルガンを据えつけてある高い仕切りの陰に隠れて、すでに演奏を始めていました。教会に人々が群がり集まるというのは、ドイツ軍による占領がオランダに与えた一つの現象となっていました。

賛美歌と祈りののちに説教が始まりました。今日のメッセージはいいなと思った私は、ピーターが真剣に聞いていてくれることを願っていました。彼は説教というものは、自分の母や私のような宗教的遺物だけがありがたがるものだ、と考えていたのです。

私は、その年の春で五十に手が届きました。ピーターにしてみれば、私の年齢になれば人生もほとんど終わったように見えることでしょう。でも私は、死や人生の究極のことが、どの年齢の人にも来る——特に、このような非常の時代には——ということを、彼に知っていてもらいたいのです。ところが、そのような私の意図を知ってピーターは、自分はすばらしい音楽家だから簡単に若死にすることはできないと快活に答えるだけでした。

最後の祈りがささげられました。その直後、座っていた全会衆は思わず耳をそばだてました。ピーターが何の前置きもなく、全部のストップを最大限に引いて、「ヴィルヘルムス」を演奏しだしたのです。

八十二歳の父が真っ先に立ち上がりました。それにならって、だれもが起立しました。うしろのほうから歌声が起こりました。それは次々と広がって、ついに全員が声を張り上げ、禁じられている国歌を合唱しだしました。人々は声をかぎりに、団結、希望、女王と祖国への愛を、高らかに歌いました。この敗戦記念日の一瞬は、オランダ人が逆に勝利者であるかのような感を与えました。

集会が終わって私たちは、教会の横の小さな出口でピーターを待ちました。彼を抱きかかえ、握手をして、背中をたたこうと押し寄せた大勢の人たちから解放され、私たちと合流できたのは、ずっとあとになってからでした。彼は、すっかり有頂天になっていました。

しばらくすると、私はピーターのことで腹立たしくなってきました。きっとゲシュタポは、このことを耳にするに違いありません。たぶん、もう情報が伝わっているかもしれません。彼らの目と耳は、至るところにあるからです。

私たち全員のために、夕食の準備をしているノーリーのことが頭に浮かびました。ピーターの兄や妹たちのことも考えました。それからフリップ——もし今度のことで、彼が学校の校長職を追われるようになったら、どうなるというのでしょう。いったいピーターは、何のためにこんな危ない橋を渡ったのでしょう。国民のためといった高尚なものではなく、単なるパフォーマンスにすぎません。つかの間の、意味のない抵抗にすぎないのです。

ところが、ボス・エン・ホーベン通りでは、ピーターの家族の一人一人が、何が起こったかを私たちに詳しく説明させ、彼を英雄に祭り上げてしまったのです。家の中にいる人で、私と同じ考えの人は、ノーリーのところに同居している、二人のユダヤ系の女性だけでした。

その一人は、ここを隠れ場所にとウィレムが連れて来た、年取ったオーストリア人です。「カトリーン」と、家族の者に新しい名で呼ばれるこの女性は、ブールデン家の女中を装っていました。もっともノーリーに言わせれば、彼女はいまだに気位が高くて、自分のベッドも整えないそうです。たぶん彼女は裕福な上流階級の出で、ベッド作りがわからなかったのでしょう。

もう一人のほうはアナリセと言い、ブロンドの青い目をした若いオランダ系のユダヤ人です。彼女は、オランダ地下組織の発行した偽の身分証明書を持っていました。それは非常に巧妙にできていて、アナリセはナチの描いているユダヤ人像とは、かけ離れた顔立ちをしていました。

そのため、彼女は家を自由に出入りしては、買物をしたり、学校の手伝いをしたりしました。また、ご主人がロッテルダムの爆撃の際に死んだという家族の友だちとなって、一生懸命に尽くしていました。

カトリーンとアナリセは、私と同じように官憲の注意をわざと引くようなピーターの行動を、どうしても理解することができませんでした。

その日の午後、私は自動車の音がするたびに緊張して、気ぜわしいひと時を過ごしました。その当時、自動車を運転できるのは警官、ドイツ人、それに国家社会主義党員だけだったからです。そのうち、ベイヨイに戻る時間になりましたが、依然として何ごとも起こりませんでした。

それから、私はまる二日というもの、心配のしどおしでした。それが過ぎると、ピーターの一件は報告されなかったのか、それともゲシュタポにはもっと大事なことがあって手を放せないかのどちらかだろうと、判断するようになりました。

水曜日の朝になって、父と私が作業台の引出しの鍵を開けていると、ピーターの妹のコキーが店に飛び込んで来ました。

「おじいちゃん、コーリーおばさん！　ピーターが連れて行かれたよ。」

「だれに……？　どこへ……？」

コキーは、この質問には答えられませんでした。三日たって、ピーターの家族の者は、彼がアムステルダムの州刑務所に連れれて行かれたことを知りました。

夕方の七時五十五分になっていました。新しく外出禁止時間と決められた八時までに、あと五分しかありません。ピーターが刑務所入りしてから二週間たっていました。

父とベッツィーと私は、食堂のテーブルの周りに座っていました。父は並べた時計をもとどおり内ポケットに一つずつしまい、ベッツィーは針仕事で忙しく、そのひざの上には、少々バルシャがかった黒い大きな猫が背を丸めてうずくまっています。

その時、裏口玄関でノックする音が聞こえたので、窓に取りつけた鏡をのぞいてみました。春のたそがれの中に一人の女性が立っています。彼女は小さなスーツケースを下げ、季節はずれの毛皮のコートに手袋、それに厚いベールという装いでした。

私は階段を走って下り、ドアを開けました。「おじゃましてもいいですか」と尋ねる声は、恐怖でひきつっていました。

「どうぞ、どうぞ」と、私は一歩うしろに退きました。彼女は、狭い玄関に入る前にうしろを肩越しに振り返ってみました。

「クリアマカと言います。私はユダヤ人です。」

「はじめまして」と言って、彼女のスーツケースを持ってあげようとすると、彼女は上からそれを押さえました。

「中にお入りください」と私は食堂に案内しました。私たちの姿を見ると、父とベッツィーは立ちました。「クリアマカさん、私の父と姉です。」

「今、お茶を入れようとしていたところです。ちょうどいい時に、いらっしゃいましたわ」と、ベッツィーは明るく迎えました。父は、テーブルから椅子を引き出しました。それに座ったクリアマカ夫人は、まだスーツケースをつかんだ手を離しませんでした。

ベッツィーの言う「お茶」とは、押しつぶしては何度も使った古い葉で、せいぜいお湯に色をつける程度のものです。しかしクリアマカ夫人は、それをもったいなさそうに飲み、さっそく話に移りました。

彼女のご主人は何か月か前に逮捕され、息子さんはどこかに隠れているということでした。きのうのこと、ゲシュタポの指揮下にある政治警察が、衣料品店を閉じるように彼女に命令しました。彼女は、店の上のアパートに帰るのを恐れていました。そしてたまたま、以前私たちが近くの毛皮商の主人を助けたということを聞いていたのです。

「この家では、神様の民はいつでも歓迎されるのです」と父が言いました。

「うちには、空いたベッドが四つあります。あなたはただ、どれに寝るかを決めればよろしいのよ。」こう言ってベッツィーは、びっくりするようなことを付け加えました。「でもまず、お茶のあと片付けをするために、手を貸していただけないかしら。」

思わず耳を疑いました。ベッツィーは今まで一度も、だれにも台所仕事の手伝いをさせたことがないからです。「私は、気むずかし屋のオールドミス」というのが、彼女の口ぐせだったのです。

でもクリアマカ夫人は、ばね仕掛けのように立ち上がって、すぐさま、お皿だのコップだのを積み上げていきました。

それから二日たった夜、同じことが繰り返されました。前のように、気持ちのよい五月の夕べの、もう少しで八時というところでした。再び、裏口玄関で、気がねしたようなノックの音が聞こえます。今度は、年輩の夫婦が外に立っていました。

「お入りなさい。」

前とそっくりで、持ち物をしっかりと抱きかかえ、目はおびえています。近所の人たちがつかまったので、明日は自分の番ではないかと恐れている、というのです。

その夜、祈りを済ませたのち、私たち六人は途方に暮れてしまいました。「この場所は、とても危険です」と、私は三人の客に話しました。「中央警察署から、たった半ブロックしか離れておりません。でも、ほかにどこかに行くようにお勧めもできないし……」

もう一度、ウィレムを訪ねてみる必要がありそうです。次の日、私はヒルフェルスムまでの、困難な旅を繰り返しました。「ウィレム、今ベイヨイには三人のユダヤ人が来ています。どこか農村地方に、隠れ家を捜してやってくださらない?」私は兄に尋ねてみました。

ウィレムは、指先で目頭を押さえました。その時私は、彼のあごひげに、白いものが急に増えているのに気づきました。彼は、おもむろに口を開きました。「隠れ家を捜すのが、日を追って困難になっているんだ。今では農村でも、食べ物が不足してきたからね。ぼくの手もとには、まだ多少のあてはある。でもねえ、食糧配給券のない者は、受け入れてくれないんだよ。」

「食糧配給券ですって！　ユダヤ人は、券などもらえるはずはないでしょう。」

「わかってるさ！」　ウィレムは、視線を窓の外に移しました。彼とティンが、年輩のユダヤ人たちにどのようにして食べさせているか、はじめて秘密がわかったような気がしました。

「わかってるさ。」彼は、同じことを二度言って、言葉を継ぎました。「それに食糧配給券は偽造できない。しょっちゅう変わっているし、すぐに見分けがつくようになっている。だが身分証明書は別さ。ぼくは、この仕事をする何人かの印刷屋を知っている。もちろん、写真屋も必要だがね。」

写真屋だの、印刷屋だの、いったいウィレムは、何の話をしているんでしょう？「ウィレム、どうしても食糧配給券が欲しいけれど、偽物は作れないという場合、どうしたらいいの。」

ウィレムは、ゆっくりと窓のほうから向きを変えました。彼は、私が来ていることも、私には火急の問題があることも、すっかり忘れているかのようでした。「食糧配給券だって盗めばいいさ。」彼は力なく言いました。

私は、このオランダ改革派の牧師をまじまじと見ました。「では、ウィレム。あなたは、盗むことができるの……？　つまり……三人分の券を、何とかして手に入れることができるの？」

「とんでもない、コーリー！　ぼくは見張られている！　そんなことが、わからないのか？　ぼくの一つ一つの動きは、たえず監視されているんだ！」

彼は私の肩に手をかけ、優しい口調になって話を続けました。「しばらくの間は、ここでぼくが仕事を続けられるとしても、きみは自分で伝手《つて》を作っておいたほうが、ずっといいよ。ぼくとの接触はできるだけ少なくして、ほかの人との接触をできるだけ多くするんだな。」

混んだ列車に揺られながら帰る途中、ウィレムの言った「自分の伝手」という言葉が、何度も何度も、頭の中を駆け巡りました。この言葉には、何かプロフェッショナルな響きがあります。この私にどうして、盗んだ食糧配給券の出所が捜し出せるでしょうか。いったい私が、だれを知っているというのでしょう——。

ふと、一つの名前が、ぽっかり浮かんできました。

フレッド・クルンストラ。

このフレッドは、以前ベイヨイの電気の検針に来ていた人です。彼には、今ではすっかりおとなになっている、知的障がいのある娘がいました。彼女は、私が二十年ほど前、そのような子どもたちのために開いていた集会に来ていました。フレッドは、今では食糧事務所で働いています。たしか、食糧配給券を発行する課にいたように記憶しています。

その日の晩、夕食を済ませた私は、れんが敷きの通りを、クルンストラの家に向かっていました。私の忠実なボロ自転車は、とうとうタイヤがだめになり、ほかの多くの仲間と同じように車輪をガタガタいわせながら町の中を走って行きました。車体が跳ね上がるたびに、自分が五十歳だということが痛いほど思い知らされるのです。

軍人らしい風采の、頭のはげ上がったフレッドが玄関に出て来ました。日曜日の集会のことでお話ししたいと言うと、彼は当惑顔で私を見つめました。私を中に招き入れるとドアを閉め、「コーリー、私に会いに来たほんとうの目的は、いったい何ですか?」と問いただしました。

私は心の中で祈りました――主よ、フレッドに打ち明けるのが安全でないようでしたら、できるだけ早く、会話を打ち切れるように導いてください。

「まず、ベイヨイに予期していなかったお客が来るようになったことを、あなたにお話ししておかなければなりません。最初はひとりの女性が、それからご夫婦、そして、私が今日の午後帰宅してみると、別のご夫婦が来ていました。」ここで、ほんのちょっと間を置いてから、「この人たちは、皆ユダヤ人です」と付け加えました。

フレッドの表情には、何の変化も現れませんでした。

「この人たちに、安全な場所をあてがうことはできるんですが、彼らには、それ以上のものが必要なんです。つまり、食糧配給券です。」

フレッドの目に、微笑が浮かびました。「なるほど、なぜあなたがここにいらしたか読めましたよ。」

「ところでフレッド、余分の券を発行する方法があるでしょうか? あなたが報告する以上に。」

「コーリー、そんなことは絶対にできません。配給券は、いろいろな方法で調べられる仕組になっています。何重もチェックされるのです。」

私のうちにわき始めていた希望が崩れ落ちました。ところがフレッドは肩をひそめて、何やら思案しています。

「たった一つだけあります。」

「たった一つですって。」

「強奪されたことにすればいいのです。先月、ユトレヒトの食糧事務所が荒らされました。もっとも押し入った人たちは捕まってしまいましたが。」

彼はしばらく口をつぐみ、それからゆっくり話し出しました。「部屋の中には、記録係と私しかいない。昼の時間を狙ったらどうだろう……。そして、二人とも手足を縛られ、さるぐつわをはめられることにしたら――」彼は指を鳴らし、勢い込んで言葉を続けました。「このために、うってつけの人がいます！　あなたは、あの人を覚えていますか。ほら――」

ウィレムの警告を思い出した私は、彼を制しました。「その人の名を口に出してはいけません。また、どのようにするかも言ってはいけません。とにかく、もしあなたにできるようでしたら、ぜひ券を手に入れてください。」

フレッドは、まじまじと私を見つめながら言いました。「ところで、何冊入り用なんですか。」

「五冊」と、私は言おうとしていました。けれども私の口を突いて出た数は、全然予期していなかった、しかもわれながらあきれ返るほどの「百冊」だったのです。

ちょうど一週間たって、裏口玄関に姿を現したフレッドを見て、私はしばらくは声も出ませんでした。両方の目の周りは青ずんだ紫色になっていて、下唇は切れ、はれ上がっています。

「友だちが、ごく自然に相手役になってくれたんです。」彼はこう言っただけでしたが、約束の配給券は持参していました。テーブルの上に置かれた茶封筒の中には、百人分の配給券が入っていたのです。

フレッドは、手回しよく、一冊一冊の券の綴りから、最後の配給券を切り取っていました。この最後の部分は、各月の最後の日に食糧事務所に提出して、その引き換えに翌月分の券をもらうことになっているのです。この引換券があれば、フレッドは合法的に百冊分の券の綴りを、私たちのために継続して発行できるのです。

私のほうで毎月彼の家に行くのは危険だということで、二人の意見が合いました。逆に彼のほうで、以前のように検針係の制服を着てベイヨイに来ることにしては、ということになりました。

ベイヨイの電気メーターは、階段の上がり口の廊下の奥にありました。その日の午後、私は散歩から帰ると、いちばん下の階段の踏み板をこじ開けました。ピーターがラジオを隠すために、上のほうの段の板をはずし、中に空洞を見つけたのを思い出したからです。

私は大工仕事をしながら、きっとピーターはほめてくれるだろうと考えていました。そして、この勇敢で、しかもうぬぼれの強い青年がいないことに気づき、たまらない寂しさに襲われたのです。

作業が終わり、一歩うしろに退いて、完成された隠し場所をほれぼれと眺めていると、きっとピーターさえ、時計職人の手と目はたいしたものだと感心しざるを得ないだろうと思うのでした。ちょうつがいは木の中に深く埋めてあり、階段の役割に少しの支障もありません。私はみごとなでき栄えが、すっかり気に入ってしまいました。

配給券受取りの最初のテストは、七月一日に行われました。フレッドは、シャツの下に券を隠して、以前のように店を訪れることになっていました。ベッツィーが裏口を閉め、客がだれも来なくなる五時三十分に来る約束でした。ところが、五時二十五分に店のドアが開き、入って来たのは、何と警官だったのです。思わず、背筋が寒くなりました。

この警官は、赤毛を短く刈り込んだ背の高い男です。私は、彼の名前がロルフ・ヴァン・フリートであることを知っていましたが、そのほかのことは、ほとんどわかりません。彼は、店の百年目の誕生パーティーに一度だけ顔を見せました。彼は、冬の朝のコーヒーを飲みに集まっていた、ベッツィーの「常連」の一人ではありません。

ロルフは、手入れが必要な時計を持って来ていて、何か言いたそうな表情でした。私の喉はカラカラになり干からびてしまいましたが、父はロルフの時計の裏ぶたをはずし、中を調べながら、上機嫌でしゃべり出しました。

どうしたらよいでしょう？　フレッド・クルンストラに知らせる術《すべ》などありません。五時三十分かっきりに店のドアが開いて、紺の作業服を着たフレッドが姿を現しました。その胸のあたりは、少なくとも十二インチ（約三十センチ）ほどふくれ上がっているように、私の目には映りました。

フレッドはみごとな落ち着きぶりで、父と警官、それから私に「こんばんは」とあいさつしました。その言葉はていねいでしたが、少々うんざりしている響きすらありました。

彼は、店のうしろのドアを大またで通り抜け、扉を閉じました。私は全身を耳にして、彼が秘密のふたを開ける気配を感じ取ろうとしました。ほら、聞こえてきます！　きっとロルフも、物音を聞いたに違いありません。

うしろのドアがまた開きました。フレッドの度胸は相当なもので、裏口から姿をくらますようなことはせず、堂々と店に戻って来たのです。

「こんばんは」と、彼はまた声をかけました。

「こんばんは。」

フレッドは正面のドアを通って、外に出て行きました。今回は何とか切り抜けましたが、これからは何とかして、非常事態の合図ができるように工夫しておく必要があります。

一方、クリアマカ夫人の突然の訪問をきっかけに、多くの人がベイヨイに立ち寄りました。クリアマカ夫人、年輩の夫妻、次に来た夫婦、その次の組の人はみな、食糧配給券をあてがわれて、もっと安全な家へと移って行きました。

追われた人たちは、ひっきりなしにやって来ます。しかも配給券や行き先以上に、混み入った事情が生じてきたのです。もしユダヤ人女性が身重になったら、どこで赤ん坊を産めばよいのでしょう？　隠れているユダヤ人が死んだら、どのようにして埋葬すればよいのでしょう？

「自分の伝手を広げるがいい」と、ウィレムは忠告しました。フレッド・クルンストラの名前を思い浮かべた瞬間から、不思議な気づきが自分のうちに芽生えていました。考えてみれば、ハールレムの市民の半分は友人です。産院の看護師とも、役場の戸籍担当とも顔見知りです。この町の、あらゆる職場のだれかを知っているわけです。

もちろん、これらすべての人の政治的立場がわかっているわけではありません。でも、私には、未知の心のよりどころがありました――神に不可能なことはないからです！　私は一歩ずつ、神の導きに従うことだけです。すべての決定は、祈りのうちに神の前ですればよいのです。

私は、自分が頭が切れるとも、頭の回転が速いとも、優れているとも思っていません。もしべイヨイが、悩む人々の必要を満たす場所になっているならば、そこには私の考えなど及ばない高度の策略によるものです。

フレッドが、「検針係」になりすまして訪れてから二、三日たった夜、外出禁止時間をかなり過ぎてから裏口のベルが鳴りました。また、口ごもりながら窮状を訴える、気の毒な避難者が来たと思い、階段を駆け下りてみました。その日の夕方、ベッツィーと私は、四人の宿泊客のためにベッドの用意をしていました。ユダヤ人の女性と、三人の小さな子どもたちが来ていたのです。

暗い裏通りの壁にくっつくようにして立っているのがキックだとわかって、びっくりしました。

「自転車を出して。」彼はいつものように、若者らしくぶっきらぼうに命令しました。「それに、セーターを着込んだほうがいいよ。ぜひ会ってもらいたい人がいるんだ。」

「これから？　外出禁止時間になっているのに？」こう口に出した私は、質問するのは無意味なことに気づきました。キックの自転車には、きしむ音がしないよう、車輪に布が巻きつけてあります。彼は、私の自転車にも同じように布を巻いてくれました。

まもなく私たちは、昼間でもこわくなるような猛スピードで、燈火管制下のハールレム街を、ペダルを踏んで行きました。

「ぼくの肩に手を載せて。ぼくは道を知っているから」と、キックが小声で言いました。

私たちは暗い横道を通り、橋を渡り、夜目にさだかでない角を曲がり、ついに広い運河を越えました。どうやら上流階級の人たちの住むアールデンフートの郊外に出たようです。

私たち二人は、葉の生い茂った木々の下の、一本の私道に入りました。驚いたことに、キックはそこまで来ると、私の自転車を持ち上げ、私のと彼のとを正面の階段の上に運んだのです。のりのきいた真白なエプロンをつけ、頭にはひだを寄せた帽子をかぶったウエイトレスが、ドアを開けました。広い玄関には、自転車がぎっしり詰まっています。

その時私は、思いがけない人物を見つけました。その人は片方の目で私にほほ笑みかけ、もう一つの目で、ドアのほうを見ています。ピックウィックです！

彼は、キックと私とを大きな応接間に案内しました。あちこちに小さなグループを作って、コーヒーをすすりながら話に花を咲かせているのは、今までお目にかかったことのないような気品あふれる人たちばかりです。しかし、この部屋に入った瞬間、まず私の気をひいたのは、何とも言えない芳醇な香りでした。この人たちが飲んでいるのが、本物のコーヒーなんてあり得るのでしょうか？

ピックウィックは、サイドボードの上にある銀製のコーヒー沸かし器からコーヒーをつぎ、私に差し出してくれます。そこには二年ぶりに目にする、コクのある、香り高いブラックコーヒーがありました。

彼は自分のカップにもついで、いつかのように角砂糖を五つ入れました。食糧の配給など、どこ吹く風といった顔です。玄関で見たのとは別の、のりのきいた白いエプロンに、ひだのある帽子をかぶったウエイトレスが、ケーキで山盛りになったお盆を回しています。

ケーキを口いっぱいにほおばり、飲み込みながら、私はピックウィックのあとに付いて、彼が紹介する一人一人と握手を交わしました。その自己紹介の仕方は何とも風変わりなものでした。どの人の名字もスミットで、名前は伏せて、時たま住所が知らされるだけです。四番目のスミット氏に会った時、キックがにやりとして口をはさみました。「地下組織の唯一の苗字なんだよ。」

それでわかりました。ここにいるのは本物の地下組織の人たちだったのです！　これらの人たちは、いったいどこから来たのでしょう？　みんな初めて会う人ばかりです。次の瞬間、私は自分が会っているのは国家的な集団だとわかって、背筋が寒くなりました。

彼らの会話から拾い読みをしてみると、ここにいる人たちのおもな仕事は、イギリス軍、ならびに大陸のどこかで戦っている自由オランダ軍との連絡役であることがわかりました。彼らはまた、墜落した連合軍の飛行機の搭乗員たちが、北海沿岸まで無事にたどり着くための地下ルートを確保していました。

彼らは、ハールレムのユダヤ人を助けようとする私の努力に、たちどころに賛同してくれました。ピックウィックが、私のことを「この町の解放運動のリーダー」と説明するのを聞いて、顔が真っ赤になりました。階段の下の空洞と、偶然に生じた友情などは、解放運動と言われるほどのものではありません。

ここにいる面々は、よく訓練を積まれた有能なプロフェッショナルたちです。けれども彼らは、とても丁重に私にあいさつして、握手しながら「できるだけのことはします」と低い声でささやくのでした。その申し出の中には、偽の身分証明書や公用ナンバーを付けた自動車、それに書名の偽装に関するものなどが含まれていました。

応接間のいちばん隅で、ピックウィックは私に、薄いあごひげを生やした小柄で貧弱そうな人物を紹介しました。この人は、「私たちのホストの話によると――」と、形式ばった前置きをして言葉を続けました。「あなたの本部の建物には、秘密の部屋がないそうですね。このことは、あなたが助けている人たちはもちろん、あなた自身にとっても大変危険なことです。お許しいただければ、来週のうちにお宅に伺いたいのですが……。」

ずっとあとになって、この人が、ヨーロッパで最も名の知れた建築家の一人であることがわかりました。その時は、ただ〝スミット氏〟として知らされただけです。

キックと私が、ベイヨイに大急ぎで帰ろうとした時、ピックウィックは私の腕を取って言いました。「いいお知らせがあります。ピーターが釈放されることになったそうですよ。」

そのピーターは三日後に出て来ました。やせ細り青白い顔をしていましたが、二か月に及ぶ監房生活で怖気づいたところなど、少しもありませんでした。ノーリーとティン、ベッツィーは、彼の歓迎パーティー用のケーキを作るために、一か月分の砂糖の配給を全部使ってしまいました。

＊　＊

ある朝、店に最初のお客が来てまもなく、スミットという名の小柄で薄いあごひげを生やした人が、ひょっこり姿を現しました。父は、拡大鏡を目からはずしました。もし父に、だれか新しい人と知り合うこと以上に好きなことがあるとすれば、それは、その人と自分とのつながりを探り出すことでした。

「スミット……」と、父は熱心な面持ちで言いました。「私は、アムステルダムに何人かスミットという人を知っていますぞ。ひょっとすると、あなたは――」

私は、あわててさえぎりました。「お父さん。この方のことは説明しておいたでしょう？　家を調べるためにいらっしゃったんですよ。」

「ああ、家屋調査官ですか。ではあなたは、グローテ・ホイト通りに事務所を出しておられる、あのスミットさんに違いない。どこかでお会いしたことは――」

「お父さん！　この方は家屋調査官ではありません。それにお名前もスミットではありません。」

「はて、名前がスミットではない、と。」

スミット氏と私は説明しました。ところが、父にしてみれば、本名以外の名前で呼ばれる人のことなど、どうしても理解できないのです。スミット氏を階段下の廊下へ案内していると、「私は以前、コニング通りのスミットを知っていた……」という父の独り言が聞こえてきました。

スミット氏は、階段のいちばん下の段の中にある食糧配給券の隠し場を調べて太鼓判を押してくれました。また、私たちが考案した非常警報装置にも及第点を付けました。それは、「アルプスの時計」と書いた三角形の木の看板で、食堂の窓のところに下げることにしていました。これが所定の位置にあれば、中に入っても安全だという印です。

ところが、食堂の隅に置いてある食器戸棚のうしろの、ちょっとしたすき間を見せると、彼は頭を振りました。昔、この建物を改造した時、人が四つんばいになって入れるだけの空間ができたのです。占領が始まってすぐ、私たちはここに宝石や銀貨、その他の貴重品を隠していました。

私たちの家にはラビが書物を運んで来ただけでなく、ほかのユダヤ人の家族たちも、保管してもらえるようにといろいろな貴重品を持って来ていました。いざという時に、この空間には一人分くらいは入れると思っていましたが、スミット氏は一瞥もせず、不適格と判定したのです。

「ここは真っ先に調べられるに決まっています。でも、手を加える必要はありません。銀貨を入れておくだけでいいでしょう。私たちは物ではなく、人命を救うことを第一にすべきです。」

彼は、狭いらせん階段を上り始めました。そして、一段上るたびに気持ちが高まるようでした。変な場所にある踊り場に出ると、彼はいかにも嬉しそうに立ち止まり、湾曲した壁を叩き、建物の古いほうと新しいほうでは、各階とも床の位置が互い違いになっているのを見て、声を立てて笑いました。

「ありえないことだ！」と感嘆して言いました。「信じられないことです。テン・ブームさん、もし家屋が全部このように建てられていたら、この私は思い煩わないでもすみますよ。」

彼は、とうとう階段を上り詰め、私の部屋に入ると、「これだ！」と、喜びの声を上げました。

「隠れ家はできるだけ高い場所がいい。高い場所だと、下のほうで捜査が始まっている間に潜り込む時間が十分にある。」その言葉には、熱がこもってきました。彼が窓からからだを乗り出し、細い首を伸ばすと、口もとの薄いあごひげが揺れます。

「でも……ここは、私の寝室で……。」

スミット氏は、その抗議にはいっこうに耳を貸さずに、さっそく部屋の中を測りはじめました。彼は、古くなって安定が悪く、しかも重い洋服だんすを簡単に壁から移動させ、私のベッドを部屋の隅に引きずって行きました。

「ここに、偽の壁を付けるんだ！」彼は興奮して鉛筆を取り出し、うしろの壁から三十インチ（約七十五センチ）離れたところに一本の線を引きました。そして立ち上がって、その線を少し不満げに見つめました。

「せいぜい、ここまでだな。でも、マットレスを入れることはできる。そうだ、簡単にできる。」

もう一度、苦情を申し立ててみましたが、スミット氏は私の存在すら忘れたかのようです。次の数日間、彼と部下の作業員たちが、続けざまに私の部屋に出入りしました。彼らはノックなどしません。しかも来るたびに、何かを運び込んでいます。それは、新聞紙に包んだ道具や、書類かばんの中に入れたいくつかのれんがでした。

板の壁のほうが作るのが簡単ではないか、と口をはさむと、スミット氏は大きな声で反論しました。「板ですって！　板だと、叩けば中に空洞のあることがばれます。一分もしないうちに仕掛けがばれてしまいます。偽の壁には、れんが以外のものは使いものになりませんよ。」

壁ができあがると、左官屋、それから大工、最後にペンキ屋が来ました。仕事を始めてから六日後、スミット氏は、父とベッツィーと私を呼びました。

戸口に立った私たちは、ぽかんと口を開けたままでした。塗り立てのペンキの匂いが、四方八方からしてきます。ところが、部屋のどこにもペンキを塗った形跡がありません。

四方の壁には、石炭を燃やすハールレムの古い家にはどこでも見られる、すすけた黒いしま模様が一面についています。天井の周囲にはりめぐらしてある、木材を彫刻して造られた飾りの部分は、百五十年もの間そのままになっているように見えます。うしろの壁には、古い雨漏りの跡がいくつか付いています。その壁は、ここに半世紀も住んでいる当の私でさえ、本物と見違えるほどで、もとの壁から三十インチ離れたところに造られたまがいものとは、とても思えません。

この偽の壁には棚が組み込まれています。それも、目の荒い板には、うしろの壁と同じように、雨漏りのしみが付いており、しかも真中の板が本の重みで曲がっている、いかにも古めかしい代物です。左の隅のいちばん下の棚の下に、二フィート（約六十センチ）四方のスライド式の羽目板が取りつけてあって、秘密の部屋に通じています。

スミット氏はしゃがんで、この羽目板を静かに上げました。ベッツィーと私は両手をついて、壁のうしろにある狭い部屋に潜り込みました。いったん中に入れば、立つことや座ることはもちろん、マットレスの上に交替で、長々とからだを伸ばすこともできます。本物の壁に巧みに開けた通気孔からは、外の新鮮な空気が入って来ます。

あとから潜り込んで来たスミット氏がこう言いました。「そこに水を入れるポットを置いてください。水は、一週に一度は変える必要があります。それに、堅パンとビタミンは、絶対に欠かせないものです。この家に、ドイツ当局に知られたらまずいという人が来たら、その人の持ち物は、実際に身につけているものを除いて、全部ここに隠しておくべきです。」

再びひざをつき、一列になってその秘密の部屋から出ました。スミット氏は私に指示しました。

「この部屋にあったものを全部、元どおりのところに置きなさい。」

彼は、棚の上の壁を拳で叩きながら、満足そうに言いました。

「これならゲシュタポが一年がかりで捜したって、秘密の部屋は捜せっこないね。」

七　ウーシー

ピーターは家に帰っていましたが、ほかの健康な若い男子たちと同様、身の安全は保証されていませんでした。ドイツの軍需工場は、血眼になって労働力を捜していたからです。

何の前触れもなく、突然ドイツ兵たちは町の一角を包囲します。そして、どの家もしらみつぶしに調べて、十五歳から三十歳までの男子を片っ端からトラックに詰め込んでは、連れて行ってしまうのです。この電撃作戦は「ラジア」（訳注＝ドイツ語で「略奪」「検挙」を意味する語）と呼ばれ、若い人たちのいる家族は皆、それを聞いただけで縮み上がるのでした。

フリップとノーリーは台所に細工をして、ラジアが始まったらすぐに隠れられる場所を作りました。台所の床の下に、じゃがいもを蓄えておく、小さな収納庫があります。彼らは、その揚げ板を大きくして、その上に大きな敷物を敷きました。しかも、その上にテーブルを動かしたのです。

私は、ベイヨイでのスミット氏の手口を見ていたので、台所の床下にあるこのスペースは、隠れ場としては完全に不合格だと思いました。家の中で、いちばん低い場所にあるのが一つの理由です。スミット氏なら、「いちばん先に目を付けられる場所」と決めつけることでしょう。ところが、今想定されているのは、訓練された人たちによる長期の捜索ではなく、兵士たちが突然やって来て捜す事態です。そのため、三十分ほど身を隠しておける場所であれば、それでいいのです。ですから、たぶん大丈夫だろうと考え直しました。

同じような造りの家が並ぶ、この静かな住宅街にラジアが急襲したのは、フリップの誕生日の時でした。父とベッツィーと私は、ピックウィックからもらった本物の英国紅茶を四分の一ポンド（約百グラム）持参して、一足早く家に訪れていました。

ノーリーとアナリセ、それに上の娘たち二人は、私が訪問した時にはまだ家に帰っていませんでした。ある大きなデパートで、男物の靴が売り出されるということで、ノーリーは「たとい一日中、長い列の中に立っていなければならないとしても」、ぜひともフリップのために靴を一足買おうと決心したのです。

私たちは台所で、コキーとカトリーンを相手に、おしゃべりに興じていました。そこへ突然、ピーターと兄のボブが、息せき切って駆け込んで来たのです。二人の顔は蒼白です。「ドイツ兵だ！　早く！　二軒先のところまで来ているんだ！」

彼らは、テーブルをずらすと、すばやく敷物を取り、揚げ板を跳ね上げました。ボブが先に下りてうつ伏せになり、ピーターは転がり落ちるようにして、その上に重なりました。私たちは板を元に戻し、その上に敷物を敷き、テーブルを元の位置に動かしました。ベッツィーとコキー、それに私は、震える手で長いテーブルクロスを掛け、五人分のお茶の席を作りました。

表のドアが、ものすごい勢いで開けられると、玄関のホールに大きな反響音が起こりました。そのとたん、コキーがカップを落とす音が近くでしました。二人のドイツ兵が台所に飛んで来て、銃を突きつけました。

「動くな！　みんな、そのままの場所にいるんだ！」

階段を嵐のように駆け上る、軍靴の音が響き渡ります。兵士たちは、女性ばかりと年老いた男のいる台所を、うんざりしたように眺めました。もし彼らが、カトリーンを注意して見つめたなら、きっと彼女は白状していたことでしょう。ところが今の彼らは、ほかのことを考えていたのです。

「男たちは、どこにいるのか」と背の低いほうの軍人が、たどたどしいオランダ語でコキーに尋ねました。

「ここにいるのは、私のおばさんたちです。こちらは私のおじいさん。父は学校ですし、母は買物に出かけています。それから……」

「おまえの身内全員のことを、聞いているんじゃない！」と、彼はドイツ語でわめき、続いてオランダ語で言いました。「おまえの兄たちは、どこにいるんだ！」

コキーは、この将校をまじまじと見て、視線を落としました。私は身体中の血が逆流するように思えました。私はノーリーが子どもたちを、どのようにしつけてきたかよく知っています。でも、きっと今こそ嘘が許される時です！

「おまえには兄がいるか」と、将校は再び尋ねました。

「はい、三人います。」コキーは、穏やかに答えました。

「いくつだ。」

「二十一と十九、それから十八です。」

二階からは、ドアを開けたり、閉めたりする音に混ざって、家具を壁から動かす時の床をこする音が聞こえます。

「お兄さんたちは、今、どこにいるんだ。」階下では、しつこい尋問が続きます。

コキーはしゃがみ込んで、割れたカップのかけらを集め出しました。ドイツ兵は、彼女をつかんで立たせ、「兄たちは、どこにいるんだ！」と、わめきました。

「いちばん上の兄は神学校に行っています。この兄は、ほとんど家に帰って来ません。」

「ほかの二人は？」

コキーは、間髪を入れずに答えました。

「このテーブルの下です。」

この将校は、私たち全員にテーブルから離れるようにと、ピストルで合図をし、テーブルクロスの端をつかみました。彼がうなずくと、背の高いほうの兵士が銃の引き金に指をかけ、姿勢を低くしました。続いて、テーブルクロスが勢いよく取りのけられました。

高まった緊張感が、とうとう爆発したのでしょう。コキーは、急にヒステリックな甲高い笑い声を立てました。兵士たちはコキーのほうを振り返りました。この少女は、彼らを笑いものにしているのでしょうか。

「われわれを、ばかにするな！」背の低いほうが、どなりつけました。彼は怒りくるって、大またで部屋を出て行き、そのあとにほかの兵士たちが続きました。ところが不運なことに、黙っていた背の高いほうの兵士が、目ざとく貴重な紅茶の包みを見つけ、ポケットにねじ込んでしまったのです。

その晩のパーティーは、心からの感謝に始まったのですが、しっかりと結びついていた家族が、今までかつてないような激しい口論へと転じるものとなりました。コキーの肩を持つノーリーは、自分がその場に立たされたら同じように答えていたと主張しました。「神様は、真実を語る人に完全な守りをもって報いてくださる」というのが彼女の言い分です。

ところが、揚げ板の下にいたピーターとボブにしてみれば、この意見には同意できないようでした。私とても同じです。私にはノーリーの勇気はありませんし、それに彼女のような信仰もありません。

私は、ノーリーの考え方の矛盾に気づき、反論しました。「一方では真実を言うけど、他方では嘘のことを行う。これはおかしくないかしら！　アナリセの偽の身分証明書はいったいどうなの？　それに、カトリーンに着せたお手伝いさんの服装は？」

ノーリーは聖句を引っぱり出してきて、「『主よ　私の口に見張りを置き／私の唇の戸を守ってください。』詩篇一四一篇にはこう書いているわ！」　彼女は勝ち誇ったように、とどめを刺してきました。

「じゃあ、ラジオのことはどうなの？　私はラジオを手放さないために、嘘をつかなければならなかったわ！」

「コーリー、おまえの口から出る言葉はどれも、愛によって語られたものだと信じてるよ。」父の優しい声が、すっかり上気した私を責めているかのように思えました。

愛。それを、どのように表現したらよいのでしょう？　神はどのようにして、このような世界で、真実と愛を同時に示すことができになるのでしょう？

その答えは「死」でした。神は死ぬことによって、それをお示しになったのです。この答えは、これまで以上の鋭さと冷たさをもって、私の前に立ちはだかりました。世界の歴史の中に彫り込まれた、十字架の形をもって。

＊　＊

一九四三年の初頭、私たちの地下組織の会合所を訪れるユダヤ人たちに、農村での安全な隠れ家を提供することは、ますます困難になってきました。食糧配給券や、偽の身分証明書を持たせても、彼ら全員をかくまうだけの場所は、すでになくなっていたのです。

遅かれ早かれ、ハールレムの町の中にユダヤ人を隠さざるをえなくなると、私たちは考えました。しかも、その最初の人たちが、私たちの最も親しくしていた人たちであるとは何とも皮肉なことでした。

店が忙しい午前中のさなかのことでした。ベッツィーが仕事場のドアから忍び込んで来て、「ハリーとカトーが来ているわ」と知らせました。

私たちは、すっかり驚きました。ハリーは胸に付けている黄色い星が私たちの迷惑になるのを恐れて、日中にベイヨイに来たことなど今までに一度もありません。父と私は、ベッツィーのあとについて、急いで階段を上りました。

ハリー・デブリーズは、ほかの人と似たような話をしました。昨日の夕方、当局の手先の国家社会主義党員がやって来て、彼の店が没収されることになったと言ったのです。

ハリーがクリスチャンであるということは、少しも考慮されないのでしょうか。これについて、その党員は、「ユダヤ人ならだれだってトラブルを避けるために改宗するさ」と、憎々しそうに言いました。今朝になって昨日の件を公式に通達するため、制服のドイツ人が来て「国家の安全保障のために」彼の店を閉じると申し伝えたそうです。

「もし、私が危険人物に見られるとしたら、彼らはきっと私の店を横取りしてしまうでしょう。」こう、気の毒なハリーは言いました。

間違いなく、そうなるでしょう。ところがあいにくその時は、町の外に隠れ家となる場所はどこにもなかったのです。都合のつく、たった一つの行き先はベイヨイから四ブロックと離れていない、デ・ボールという女性の家です。

その日の午後、私はデ・ボール家の扉を叩きました。彼女は、青い綿の部屋着を着て、寝室用のスリッパを履いたずんぐりとした女性でした。私たちは、彼女に食糧配給券をあてがい、また緊急の虫垂切除手術の手配をしたことがありました。

彼女は屋根裏部屋を見せてくれました。そこには十八人ものユダヤ人が住んでいて、しかも彼らのほとんどは二十歳を少し出たばかりの青年たちです。「長い間この人たちは、狭い場所に閉じ込められています。だから、うっぷん晴らしに歌ったり、踊ったり、いろんな音を立てるんです」と、彼女は言いました。

「もう一組夫婦が増えたら……困るでしょうか？」

「いいえ、いいえ……どうして私が、断れるはずがありましょう。さっそく、今夜連れていらっしゃい。何とかしますから。」

こうして、ハリーとカトーはデ・ボール夫人のところへ行き、屋根窓のついた狭い部屋の一つで生活することになりました。毎日ベッツィーは、彼らのところに手作りのパンや少しばかりの紅茶、ソーセージの一切れなどを運びました。実際には彼女の心配は、ハリーとカトーの精神状態ではなく、二人の生命の安全にあったのです。

「あの二人は危険にさらされていますよ。」ベッツィーは、父と私に報告しました。

「あそこにいる若い人たちは、暴動の一歩手前まできています。今日の午後は、とても騒がしかったので外から聞こえたほどです。」

ほかにも心配がありました。それはすべてを灰色に変える、厳しい冬の訪れです。その年は、雪こそあまり降りませんでしたが、寒気はいち早く訪れ、しかも、いつまでも続きました。燃料は、ほとんど手に入りません。公園の中や運河沿いの木々は炊事用や暖房用の薪となるため、あちこちで姿を消しました。

湿気があり、冷え切った部屋は幼い子どもや高齢者にとって、たまらなくつらいものでした。

ある朝、クリストフェルは、食堂での聖書朗読の時間に姿を見せないばかりか、仕事場にも現れませんでした。下宿の女主人は、彼がベッドの中で亡くなっているのを見つけました。部屋の洗面器の水には、厚い氷がはっていたということです。

私たちはこの年老いた腕時計職人に、六年前の開店百年記念日に彼が着てきた晴れ着を着せて、丁重に葬りました。

春は、ゆっくりやってきました。私の五十一歳の誕生日は、デブリーズ夫妻の小部屋で、ささやかに祝われました。

それから一週間後の四月二十二日。カトーが一人でベイヨイに来ました。家の中に入ると、彼女はわっと泣き出したのです。

「あのばかな青年たちは、頭がおかしくなってしまったんです！　きのうの夜、八人が家を出て行きました。もちろん、当局に呼び止められて捕まりました。彼らは、ユダヤ人特有の長いもみあげすら剃っていなかったんです！　ゲシュタポは少しも苦労せずに、彼らから情報を聞き出したのです。」

カトーの話によると、隠れ家はその日の早朝四時に急襲されたということです。ところが、彼女はユダヤ人でないことがわかったので、釈放されました。「でも、私以外はハリーも、デ・ボール夫人も、みな連れて行かれました。この人たちは、いったいどうなるのでしょう。」

それからの三日間というもの、カトーは早朝から外出禁止時間までハールレム警察署に詰めかけ、オランダ人だけでなくドイツ人の警官にも、主人に会わせてくれるように頼み込みました。彼女は追い返されると、外に出て無言のまま歩道で待つのでした。

金曜日のことでした。店が混んでいる、正午の休み時間のちょっと前に、一人の警官がドアを開け、ためらいながらも、そのまま仕事場へ入って来ました。食糧配給券が最初に持ち込まれた時に居合わせたロルフ・ヴァン・フリートです。彼が帽子を取ると、その下から再びオレンジ色がかった赤毛が現れました。

「この時計は、また時間が少し狂います」とロルフは言いました。腕時計を外して作業台の上に載せ、前かがみになった彼は、小声で私に耳打ちしました。

「ハリー・デブリーズは、明日アムステルダムに連れて行かれます。彼に会いたかったら、今日の午後三時ちょうどに来てください。」

これだけ言うと、彼は声を大きくしました。「おわかりですか。長針のほうが文字盤のいちばん上のところで、動きがにぶくなるんです。」

その日の午後三時に、カトーと私は警察署の高い両開きの門を通り抜けました。門で警備に当たっていたのは、ほかならぬロルフ自身でした。

「あとに付いて来なさい。」彼は無愛想に言い、扉を開け、天井の高い廊下を歩いて行きました。鍵の掛かっている鉄の扉の前まで来ると、彼は立ち止まって、「ここで待っていなさい」と言いました。

だれかが扉の向こうで鍵を開け、ロルフは姿を隠しました。数分後、再び扉が開くと、ハリーが目の前に立っているではありませんか。彼がカトーを抱きしめると、ロルフは後ろに下がりました。

「時間は、わずか数秒しかありません」と、ロルフがささやきました。

二人は離れて、お互いの目を見つめました。

「気の毒だが、ご主人は戻らなければなりません。」ロルフが合図しました。

ハリーは奥さんにキスしてから、私の手を取り、万感を込めて握手しました。私の目に涙があふれてきました。ハリーははじめて、自分の信仰の立場をはっきりさせたのです。「たとい、どこに連れて行かれようとも、そこを私はイエス様のために証しの場とします。」

ロルフは、ハリーの腕をつかみました。

「ハリー、毎日何度もあなたのために祈るわ！」鉄の扉が閉まる時、こう私は叫んでいました。だれにも打ち明けませんでしたが、私は直感で、友人のブルドッグ氏に会うのはこれが最後だと感じていました。

その夜、ベッツィーと私、それに地下運動の伝令役の十代の少年少女が十数名集まり、ロルフのことについて話し合いました。もしロルフが、ハリーのことを知らせるために身の危険をも顧みなかったとすれば、おそらく彼は私たちの仲間に加わるでしょう。

私は大声で祈りました。「主イエス様、この計画は私たち全員だけではなく、ロルフにとっても危険を招くことになります。」言葉を言い終わらないうちに、この人物についての確信が、泉のようにわき上がってきました。同時に、いつまでこのように先を見越す賜物に導かれるのかわかりませんでした。

私は、仲間の少年の一人に、次の日ロルフが勤務を終えて帰る時にあとをつけて、どこに住んでいるか調べてくるように言いつけました。年上の少年たちは、ドイツの軍需工場に送られる心配があったので、暗くなるまでは使いに出さないことにしていました。しかも、たいていの場合、女装させていたのです。

次の週、自宅にいるロルフを訪ねてみました。玄関の中に入り、安全だとわかってから、私は口を開きました。「ハリーに会うことは、私たちにとってどれほどの意味があったか、きっとご存じないでしょう。あなたのそのご親切に、どのようにしたら報いることができるでしょうか?」

ロルフは頭をかきながら答えました。「そうですねえ……留置場の清掃員の女性に十代の息子がいて、その子が今までに二度ほど捕まりそうになったんです。それでこの女性は、その子のために別の場所を捜そうと、躍起になっているんですよ。」

「たぶん、私がお助けできると思います。その女の人は、時計の修理を口実に店に来ることはできないのでしょうか。」

翌日、トゥースがタンテ・ヤンスの部屋に来ました。中では私が、二人の地下運動の志願者と話している最中でした。そのころは、地下の活動のために多くの時間がとられるようになっていたので、店のほうはトゥースと父に大部分を任せていたのです。

「下に変わった格好をした、小柄な女の人が来てますよ。ミッチェという名で、『ロルフの使いで来た』と言っているわ。」

私は、食堂でミッチェに会いました。握手を交わした手は、長年床を磨いてきたためか、革のように固く、がさがさしていました。

「たしかあなたには、大変ご自慢の息子さんがいましたね。」

「そうなんです！」息子のことを聞くと、ミッチェの顔は輝きました。

私は、彼女が持参した旧式の大きな目覚し時計を受け取りました。「明日の午後、この時計を取りに来てください。その時、きっと良いお知らせができると思います。」

その晩、「情報部員」の報告を聞きました。長く厳しい冬が明けると、何か所かに新しい隠れ家ができました。その一つは、近くのチューリップ農場で、そこの主人は危険な仕事をするのだから金を払ってほしい、と言ったそうです。

私たちは報酬を用意することにしました。それも紙幣ではなく、銀貨です。その上、余分の食糧配給券を渡すのです。もっとも、このようにお金が要求されることは、そうめったにありませんでした。ただし、先方の気持ち次第で、私たちは喜んで支払うことにしていました。

翌日の朝、早々にミッチェがやって来ました。私は財布から一枚の少額紙幣を取り出し、端のほうを破りました。

「これを息子さんに渡して、今晩、スパールネ運河の跳ね橋に行かせなさい。その橋を渡ったところに切り株があります。その木は昨年の冬、切られたものです。そのそばに立って運河を見ながら待つのです。男の人が来て、紙幣を両替してくれないかと尋ねてきます。そこで、あなたの息子さんは端の破れた紙幣を見せ、何も聞かずに、その人のあとについて行けばいいんです。」

ミッチェが紙やすりのようにざらざらした手で、私の手をしっかりと握りしめた時、ベッツィーが食堂に入って来ました。

「このご恩は忘れません！　いつか必ずこのお礼をします。」

彼女の言葉を聞いて、ベッツィーと私は顔を見合わせてほほ笑みました。この素朴で小柄な女性に、どのようにして私たちが直面している大きな問題の手助けができるというのでしょう。

こうして、仕事の量が増えてきました。新しい必要が生じるたびに、新しい解決も見つかりました。たとえば、ピックウィックを通じて、中央電話局に勤務している人と知り合うことができました。その人は、電話回線を接続したり、切断したりする部署で働いており、電話機の配線をいじり番号を操作するだけで、まもなく私たちの家にある機械を再稼働させてくれました。

廊下の奥に取り付けられた古い電話器が、三年ぶりに鳴り響いた時の喜びはまた格別でした。どんなに私たちは、それを必要としていたことでしょう。というのは、年配の女性や中年の男性から十代の少年少女まで、八十人あまりのオランダ人と共に活動していたからです。時々私たちは、この自分たちのグループのことを、笑いながら「神の地下組織」と呼んだものです。

この人たちの大半は、他の仲間の顔を見たことがありません。私たちは、直接顔を合わせるような接触をできるだけ避けていたのです。でも、だれもがベイヨイを知っていました。ここは本部であり、張り巡らされたネットワークの中心に当たる部分であり、一本一本の糸が交わる結び目でもあったからです。

ところが、電話は恩恵であると同時に、別の危険をもたらしました。新たに加わる仲間や、連絡方法についても同じことが言えます。私たちは、電話が鳴る音をできるだけ低くし、やっと聞こえる程度にしておきました。とはいえ、それが鳴っている時に、だれが廊下を通らないともかぎりません。

それに、表通りを往来する好奇心に満ちた人の目が、ただの小さな時計店が大繁盛しているのを見て、いつまで怪しまずにおられるでしょうか。修理の仕事が要求されているのは事実です。

たくさんの顧客が相変わらず店に来ていました。それにしても、人の出入りが多すぎます。夕方になると特にそうでした。今では、外出禁止時間は午後七時と決められていました。日が長くなる春や夏だと、工作員たちが合法的に町を歩ける夜間の時間が少しもないことになります。

一九四三年六月一日、外出禁止時間になる一時間半ほど前のことでした。私は、いらいらしながら作業台のうしろにすわって、あれこれ考えを巡らしていました。六人の工作員は、まだ帰っていません。それに、七時までに片付けておかねばならない仕事の手はずが、山ほど残っているのです。

その一つは、月初めであるため、フレッド・クルンストラが運んでくる新しい食糧配給券です。一年前には、途方もない数だと思っていた百冊の券も、今では必要を満たすには足りないほどです。フレッドは、もはや何人かいる供給業者の一人にしかすぎず、盗んだ券の一部ははるか遠くのデルフトからも届けられていました。でも、このような状態をいつまで続けることができるの？　私は思案しました。いつまでこの不自然なルートを当てにすることができるのだろう？

その考えは、裏口玄関のベルの音でさえぎられました。ベッツィーと私が、ほとんど同時に応待に出ました。裏道には、毛布でくるんだ小さな包みを腕に抱えた、若いユダヤ人女性が立っています。そばにいるのは、産院の研修医だとわかりました。

玄関に入った研修医は、その赤ん坊が未熟児であることを説明しました。母親はどこにも行き場がないので、彼女と赤ん坊を認められている期間よりも長く入院させておいた、と言うのです。ベッツィーが、赤ん坊を抱こうとして手を差し伸べました。そのとたんに、フレッド・クルンストラが、店に通じるドアを開けたのです。彼は、玄関に立っている人たちを横目でちらっと眺め、落ち着き払って壁の電気メーターのほうに行きました。

本物の検針係が来たと思い、若い研修医は真っ青になりました。よほど、彼にもフレッドにも、ほんとうのことを言おうかと思いました。しかし、地下グループの中では、顔見知りが少なければ少ないほど、全体のために安全なのです。気の毒な研修医は、あわててさよならを言い、そそくさと姿を消しました。ベッツィーと私は、母親と赤ん坊を食堂に連れて行き、フレッドが仕事をしやすいようにドアを閉めました。

ベッツィーは、夕食のために作った牛の骨をやわらかく煮込んだスープをお皿につぎました。赤ん坊が、弱々しいけど高い声で泣き出したので、母親が食事をしている間、私があやすことにしました。

私たちは新しい危険を背負い込みました。この小さな亡命者は、音を立てたらどうなるかを知るには、あまりにも幼いのです。それまでにも私たちは、一夜か数夜にわたって、多くのユダヤ人の子どもをベイヨイに泊めたことがあります。ところが、いちばん年少の子どもでも、自分が追われている身であることを知って、気味が悪いほど静かにしていました。でも、生まれて二週間しかたっていないこの客人は、世の中がどんなに非情であるかがまだわかっていません。この親子のために、ほかの家からずっと離れた隠れ場を、何とかして捜してやらなければなりません。

次の日の朝、完璧な解決策が店にやって来ました。それはハールレム郊外に住む、知り合いの牧師でした。彼の家は、通りから奥まった、木が生い茂る大きな公園の中にあったのです。

一つ一つのパズルがピースが合わさっていくのを感じながら、私は声を弾ませました。

「先生、おはようございます。どんなご用でしょう？」

彼が修理のために持って来た時計を調べてみると、今時なかなか手に入らない部品が必要なことがわかりました。「先生、できるだけのことはいたしましょう。ところで、折り入ってお話ししたいことがあるんですが。」

「話したいことですって？」　牧師の目は曇りました。

私は彼を、店の裏口から二階の食堂へと引っぱって行きました。

「私のほうも、あるものを捜しているのですが。」　牧師は眉をしかめました。「先生のところで、ユダヤ人の母親と赤ん坊をかくまっていただけないでしょうか。そうでないと、この二人は間違いなく捕まってしまうんです。」

彼の顔から血の気が引きました。彼は私から離れて、激しい語調で言いました。

「テン・ブームさん！　私はあなたが、そのような非合法な地下運動に巻き込まれないように、心から願っていますよ。実に危険なことだ！　お父さんのことを考えてみなさい。それに身体の弱いお姉さんのことも！」

ショックを受けた私は、その牧師に「そこで待ってほしい」と言って階段を駆け上りました。ベッツィーは、新来者を表通りに面した窓からいちばん離れたところにある、ウィレムが以前使っていた部屋に移していました。私は母親の許可を得て、赤ん坊を借りてきました。私の腕に抱えられた幼いいのちには、ほとんど重さが感じられないほどでした。

私は食堂に戻り、赤ん坊の顔から覆いを取りのけました。

長い沈黙が続きました。牧師は身をのりだし、思わず手を伸ばして、毛布の中の握りしめられた小さなこぶしに触れました。彼は、一瞬、哀れみと恐怖が入り混じった表情を浮かべましたが、やがて突っ放したように言いました。「いや、絶対にだめだ！　このユダヤ人の子どものために、いのちを失うことにもなりかねない。」

気づかないうちに、父が戸口に立っていました。「コーリー、その子をわしに抱かしてくれ」と、彼は言いました。

父は、赤ん坊をいとしそうに抱き上げました。

白いひげで頬をなでながら、父は、赤ん坊のように青く澄んだ無邪気な目で、愛くるしい顔を見つめていました。それから、牧師のほうを見て言ったのです。「あなたは、この子のために、いのちを失うことになるとおっしゃる。でもわしは、そうなれば、わしの家族の名誉だと思っていますのじゃ。」

牧師はきびすを返し、荒々しく部屋の外に出て行きました。

こうして私たちは、あまり好ましくない解決方法をとるしかありませんでした。ハールレムの町はずれに、避難者たちが短い期間だけ身を潜める野菜農園がありました。そこは、すでにゲシュタポが来ていたこともあって、決して安全な場所とは言えませんでした。しかし、すぐに移れる場所といえば、そこ以外にどこにもありません。その日の午後、二人の工作員が母親と子どもをその場所に連れて行きました。

二、三週間たって、その農園が襲撃されたという情報が入りました。ゲシュタポが、母子の隠れている納屋にやって来た時、赤ん坊ではなく母親のほうがヒステリックな金切声を上げたということです。彼女も赤ん坊も、それにかくまっていた人たちも全員連行されてしまいました。それから彼らがどうなったか、だれも知りません。

＊　＊

私たちには電話局の交換台に友人がいましたが、私たちの話が盗聴されていないという保証は、どこにもありません。そこで、いざという場合を考えて、地下活動用の暗号文を考案しました。

「ここに、修理の必要な女物の時計があるのですが、主ぜんまいがありません。どこへ行けば手に入れられるか教えてくださいませんか。」（隠れ場を求めているユダヤ女性がいます。でも、いつものルートには適当な場所がありません。）

「ここに、文字盤に問題のある時計があります。文字の一つが浮き出て、そこに針が引っかかるのです。この種の修理のできる人をご存じでしょうか。」（ここに、一目見ただけでユダヤ人とわかる、困った人がいます。危険を承知で引き受けてくれる人を知っていませんか。）

「お気の毒ですが、あなたの置いて行った子ども用の時計が、どうしても修理できないのです。預り証をお持ちでしょうか。」（私たちの隠れ家の一つで、ユダヤ人の赤ちゃんが死にました。埋葬許可証が必要なのです。）

六月半ばのある朝、電話が鳴りました。「ここに、私たちの手に負えない男物の時計があります。修理できる人が、どこにもいないのです。その理由は、文字盤がとても旧式で……。」

顔立ちで、すぐユダヤ人とわかる男がいるという連絡です。この種の人物に隠れ家を用意するのは、とても困難なことでした。「その時計を持って来てください。私たちの店で、何とかできるものか見てみますから。」

その日の夕方、ちょうど七時に裏口玄関のベルが鳴りました。その時、私たちはまだ食堂にいて、バラの葉とさくらんぼうの茎で作ったお茶をすすっていました。窓に取りつけた反射鏡をのぞくと、横顔を見ただけで、なるほど旧式な時計だと驚いてしまいました。身体つきといい、着ているものといい、その姿勢まで、演芸場に登場する道化役のユダヤ人そっくりです。ドアまで駆け下りて、「さあ、お入りなさい」と声をかけました。

頭ははげており、耳は立ち、小さなめがねをかけた、三十代前半の細身の男性が立っていました。彼は、笑顔でていねいなおじぎをしました。私は、すぐに彼が気に入ってしまいました。

ドアが閉められると、彼はさっそくパイプを取り出し、こう言いました。「真っ先にお聞きしたいことがあります。それは、この良き友人であるパイプを捨て去るべきかどうかということです。このマイアー・モセルとパイプは、切っても切れない仲です。でも、親切なご婦人よ。もしたばこの匂いがお宅のカーテンにしみついて困るようでしたら、私は友人のニコチンに、いさぎよく別れを告げましょう。」

私は、声を立てて笑いました。今までこの家に来たユダヤ人の中で、陽気な顔をして、しかも私たちの家族のことを心配してくれたのは、この人がはじめてです。

「パイプは、どうぞ手放さないでください。私の父も、葉巻が手に入る時は吸っていますので。」

この言葉にマイアー・モセルは両手を広げ、大げさに肩をすぼめました。

「どうも、大変な世の中になったものですなあ！　野蛮人どもにすっかり荒らされてしまって、どこに期待が持てるというのでしょう。」

私は彼を食堂に案内しました。テーブルには七人の人が座っていました。隠れ家が見つかるのを待っているユダヤ人夫妻と三人の工作員、それから父とベッツィーです。マイアー・チセルの目は、父に吸い寄せられました。

「これは、これは。私たちの族長にそっくりの方だ！」と、彼は大きな声で言いました。

それは、父にぴったりの表現でした。「まさに選ばれた民の兄弟よ！」彼はユーモアを込めて言いました。

「ところで、おじいちゃん。あなたは詩篇の一六六篇を暗唱できますかな？」マイアーが尋ねました。

とたんに、父は笑顔になりました。もちろん、詩篇一六六篇など、あるはずがありません。詩篇は一五〇篇で終わっていますから、ジョークに違いありません。父にとって、聖書に関するジョークほど、お気に入りのものはないのです。

「何ですと、詩篇一六六篇ですと？」

「私が言ってみましょうか。」

その言葉に父が大きくうなずくと、マイアーはすらすらと暗唱しはじめました。

「それは詩篇一〇〇ではありませんか！」父はさえぎりました。しかし次の瞬間、父の顔はぱっと明るくなりました。詩篇一〇〇篇も六六篇も、歌い出しは同じなのです。マイアーは、「一六六篇」ではなく、「一〇〇、六六篇」と区切って言ったのです。父はしばらくの間、「詩篇一〇〇、六六篇か」と言っては、くすくす笑っていました。

八時四十五分になると、父は真鍮の飾りの付いた古い聖書を棚から下ろしました。そしてエレミヤ書を開き、昨晩の続きを読もうとしましたが、ふいに思いついたように、テーブルの向かいにいるマイアーに聖書を回しました。

「今夜は、あなたが読んでくださるなら、私たちにとって大変光栄なことです。」

マイアーは聖書を恭しく受け取り、立ち上がりました。ポケットから出した小さな祈禱帽をかぶった彼は、半ば歌い、半ば哀願するような調子で、のどの奥から、いにしえの預言者の言葉を語りはじめました。その声は、とても感情を込めており、切々と訴えるものがあったので、あたかも捕囚の民自身の叫びを聞いているような感じがしました。

マイアー・モセルはあとになって、自分は以前、アムステルダムのユダヤ教会堂の先唱者《カントール》であったことを打ち明けました。彼は、いかにも陽気そうですが、ずいぶん苦しい目に遭ってきました。マイアーの家族のほとんどは捕まっていました。奥さんや子どもたちは、北にある農場に隠れています。ところが、そこの主人はマイアーを受け入れることを拒否したのです。「はっきりした理由があったんですよ」と、彼は自らの目立ちすぎる特徴を自嘲するかのようでした。

この愛すべき人物はずっとベイヨイにいたほうがいいと、私たちは徐々に思うようになりました。なるほど、ここは理想の場所ではないかもしれません。でも、マイアーにとっては今のところ、ここ以上の場所はないのです。

ある晩、私は彼に言いました。「少なくとも、あなたの名前だけは不利にならないように変えなくては。」ウィレムが教会史を学んでいたころから、十四世紀の教父エウセビオスのことが私の頭にありました。

「これから、あなたをエウセビオスと呼びますよ。」こう私は決めてしまいました。その時、私たちはタンテ・ヤンスの通りに面した部屋にいましたが、そこにはキックのほかにも、何人かの青年が同席していました。この人たちは、外出禁止時間以降の外出を認める偽造の許可証を持っていました。

マイアーは反り返って、物悲しそうな目つきで天井を見つめました。やがて、口にくわえていたパイプを取り、「エウセビオス・モセルか」と語感を味わいました。「いや、どうも響きがよくないようだ。エウセビオス・ジェンタイル（異邦人）・モセルがいい。」

一同は、つられて笑いました。ベッツィーが口をはさみました。「ばかなことを言ってないで、名前だけじゃなく名字も変えなくっちゃ！」

キックが、いたずらっぽく父を見ました。

「おじいちゃん。スミットはどうだろう？　この名の人は、最近多いようだから。」

「たしかにそうだ！　そいつは、すごく流行ってきた名字だ。」父は、からかわれているとは知らず、大まじめに答えました。

こうして、エウセビオス・スミットが誕生したのです。

マイアーの名前を変えることは簡単でした。じきに、彼は「ウーシー」と呼ばれるようになっていきました。このウーシーにユダヤ人のおきてに反する食物を食べさせることは、並たいていのことではありませんでした。

私たちオランダ人は、どんな食べ物でも大喜びで口にしました。占領されて三年目になっていたので、配給されるものは何でも手に入れようと何時間でも並んで待つようになっていたのです。

ある日、四の番号の付いた配給券は豚肉のソーセージと引き換えられる、と新聞で報じられました。ここ何週間も、お目にかかったことのない肉です。いそいそと、ごちそうの用意に取りかかったベッツィーは、あとでほかの料理の味付けにと、肉を焼いた時に出た肉汁を一滴残らず大切にとっておきました。ベッツィーは、湯気の立つ豚肉のソーセージとじゃがいもの蒸し焼きを運んで来て、こう言いました。「ウーシー、とうとう覚悟していただく時が来ましたよ。」

ウーシーは、パイプの灰をたたき落とし、大声で窮状を訴えました。今まで、ユダヤ教の戒律にかなうものだけを食べ、由緒ある家族の長男であるマイアー・モセル・エウセビオス・スミットは、豚肉を食べるように強制されているのです。

ベッツィーは、ソーセージとじゃがいもをよそって、「さあ、召し上がれ」と勧めました。肉に飢えた私たちの嗅覚《きゅうかく》に、たまらなく食欲をそそる匂いが流れてきます。ウーシーは、舌で唇をぬらして、「もちろん、タルムード（ユダヤ教の律法と解釈集）の中には、豚肉を食べてもいいという箇所があるはずです」と弁解しました。彼はフォークを使って肉を切り、口にほおばりると、天を仰いだその目には、いかにも満足そうな色が浮かびました。「食事が終わったら、その箇所がどこにあったか捜してみます。」

ウーシーの到来が、最後のためらいを打ち壊したかのように、それから一週間以内にベイヨイに新たな三名の長期滞在者が加えられることになりました。その最初の人物は、新しく私たちの店の従業員となったヨップです。彼は、郊外にある実家から毎日通っていましたが、二度も工場労務員として連行されそうになりました。二度目の時に、両親が私たちの家に住まわせてくれないかと頼んだので、引き受けることにしたのです。

あとの二人は、若い法律家のヘンクと教師のリンデルトです。リンデルトは、ベイヨイの秘密の生活に、特に大きな貢献をしてくれました。彼は非常警報装置を取り付けてくれたのです。

そのころでは、夜間、ピックウィックのところに遠出するのも、キックと同じくらいにうまくなっていました。ある夕方、感謝を込めてコーヒーを飲んでいると、例の斜視の友人がそばに寄って来ました。

「コルネリア」と、彼は大きな身体をビロード張りの椅子に窮屈そうに沈めて、講義を始めました。「あなたの家には、非常警報装置が付いていないそうですな。これは、とんでもないことです。それに、あなたのところにいる客人たちのために、定期的に退避訓練を実施しておられないということだが――」

ピックウィックが、ベイヨイでのことを何でもお見通しなので、私はいつも驚かされます。

彼は言葉を続けました。「襲撃はいつあるかわからない。今の状態で、あなたがたがどのようにして襲撃から逃れるのか、私にはわかりません。たくさんの人が店に出入りしているし、それに筋向かいのカンの家には、国家社会主義党員が目を光らせているんですよ。

あなたのところにある秘密の部屋は、もし一定の時間内にそこに逃げ込めないとしたら、何の役にも立ちません。私は、リンデルト君をよく知っています。彼は頼りになる男で、しかも非常にすぐれた電気技師です。彼に頼んで、通りに面した部屋のドアと窓すべてに非常警報器を付けさせなさい。それから、あなたの客人たちが、何の痕跡も残さずに一分以内に姿を消せるよう、訓練するのです。その指導のために、さっそくだれかを送ることにしましょう。」

リンデルトは、その週の終わりに電気工事に取りかかりました。彼は、いちばん上の階段の近くに警報器を付け、家の中には聞こえても、外からは聞こえないように調節しました。それから万一の場合に、いち早く異常に気づき、しかも通報に有利な場所に押しボタンを隠しました。

まず、食堂の窓敷居の下の裏口玄関を映し出す反射鏡のすぐ下に、それから玄関に入ってすぐの廊下の壁に、またバルテルヨリス通りに面した正面玄関の内部に取り付けました。彼はまた、店の帳場のうしろと一つ一つの作業台、それにタンテ・ヤンスの部屋の窓の下にも付けました。

こうして、最初の退避訓練をする準備が整いました。屋内にいる、身分を知られては困る四名の人たちは、すでに、一日に二度は秘密の部屋を使っていました。朝、夜着や寝具類、化粧道具をしまう際と、夜になって、日中身につけていたものを入れる時です。

どうしても泊まらなければならなくなった地下グループのメンバーも、レインコートや帽子、その他の身の回り品一切をこの部屋に隠すことにしました。こうして、ただでさえ狭い私の部屋――今では、以前より一ヤード（約九十センチ）近くも狭められていました――への人の出入りは、かなりなものになりました。幾晩もの間、まさに眠りにつこうとする時に、長いガウンを着て、ふさの付いたナイト・キャップをかぶったウーシーが、秘密の羽目板越しに日中の衣服を押し込んでいるのを夢うつつで見ていたものです。

でも、訓練の目的は、日中または夜間のどんな時間でも、何の事前通達もなしに、どれくらい素早く秘密の部屋に身を隠せるかを試すことにあります。ある朝、青白い顔をした背の高い青年が、訓練を実施するためにピックウィクのところから遣わされて来ました。

「スミットだって！」父は彼の自己紹介を聞いて、すっとんきょうな声を上げました。『とても信じられんことだ！　ここのところ、スミットが入れ替わり立ち替わり訪ねて来る。ところで、きみは、どうもあの人によく似ているな――」

スミット氏は、家系を詮索しようとする父を受け流して、私のあとに付いて階段を上りました。

「食事どきは、襲撃するのにかっこうの時間です。それに真夜中もいい」と彼は説明しました。そして、部屋から部屋を足早に見て回り、三人以上の人が家の中にいるという証拠をあげました。

「ゴミ箱と灰皿に注意することです。」

彼は、ある寝室のドアを開けて立ち止まりました。「もし襲撃が夜の場合は、シーツと毛布を片付けるだけでは不十分で、マットレスを裏返しておく必要があります。ベッドのぬくもりをチェックするのが、彼らの得意とするやり方ですからね。」

スミット氏は、私たちと昼食をともにすることにしました。その日、テーブルに着いたのは、前の日の晩に来たユダヤ女性、ユダヤ人の夫を持つ女性と小さな娘、それに「エスコート役」を務める地下グループの人たちを含めて全部で十一人でした。三人の客人は、食事が終わるとすぐ、ブラバントにある農場に行く手はずになっていました。

ベッツィーが、わずかな材料を駆使して作ったシチューを配り終えた時、何の予告もなしに、スミット氏は椅子に座ったまま身体をうしろにそらせ、窓の下のボタンを押しました。

階段の上から警報音が響いてきます。居合わせた人たちは飛び上がり、コップや皿を持って、われ先にと階段を上って行きます。驚いた猫がカーテンに飛ついて、よじ登りました。「もっと速く！」「そんなに音を立てないで！」「ほら、こぼれている！」父とベッツィーと私が三人で食事をしているように見せかけるため、大あわてにテーブルの上を片付け、椅子を動かしているうしろで、スミット氏がうるさく指示します。

「私の分まで片付けるとは、あんまりですよ。お客様には、食事を勧めるべきではありませんか。それに、小さな娘さんとお母さんも食堂にいてよかったんですよ。」

やっとのことで、残った人たちが再び席に着きました。階段の上は静まり返っています。

ブザーが鳴ってから、四分たっていました。

しばらくして、食堂のテーブルの周りに全員が集まって来ました。スミット氏は、動かない証拠になるものを並べました。スプーンが二つ、階段の上に落ちていたにんじん一本、それから、だれも使っていないはずの寝室にあった、パイプたばこの灰です。だれもがウーシーを見つめると、彼は耳たぶの先まで赤くなりました。

スミット氏はさらに、食堂の壁にかかっている母親と娘の帽子を指さしました。「あれも不合格です。隠れる前に、自分が何を持って来たかをまず考えるべきです。それに、あなたがたはみな、動作がのろすぎる。」

翌日の夜、私が警報を鳴らすことにしました。今度は、一分三十三秒だけ時間を短縮することができました。五回目のテストでは、二分の短縮にまでこぎつけました。一分以内というピックウィックの理想には、ついに到達することができませんでした。しかし、訓練によって、どんなことをしている時でも、隠すべき人たちを七十秒で秘密の部屋に押し込めることができるようになってきたのです。

ゲシュタポが店のドアから入って来た時のことを考えて、父とトゥースと私は、「時間かせぎ作戦」を考案しました。ベッツィーも、裏口玄関からの場合に備えて、同じ手口を使うことにしました。このような引き延ばし戦術によって、生命の救助につながる七十秒を何とか生み出そうとしたのです。

ところが、この退避訓練は、何の前触れもなくいきなり始められるので、客人たちの間に恐れに似た感情を植えつけることになりました。そこで私たちは、この時間が神経をすり減らすものにならないようにと、いろいろ工夫をしました。私たちは一人一人に、「ゲームみたいなものですよ！　新記録が生まれる楽しみのある競技ですよ」と伝えました。

地下グループの一人が、隣の通りでパン屋を経営していました。月初めに、私は彼のところに砂糖の配給券を届けることにしていました。私は、退避訓練を実施しようと決意すると、彼の店に行って、シュークリームをもらい受け――それは甘いもののなかった当時、言葉に表せないほどありがたいものでした――作業台の引き出しにしまっておきました。訓練がうまくいくと、報奨として出すためです。

　このシュークリームの注文の量は、回を追うごとに増えました。というのは、私たちの組織に入ろうとしていた前の四人のほかに、三人の長期滞在者が加えられたからです。スィア・ダコスタ、メタ・モンサント、それにメアリー・イタリーです。このメアリー・イタリーは、客人の中では最年長の七十六歳である上に、ぜんそく持ちでした。メアリーが家の中に入ったとたんに、ぜいぜいという音が聞こえてきたので、ほかの人たちは、彼女を仲間にすることを嫌がりました。

　彼女の病気が、他の人たちの安全を脅かさないともかぎらないので、全員で相談することにしました。もっとも関係のある七人――ウーシー、ヨップ、ヘンク、リンデルト、メタ、スィア、それにメアリー自身――そのほかに父とベッツィーと私が、タンテ・ヤンスの部屋に集合しました。

　まず、私が口を開きました。「心の中で、ああだこうだと考えていても始まりません。メアリーは、目に見える疾患を持っています。特に、階段を上った時の息切れがひどく、あなたがた全員を危険にさらすかもしれません。」

　その後の沈黙の中で、メアリーの苦しそうな呼吸音がひと際大きく聞こえました。

「話してもいいかな?」と、ウーシーが尋ねました。

「もちろんです。」

「私たちがここにいる理由は、何かしら問題を抱えているからだと思うんだ。私たちはみな、ほかのだれかに望まれていない、いわば孤児のようなもの。しかも私たちは、それぞれにお互いの存在を危険にさらしている。だから私は、メアリーがここに滞在することに賛成するよ。」

「そうだ。全員の意見で決めることにしよう。」法律家のヘンクが提案しました。

手がばらばらと上がりました。メアリーは、いかにも言いにくそうにしていましたが、やっとのことで口を開きました。「無記名投票がいいと思います。だれも気まずい思いをしないですみますから。」

ヘンクは隣の部屋から一枚の紙を持ってきて、九等分しました。彼は細長い紙片をベッツィーと父と私にも渡しました。「私たちが見つかったら、あなたがたも同じ運命になります。だから、あなたがたも投票に加わってください。」

次に彼は、一本ずつ鉛筆を渡しました。「メアリーを仲間にするのは危険だと思ったら、『ノー』と書いてください。ここにいてもいいと思う人は『イエス』です。」

鉛筆の走る音が止むと、ヘンクは折りたたんだ用紙を集めました。全員が押し黙っている中で、彼は開票し、全部の紙切れをメアリーのひざの上に載せました。

九枚の紙切れには、どれにも「イエス」と書いてありました。

こうして、私たちの「ファミリー」が結成されました。ほかの人たちは、私たちのところに、せいぜい一日、長くて一週間いるだけでしたが、この七人はずっと滞在し、それぞれが楽しい一家の中心となりました。

このような時に、しかもこのような環境の中で、楽しい雰囲気をかもし出せたのは、ベッツィーに寄るところが大きかったと言わなければなりません。

ベイヨイの客人たちの生活は、きわめて制限されたものであったため、ベッツィーの演出する夕べの一時は、彼らにとって広い世界への門口となりました。時には、コンサートを開きました。リンデルトがバイオリンを弾き、磨き抜かれた音楽家のスィアがピアノを弾きました。

「今夜は、ヴォンデル（オランダのシェークスピア）の夕べにしましょう。」こうベッツィーが発案すると、それぞれが各パートに分かれて、せりふを読みます。彼女は、一週に一度はウーシーにヘブ

1943年のベイヨイの「ファミリー」
コリー（左端）、父（左から2人目）、ベッツィー（右から3人目）、ユダヤ人の客、そしてオランダ人の地下活動家たちで構成されていた

ル語講座を依頼しました。別の日には、スィアがイタリア語を教えました。

そのころでは、夕方になってからの活動は、ごくわずかしかできませんでした。毎夜の送電時間が短くなっていたからです。ろうそくは、いざという時のために取っておかなければなりません。

電燈の明かりがゆらめき、薄暗くなると私たちは食堂に駆け下りました。部屋の中には、私の自転車が立ててあります。一人がそれにまたがると、ほかの者たちは椅子に座ります。乗り手が懸命にペダルを踏むと、ヘッドライトが徐々に明るくなります。その明かりを頼りに、当番の者が昨夜の続きを読んでいきます。歴史、小説、演劇の本を読んでいく声がかすれ、ペダルを踏む足が疲れるので、読み手も乗り手も、何度も変わる必要がありました。

父は、九時十五分の祈りが終わると、判で押したように二階に上がって行きました。しかし、ほかの者たちは団らんの場を去りがたく、一日に終わりを告げるのが心惜しくて、引き続き残っていました。やっとのことで、それぞれが割り当てられた部屋に戻りかけると、ウーシーは期待を込めて言うのでした。

「きっと今夜は、退避訓練があるぞ！　もうかれこれ一週間というもの、シュークリームにありついていないからなあ。」

八　嵐の前触れ

　夕方の時間が楽しいということは、日中の緊張度が増してきた証拠です。私たちの組織は相当大きくなり、張り巡らしたネットワーク網も、かなり広がっていたのです。

　私たちは、かれこれ一年半というもの二重生活を強いられてきました。表向きは、相も変わらず年老いた時計職人が二人の未婚の娘と生活しているだけです。ところが実際には、ベイヨイは、オランダのすみずみまで拡張された地下組織の中心となっていたのです。ここには毎日、何人もの工作員が立ち寄り、各種の情報や請願が届けられます。遅かれ早かれ、私たちは何らかの失敗をしでかすに違いありません。

　特に気がかりだったのは、ほかでもない食事時でした。そのころは、三度三度の食事のたびに、あまりにも多くの人が集まるようになっていたので、食堂のテーブルの周りに椅子を斜めに並べないと入りきらない始末でした。わが家の猫には、この配置がお気に召したようでした。ウーシーは、このペットに「マヘル・シャラル・ハシュバズ」というヘブル名を付けました。『獲物をねらって急ぎ、餌食に飛びかかる」というぴったりの意味です。椅子が隙間なく並べてあるので、ハシュバズ君はのどを鳴らしながら、私たちの肩伝いにテーブルを一周するのでした。

私にとっては、この人数が多すぎるということが頭痛の種でした。食堂は路上からたった五段ほどしか高くないので、背の高い通行人からは窓越しに家の中が丸見えです。そこで遮蔽《しゃへい》の役目と明かり取りのために、白いカーテンを掛けることにしました。それでも、夜になって燈火管制用の厚い暗幕を下ろすまでは、ほっとすることができないのでした。

あるお昼時のことです。薄いカーテン越しに、外にだれかが立っている気配を感じました。しばらくして、もう一度見直すと相変わらず人影があります。ベイヨイの中の様子に好奇心を持たないかぎり、そんな場所に、じっとしているはずがありません。私は立ち上がって、カーテンをほんの少し開けてみました。

二、三フィート離れたところに、ノーリーの家にいる年老いたカトリーンが、何か恐ろしさのために硬直したかのように棒立ちになっているではありませんか！

私は急いで階段を駆け下り、ドアを開け、彼女を中に引き入れました。八月だというのに、この年老いた女性の手は氷のように冷えています。「カトリーン！　いったいあなたは、こんなところで何をしているの？　どうして外にじっと立っていたの？」

「あの方が気が変になったんです！　あなたのお姉さんが、おかしくなったんです！」　彼女は泣きじゃくりました。

「ノーリーが？　いったい何があったというの？」

「やって来たんです！　秘密警察が！　どうしてかぎつけたのか、またどれが密告したのか、わかりません。あなたのお姉さんとアナリセは居間にいました。ところがお姉さんは言ってしまったんです！」再び彼女はしゃくり上げました。「言ってしまったんですよ――」

「何を言ったというの？」ほとんどどなるように私は尋ねました。

「秘密警察はアナリセを指さして、『これはユダヤ人か』と聞きました。すると、あなたのお姉さんは『そうです』と答えたんです！」

急に、両ひざから力が抜けるのを感じました。ブロンドの若くて美しいアナリセは、完璧な身分証明書を持っていました。それに彼女は、私たちを心から信頼していたのです。ああ、ノーリー、ノーリー、あなたの融通のきかない馬鹿正直は、とんでもないことをしでかしたのよ。「それで、どうなったの。」私は、息を弾ませて尋ねました。

「それから先はわかりません。私は裏口から逃げて来ました。あなたのお姉さんは、頭がおかしくなったんです！」

私はカトリーンを食堂に残し、急いで自転車を下に下ろしました。それから、ノーリーの家を目ざして、激しく揺れながら一マイル半の道のりを全速力で飛ばしました。

ワーゲンウェッグの空は、いつものように広く感じませんでした。私はボス・エン・ホーベン通りの曲がり角まで来ると自転車を下り、街路燈の柱に立てかけました。息づかいは荒く、心臓は口から飛び出そうなほどでした。それからしばらくして、私は何食わぬ顔でノーリーの家のほうに向かい、歩道を歩き始めました。

家の真正面に自動車が駐車しているほかは、特に変わった様子は見られません。私は、そのまま通り過ぎました。白いカーテンのうしろでは、物音一つ聞こえません。この家が、近所の同じような造りの家と違っている点は、何一つなさそうです。

角まで行って、引き返しました。その時、ドアが開いてノーリーが出て来ました。焦げ茶色の制服を着た男が、うしろからついて来ます。一分ほどして、第二の男がアナリセを半分引っぱり、半分支えるような格好で姿を現しました。その顔は蒼白《そうはく》でした。車まで行くのに、アナリセは二度ほど、危うく気を失いそうになりました。車のドアは音を立てて閉められ、エンジンの音をとどろかせて去って行きました。

心配のあまり、涙がこぼれそうになるのをこらえながら、私はベイヨイへと懸命にペダルを踏みました。ノーリーは警察に連行され、留置場に入れられたことがすぐにわかりました。けれどもアナリセは、アムステルダムにある古い劇場に送られました。ユダヤ人たちは、そこからドイツやポーランドに散在する死の収容所に移送されることになっていたのです。

ノーリーとの接触を引き受けたのは、気苦労でやつれ、小柄で腰の曲がったあのミッチェでした。実はそれまで、彼女のことはあてにしていなかったのです。このミッチェの報告によると、ノーリーは生き生きとしており、美しいソプラノで賛美歌や歌などを歌っているということでした。

人を裏切ったというのに、どうして歌など歌えるのでしょう。ミッチェは、ベッツィーがノーリーのために毎朝焼くパンとか、ノーリーが差入れを頼んだ花の刺繍のついた彼女のお気に入りの紺のセーターを届けてくれました。

ミッチェはまた、ノーリーから私宛てのことづけを伝えてくれました。「アナリセには、どんな危害も加えられません。神様は、彼女がドイツに送られるのを決してお許しにはなりません。神様は、彼女を苦しみから救い出してくださいます。それは私が神に従ったからです。」

ノーリーが捕まってから六日目に電話が鳴りました。ピックウィックの声が、受話器に響きます。「コーリー、すまないけど、時計を私のところに届けてくれませんか。」

電話では話せないことがある、というのです。私はすぐ自転車に乗り、安全を期して男物の時計を持ってアールデンフートに向かいました。

ピックウィックは、玄関のドアが閉まり、私が応接間に入るのを待って口を開きました。「アムステルダムのユダヤ人劇場が昨夜、暴徒に襲われたということです。四十人のユダヤ人が救出されました。その中の一人の若い女性が、『アナリセは自由の身になった』とノーリーに知らせてほしいと、しつこく頼んでいたそうです。」

彼は、間隔のあいた目の片方を私に向け、「あなたには、この意味がわかりますか?」と言いました。

安堵感と喜びのあまり、言葉を失った私はただうなずくだけでした。それにしても、ノーリーはどのようにしてアナリセの安全を知ったのでしょう? 彼女は、どのようにしてあのような確信にあふれていたのでしょうか。

＊　＊

ノーリーは、ハールレムの留置場に十日間いたのち、アムステルダムの州刑務所に移されることになりました。

ピックウィックによると、刑務所内の病院の責任者であるドイツ人医師は人情味のある人物で、時たま健康上の理由をつけて退所手続きを取ってくれる、ということでした。

その医師に面会を求めて、さっそくアムステルダムに行きました。しかし、彼の家の玄関の広間で待っている間、どのようにして話を切り出したものかと、とまどってしまいました。どのようにしたら、この医師に取り入ることができるでしょうか。

たまたま三匹の大きなドーベルマンが、時々、私の手や足のにおいをかぎながら部屋の中をうろついているのが目に入りました。それを見ているうちに、自転車のヘッドライトの明かりを頼りに読んだ『友人を獲得し、他人に影響を及ぼす方法』という本を思い出しました。デール・カーネギーの唱えたテクニックの一つに、「相手の趣味を捜し出せ」というのがあります。この場合の趣味は、犬かしらと考えてみました。

取り次ぎのメイドが戻って来て、小さな居間に案内されました。ソファーに座る白髪の紳士に向かって、私は声をかけました。「先生は、とても生活の知恵がおありなんですね。」

「生活の知恵だって？」

「ええ、そうです。先生は、かわいい犬を飼っています。ご家族と遠く離れている時に、この犬たちは、きっと寂しさを和らげてくれるでしょうから。」

医師は嬉しそうに言いました。「あなたは、犬が好きですか。」

私の知っている犬といえば、ハリー・デブリーズの連れていたブルドッグぐらいのものです。

「私が好きなのはブルドッグです。先生は、ブルドッグはお好きですか？」

「気がつかない人が多いようだが、ブルドッグはとても優しい気性なんだ。」その声には熱がこもっていました。

私は、それまで聞いたり、読んだりしたことを総動員して、約十分間というもの犬談議の相手になりました。そのうち、医師が不意に立ち上がりました。「ところで、あなたはまさか犬について話すために来たのではあるまいね？　いったい何のために来たのかな？」

その視線をまともに受けて、私は白状しました。「実は、私の姉がアムステルダムの刑務所にいるのです。姉が健康を害しているのではないか、心配しているのです。」

医師の口もとが、ほころびました。「やっぱり、あなたは犬のことなど興味がなかったんですね。」

私は、ほほ笑み返しました。「今では犬に興味を持つようになりました。でも、姉のほうにもっと大きな興味があります。」

「ところで、お姉さんの名は？」

「ノーリー・ヴァン・ブールデンと申します。」

医師は部屋を出て行き、茶色のノートを手にして戻って来ました。「最近入所した人だな。お姉さんのことについて、話してくれませんか。なぜ刑務所に入れられたんですか。」

ここぞとばかり、私はノーリーの罪状は、ユダヤ人をかくまったことだと説明しました。また、彼女は六人の子どもの母親で、もし子どもたちが母親の助けを失ったら、国家にとっても重荷になるとまくし立てました。（いちばん年下の子どもが十七歳になることなどは黙っていました。）

医師は居間のドアのところに行きました。「何とかなるか、ともかく考えてみましょう。今日は、これで勘弁してください。」

　ハールレムへの帰りの汽車の中で、ノーリーが捕まってからはじめて希望が湧いてきました。ところが一週間が過ぎ、二週間が過ぎても、ノーリーについてのその後の情報はいっこうに伝わってきません。そこでもう一度、アムステルダムに行ってみることにしました。

「ドーベルマンがどうしているか見に来ました。」私のあいさつに、医師は前のように愉快そうな表情は浮かべませんでした。「私を煩わせないでほしい。あなたが犬の話をするために来たのでないことは、わかっている。もう少し時間をくれませんか。」

　こうして、待つよりほかに方法がなくなりました。

＊　＊

　空の澄んだ九月の真昼時、食堂のテーブルの周りには十七名の者がひしめき合っていました。突然、私の向かい側にいるニルスの顔から血の気が引いていきました。私たちの工作員の一人であるニルスは、年老いたカトリーンが無事にアルクマール北部の農場に着いたことを知らせに来ていたのです。彼は、声を殺して言いました。

「みんな、そのままの姿勢で動かないように。カーテンの上から、だれかこっちをのぞいている。」

カーテンの上から！　でも、そんなことは不可能です。そんな人間がいるとしたら、身長が十フィート（約三メートル）はなければなりません。テーブルの上に重苦しい沈黙がよどみました。

「はしごに乗って、窓を洗っているよ。」ニルズの言葉に、ベッツィーが答えました。

「窓を洗うようにお願いした覚えなど、ないわよ。」

とにかく、そこに立っているのがだれであれ、私たちは何か悪いことでもしたかのように、身動きもせずに、押し黙っているべきではありません。ウーシーが霊感に打たれたように、「ハッピー・バースデー、バースデー……」と歌い出しました。全員がその意図に気づいて、元気よく「ハッピー・バースデー、おじいちゃん……」と声を合わせました。

歌声がベイヨイ中にこだましている中、私は表玄関から外に出ました。はしごのそばに立ち、バケツにスポンジを持っている男の人を見上げました。

「何をしているんですか？　うちは窓を洗うように頼んでいませんよ。今は、パーティーの最中なんですから。」

男は、ズボンのうしろのポケットから紙切れを出し、見つめました。「ここは、カイパーさんのお宅ではないんですか。」

「カイパーさんなら、通りの向かい側です。とにかく中に入って、誕生会に加わりませんか？」

彼は、頭を振りました。感謝をしながらも仕事があるからと辞退しました。彼がはしごを持ってバルテルヨリス通りを横切り、カイパー菓子店に行くのを私はじっと見ていました。

　食堂に引き返すと、「どう？　うまくいった？　あの男がスパイをしていたと思いますか」と、質問攻めにあいました。私には答えることができませんでした。わからなかったからです。

　わからないということは、いちばん扱いにくいことです。いちばんわからないことの一つに、もし不意に尋問されたら、どのように反応するかということがありました。目が覚めている間は、自分自身に自信が持てますが、寝込みを襲われたらどうなることでしょう。

　何度も何度も、ニルズ、ヘンク、リンデルトなどグループの人たちが、私を試す役を買って出ました。彼らは何の前触れもなく、寝室に踏み込んで来て、私を揺り起こしてはいろいろと質問を浴びせかけるのでした。

　最初のテストの時は、本物の襲撃と勘違いしてしまいました。寝室のドアは力任せに叩かれ、続いて、懐中電燈の光が私の目を射ました。「さあ、起きろ！　立つんだ！」どなっている相手の顔が、私には見えません。

「おまえは、九人のユダヤ人をどこに隠しているんだ！」

「今は、六人のユダヤ人しかいません。」

　とたんに、恐ろしいほどの静寂があたりを覆いました。部屋の明かりがつけられると、両手で頭を抱え込むラルフの姿が浮き上がりました。「とんでもないことだ。とんでもないことだ。最低の出来だ。」彼は繰り返して言いました。

ラルフのうしろにいるヘンクが、口をはさみました。「ゲシュタポは、あなたを罠に掛けようとするんですよ。こんな場合は『ユダヤ人ですって！　ユダヤ人など、ここにはいません』と答えるべきです。」

「もう一度やってくれませんか。」

「いや、今はだめです。あなたは、すっかり目が覚めてしまったから。」

二、三日過ぎた夜に、再びテストがありました。「おまえたちのかくまっているユダヤ人たちは、いったいどこから来たんだ。」

私は、寝ぼけまなこで起き上がりました。「わかりません。いつの間にか、この家に来ていたんです。」

ラルフは、帽子を床に投げつけ、大声でなじりました。「だめ、だめ、だめ！『ユダヤ人ですって。ユダヤ人など、ここにはいません』と答えなくちゃ！　まだ、わからないんですか。」

「答えられるように努力してみます。今度は、きっとうまくやります。」

約束どおり、次の回は目覚めた時、今までより頭がはっきりしていました。部屋には数名の人影があります。その中の一人が「おまえは、どこに食糧配給券を隠しているか！」と、おどしました。

もちろん、いちばん下の階段の中です。しかし今度は、たやすく罠に掛からないように注意しているうちに、頭をうまくはたらせました。「廊下の壁にかかっている柱時計の中よ！」キックが私のそばに座り、肩に手を回しました。「コーリーおばさん。今度は上出来だったよ。でも、コーリーおばさんとベッツィーおばさん、それにおじいちゃんの三人のほかには、配給券がないことをしっかり覚えておかなくちゃ。ここには地下運動などない。だから、おばさんは彼らが何を聞いているのか、理解できないはずだよ。……」

テストの回数が重なるにつれ、私は次第にうまく答えられるようになりました。でも、本番になったら、どうでしょう？　相手から真実を吐き出させる訓練を積んだ本物のゲシュタポが来たら、私はどのように反応するでしょうか。

＊　＊

ウィレムは、地下運動の関係でたびたびハールレムを訪れるようになりました。その顔には不安で刻まれたしわだけでなく、どこか絶望のようなものが見られるようになりました。

ウィレムの養護施設は二度、ドイツ兵たちに踏み込まれていました。そこにまだ住んでいるユダヤ人の大半は、うまくごまかすことができました。ところが、病気で目の見えない高齢の女性は、ついに連れ去られる羽目に陥ったのです。

「九十一歳だというのに！」ウィレムは続けて言いました。「彼女は歩くことすらできなかった。だから、自動車まで運ばれて行ったんだ」と。

それまでは牧師という公職のため、ウィレムは自分のためにもティンのためにも、直接行動に出ることはできませんでした。ところが彼の話によると、以前より監視の目が厳しくなったということです。それで彼は、ハールレムに来る口実のために、毎週水曜の朝ベイヨイで祈禱会を開くことにしました。

ところが、ウィレムは型にはまったことは何一つできない性分です。祈りとなると、ことにそうです。そのため集会には、占領四年目を迎えて何かにすがろうとする多くのハールレムの住民たちが群がるようになりました。

祈禱会に出席するほとんどの人は、ベイヨイに二重生活のあることなど、夢にも考えていませんでした。この人たちと、狭い階段を上り下りする地下グループの工作人や世話人とがすれ違うことになったので、新たな危険を呼ぶ可能性があります。反面、このような一見して地下運動とは何の縁もないとわかる人々の出入りには、プラスの面がありそうです。少なくともこのことが、私たちにとっては希望でもあったのです。

ある晩、外出禁止の時間になってから、私たちは夕食のテーブルを囲んでいました。居合わせたのは、テン・ブーム家の三人と「長期滞在者」の七人、それに隠れ家を捜している一人のユダヤ人です。そのうちに店の呼び鈴が鳴りました。

閉店したというのに、お客が来たのでしょうか。しかも外出禁止の時間帯になったのに、バルテルヨリス通りに立っているとは、ずいぶん大胆な人がいるものです。私は、ポケットから鍵の束を出し、急いで階段を下りて仕事場のドアの鍵を開け、手探りしながら暗い店に出ました。表のドアの前で一瞬聞き耳を立て、「どなたですか？」と声をかけてみました。

「ぼくを覚えているかい？」ドイツ語を話す男性の声です。「さあ、どなたでしたか？」こちらもドイツ語で尋ねてみました。

「昔の友人が、ちょっと訪ねて来たんだ。さあ、ドアを開けてくれ！」

手探りで鍵を開け、用心深くドアを開けると、制服のドイツ兵が立っています。思わずドアのうしろの非常用ボタンに触れようとすると、その兵士は、いきなり中に押し入ってきました。帽子を脱いだその姿は、十月のたそがれの中で目を凝らして見ると、父が四年前に解雇した、あの若いドイツの時計職人だとわかりました。

「まあ、オットーじゃないの！」私は驚いて叫びました。

「オットーではなく、アルトシューラー大尉殿だ。」彼は、私の言葉を訂正しました。「ところで、テン・ブームさん、われわれの立場は、ちょっとばかり逆になったようだな。」

えりの記章を見ると、大尉どころかそれに近い階級ともかけ離れています。でも、私は黙っていました。彼は店の中を見回して、「昔と変わらない、風通しの悪い小さな店だ」と言いました。それから、壁の電気のスイッチに手を伸ばしたのです。

「だめです。店には、燈火管制用の暗幕がかかっていませんから。」

「それでは二階に行って、皆で昔のことでも話すことにするか。ところで、あのおいぼれの時計職人は、まだうろついているかい。」

「クリストフェルのことかしら？　あの人は去年の冬、燃料がないため、死んでしまいましたよ。」

オットーは肩をすぼめました。「やっかい払いができたというものだ。では、聖書を読んでいた、あの敬虔なお年寄りは？」

別のボタンのある、帳場のうしろに私は少しずつ近づいていました。「父は、とても元気ですよ。ありがとう。」

「そう。では、彼に敬意を表すために二階に上がってみたい。」

なぜ彼は、そんなに二階に行きたがるのでしょう。意地の悪い男が、中をのぞいてみるために来ただけでしょうか。それとも彼は、何かを疑っているのでしょうか。その時、指先がボタンにさわりました。

「あの音は、何だい？」オットーは、いぶかしげに振り返りました。

「今、ブザーの音が聞こえたが。」

「変ですねえ。私には、何も聞こえませんでしたよ？」

オットーは、仕事場のほうに上がって行きました。「待って！」と私は、懸命に呼び止めました。「まず、表のドアを閉めさせてください。そのあとで、いっしょに上に行きましょう。家族の者たちが、あなただと気づくまでに何分かかかるか、試してみたいから。」

私は、ドアのところでできるだけ手間どりました。明らかにオットーは、疑いを深めたようです。

やっと私は、彼のあとについて、うしろのドアから裏口玄関の廊下へと出ました。食堂からも、階段の上からも物音一つ聞こえません。私は、いきなり彼の先になって階段を駆け上がり、ドアを叩きました。

「お父さん、ベッツィー！」私は、作り声だとわからせるように意識して、大きな声をあげました。「ここにだれがいるか当ててもらうため、これから三つの……いえ、六つのヒントを出しますよ！」

「連想ゲームなど、している場合ではない！」

オットーは、私をどかせて、力いっぱいドアを開けました。

父とベッツィーは食事をしながら顔を上げました。テーブルには、三人分の食事が用意してあり、食べかけの私の皿も、横のほうに置いてあります。

あまりにもみごとな手ぎわなので、先ほどまで十二人が食べるのを見ていた私でさえ、平凡な老人が娘たちとつつましやかに食事をしている光景に、思わず目を疑うほどでした。「アルプスの時計」の看板は、サイドボードの上に置いてあります。ここにいた人たちは何もかも覚えていたのです。

招かれざる客のオットーは椅子を引き、得意そうに言いました。「どうです。世の中は、ぼくが言っていたようになったでしょう。」

「そのようですね。」父は、柔らかく受け止めました。

「ベッツィー、アルトシューラー大尉にお茶を差し上げてね。」

オットーは、ベッツィーのついだ紅茶を一口飲むと険しい目つきになり、私たちをにらみました。「本物の紅茶を、どこで手に入れたんです？　オランダ人は、だれ一人こんなものは持っていないはずだが。」

何とうかつだったことでしょう。そのお茶は、ピックウィックからもらったものでした。

「どうしても知りたいとおっしゃるなら、あるドイツ軍将校からいただいた、とだけ言っておきましょう。それ以上のことは聞かないほうがよろしいと思いますよ？」私は、占領軍の高級将校と秘密の取り引きがあるように、におわせておきました。

オットーは、それから十五分ほどいましたが自分の勝利を十分に見せつけたと思ったのでしょう。人気のない通りに出て行きました。

さらに三十分たって、私たちは、震えながら閉じ込められている九人に、もう安全だと知らせました。

＊　＊

十月の第二週の、地下運動のことで特別に取り込んでいる朝でした。階段の入り口にある隠し電話が、いきなり鳴り出しました。大急ぎで電話口に出ました。父とベッツィー、それに私だけが、受け答えをすることになっていたのです。

「もしもし、私よ！　迎えに来てくれない？」ノーリーの声です。

「まあ、ノーリー！　いつ行ったらいいの。どのようにして？　それにあなたはどこにいるの？」

「アムステルダム駅よ、汽車のきっぷを買うお金がなくて困っているところなの。」

「ノーリー、そこにじっとしていてね！　これからすぐ、迎えに行くから。」

私はボス・エン・ホーペン通りに自転車を飛ばし、運良く家にいたフリップと子どもたちを連れ、ハールレム駅に急ぎました。

私たちを乗せた汽車がアムステルダム駅のプラットホームに止まる前に、ノーリーの居場所はわかりました。暗くて大きな物置小屋の窓から見えるわずかな青空のように、彼女のブルーのセーターが鮮やかに目立っていたからです。

七週間の刑務所生活のため、青白い顔はしていましたが、いつもの明るいノーリーに変わりはありませんでした。彼女の話によると、刑務所の医師が、低血圧がかなり進んでいて、そのまま放っておくと廃人になり、六人の子どもたちは社会の重荷になると宣告したというのです。そう説明する彼女は、とてもいぶかしそうな顔をしました。

一九四三年のクリスマスが近づいていました。お祭り気分を誘うものは、うっすらと降った雪ぐらいのものでした。どこの家庭でも、家族のだれかが刑務所に入れられているか、強制労働収容所に引っぱられているか、それともどこかに隠れているかのように思えました。この年だけは、だれの頭も、祝祭日の宗教的な面が真っ先に浮かんできたようです。

ベイヨイではクリスマスだけでなく、ユダヤ教の「光の祭典」であるハヌカも、同様に祝われることになりました。

ベッツィーは、食堂の食器戸棚のうしろに詰め込んである宝物の中から、ハヌカ用の燭台を捜してきて、それをピアノの上に立てました。毎晩、ウーシーが「マカバイ記」を読むたびに、私たちはろうそくに火を一つずつ付けていきました。それから、単調なお題目のような歌を口ずさむのでした。私たちは、すっかりユダヤ人になったような気分に浸りました。

　この祭りの五日目ごろの夜、全員がピアノの周りに集まっていると裏口玄関のベルが鳴りました。ドアを開けてみると、隣の眼鏡屋の奥さんのブーカース夫人が雪の中に立っています。ブーカース夫人は、やせていて神経質なご主人とは対照的によく太っていて、おっとりとした人です。ところが、彼女のふっくらとした顔は、心配事のためか今夜はひきつっています。

　彼女は小声で言いました。「お宅にいるユダヤ人たちは、もう少し静かに歌えないものでしょうか。壁越しに歌声が筒抜けですよ。この通りには、いろんな人たちがいますからねえ……」

　この知らせに肝をつぶした私たちは、タンテ・ヤンスの部屋に集まり考えました。ブーカース家の人たちが、私たちのことを全部知っているとしたら、ほかにもハールレムの何人かに情報が漏れているかもしれません。

　その中に警察署の署長がいるとわかったのは、それからしばらくしてからでした。再び雪になりそうな一月のある暗い朝、タンテ・ヤンスのうしろの部屋にある「地下組織本部」にトゥースが駆け込んで来ました。彼女の手には一通の手紙が握られていました。封筒には、ハールレム警察の封印が押してあります。

　急いで封を切ってみると、署長用の便せんに自筆で通達文が書いてありました。それを、まず目で読み、それから声を出して読みました。

「今日の午後三時、私の部屋に出頭されたし。」

この文の背後にあるものを知ろうと、私たちは二十分ほど詮索しました。ある者は、これは逮捕の前触れではないかと考えました。警察が逃げるための時間をわざわざくれるはずがない、と言うのです。でも家宅捜査と、刑務所入りの準備をしておくほうが安全というものです。

工作員たちは一人ずつ家を抜け出して行きました。寄宿している者たちは、いつでも秘密の部屋に緊急退避できるように、くずかごをからにし、洋裁の切れ端を片付けました。私は、長い間使わなかった食堂のいろりで、証拠として押収されそうな書類を燃やしました。張り詰めた空気に感づいた猫は、サイドボードの下に潜り込みました。

私は、これから何か月も恩恵に浴せないかもしれない、お風呂に入ることにしました。それから、ノーリーやほかの人たちの経験を生かして、刑務所生活用のバッグに、聖書、えんぴつ、針と糸、石けん――というより、当時私たちが石けんと呼んでいた代物――歯ブラシ、くしなどを詰めました。何枚かの下着と二枚のセーターの上に、いちばん暖かい服を着込みました。三時少し前に、父とベッツィーを抱きしめて別れを告げ、灰色の雪どけ道をスヌード通りに向かって歩き出しました。

当番の警官は古くからの知り合いでした。彼は書状を見ると、好奇心に満ちた目で私を見つめ、

「どうぞ、こちらへ」と案内しました。

　彼は、「署長室」と書いてあるドアをノックしました。机のうしろに座っている人物は、前頭部のはげを覆うために、赤味がかった灰色の髪を前に流していました。ちょうど、ラジオが鳴っているところでした。署長は手を伸ばして、音を小さくするのではなく、かえって大きくするためにダイヤルを回しました。

「テン・ブームさん、よくいらっしゃいました」と彼はあいさつしました。

「はじめまして、署長さん。」

　彼は机から離れて、私のうしろのドアを閉めました。「どうぞ、お掛けください。私は、あなたのことについて何もかも知っています。あなたの仕事のことも。」

「ああ、時計の仕事のことですね。きっとあなたは、私より父のほうをずっと買っておられると思いますが。」

　署長の顔に、微笑が浮かびました。

「そのことではありません。あなたのほかの仕事のことですよ。」

「すると、障がいのある児童への奉仕のことですか。それについてと説明しますと……」

「テン・ブームさん、そのことでもありません。」署長は声を落として言いました。「私は、障がいのある子どもへの仕事について、今話しているのではありません。もっと別の仕事です。まず、ここには、あなたに同情している者が何人かいることを知っていただきたいのです。」

署長の口もとは、今度は大きくほころびました。私も、試しにほぼ笑み返してみました。「テン・ブームさん、実はお願いがあるのです。」彼は言葉を続けました。

署長は机の端に腰を下ろし、私を見つめました。それから、やっと聞き取れるぐらいの声で、彼自身が地下運動に参加していることを打ち明けました。ところが警察の中に密告者がいて、ゲシュタポに情報を漏らしているというのです。

「われわれとしては、この男を殺してしまうほか手はありません。」

思わず、背筋が寒くなりました。

「それ以外に、どんな方法があるというのでしょう？」署長は、ひそひそ声で言葉を続けました。「その男を逮捕するわけにはいかないのです。どこの刑務所も、ドイツ人の手が入っていますから。といって、野放しにしておいたら多くの人が死ぬことになります。そういうわけで、テン・ブームさん、あなたのところに、だれか――」

「その男を殺す人……」

「そういうことです。」

私はのけ返りました。ひょっとしたら、これは地下組織の存在を認めさせ、工作員の名前を言わせるための、仕掛けられた罠ではないでしょうか。

署長の目が、いら立たし気にしばたくのを見て、私はやっとのことで口を開きました。

「私の仕事は、いのちを奪うのではなく、いのちを救うことだと、これまでずっと信じてきました。署長さんのジレンマがよくわかります。それで私に考えがあるのですが。あなたは、お祈りをなさいますか?」

「このごろは、だれも祈ってるんではないでしょうか。」

「では、神様がその人の心に働いてくださって、その人が同胞を裏切るようなことをしなくなるように、今ごいっしょに祈りませんか。」

長い沈黙のあと、署長はうなずきました。「喜んで、そうしましょう。」

こうして警察の真中で、ラジオがドイツ軍進撃の最新ニュースをがなり立てているのを耳にしながら、私たちは祈りました。このオランダ人が、神の目から見た彼自身の価値と、地上にいるすべての人々の価値に気づくことができるようにと、神に嘆願したのです。

祈りを終えると、署長は立ち上がりました。

「テン・ブームさんどうもありがとう。」彼は私と握手して、もう一度言いました。

「どうもありがとう。あなたにこんなことを頼んだのが、間違っていたことに気づきました。」

相変わらず非常用バッグをつかんだままの私は、玄関の広間を通り、角を曲がってベイヨイへと帰って来たのです。

二階では、全員が私の周りに詰めかけて、根掘り葉掘り聞こうとしました。しかし私は、一部始終を話したわけではありません。殺しを依頼されたことなど、父やベッツィーに知らせたくなかったからです。もし打ち明けたら、不必要な重荷を二人に加えることになるでしょう。

警察署長の一件は、私たちにとって励ましとなるべきでした。上層階級に、友人ができたからです。ところが実際には、このニュースは逆の効果を生じました。私たちの秘密が、もはや秘密でも何でもなくなっているという証拠がまた出てきたからです。ハールレム中の人が、私たちが何をもくろんでいるかを知っているように思えました。

すぐ地下運動の仕事を止めるべきだ、と考えました。しかし、そのようなことが、どうしてできるでしょう?　何百人という人の生命がかかっている補給網と、情報網とを、いったいだれがさばいていくというのでしょう。よくあることですが、一つの隠れ場を放棄しなければならなくなった場合、だれが他の場所への移動を指示するのでしょう。ぜひとも、この仕事は継続しなければなりません。でも、そのうちに災難が降りかかることと覚悟を決めました。その災難は、まずヨップに襲いかかりました。彼はベイヨイに安全を求めて来た、十七歳の見習い工です。

一九四四年の一月も終わりに近い、ある日の午後遅く、ロルフが作業室に忍び込んで来ました。彼は、ヨップをちらりと見ました。私はうなずいて大丈夫だと合図をしました。ヨップは、この家の中で起こるすべてのことと関係があったのです。

「エーデに地下組織の家があります。そこが今晩、襲われることになっています。だれか急を知らせに行けないでしょうか。」

私は、彼の申し出を断わりました。ベイヨイには、こんな遅い時間に、使い走りをする者も、エスコート役も一人もいなかったからです。

「ぼくが行こう。」ヨップが口をはさみました。

私は、ヨップにはこの役の経験がなく、また途中で尋問された場合、軍需工場の労働力として引っぱられる危険があると抗議しました。でも、何も知らないでいるエーデの人たちも、気がかりです。二階の洋服だんすには、女の子のスカーフやドレスが入っていました。

「それじゃ、きみ、急いで支度して。すぐ出かけないといけないから。」ロルフはこう言うと、ヨップに細かい指示を与え、急ぎ足で出て行きました。再び姿を現したヨップは、長いコートにスカーフという出で立ちで、両手は保温用のマフで隠し、とても美しいブルネットの少女に変わっていました。この少年は、ある種の予感があったのでしょうか。ドアのところで向きを変え、私にキスをして、驚かせたのです。

ヨップは、午後七時の外出禁止時間までには帰って来るはずでした。この七時が来て、そして過ぎました。たぶん彼は手間どったので、朝になって帰るつもりなのでしょう。

翌朝早く訪問者がありましたが、それはヨップではなく、ロルフでした。彼が入って来た途端に、悪い知らせがその心を重くしているのに気づきました。

「ヨップのことでしょう。」

「そうです。」

「どうしたんですか。」

ロルフは、夜勤の巡査部長から話を聞き出していました。それによると、ヨップがエーデの現場に着いた時、すでにゲシュタポが来ていたということです。ヨップがベルを鳴らすと、ドアが開きました。秘密警察の男は、その家の主人のようなふりをしてヨップを招き入れました。

「コーリー、覚悟していなければいけませんよ」とロルフが言いました。「きっとゲシュタポは、ヨップの口から、情報を聞き出すでしょう。彼はすでに、アムステルダムに連行されました。彼は、いつまで口を割らずにおれるものか。」

私たちは、もう一度、この仕事を止めることについて真剣に考えました。しかし今度も、そうすることはできないことがわかりました。

その夜、父とベッツィーと私は、ほかの人たちが床についてから、長い間祈っていました。私たちは、日ごとに加わる危険にもかかわらず、前進する以外に道はないことを知っていました。今は悪の時です。それから逃げ出すわけにはいきません。人間の力でできるかぎりのことをして、それが失敗した時にこそ、神の力が自在に働くのかもしれません。

九　襲　撃

部屋の中にだれかがいる物音に、やっとの思いで目を開けてみました。ウーシーが、夜具と寝巻を秘密の部屋にしまおうと運んで来たところです。そのうしろには、めいめいの持ち物を抱えた、メアリーとスィアがいます。

私は、再び目を閉じました。一九四四年二月二十八日の朝のことです。この二日間というもの私はインフルエンザにかかり、床についたきりでした。

頭はずきずき痛むし、身体中の関節が燃えるようにうずきます。ぜいぜいというメアリーの呼吸や、秘密の羽目板がこすれる音など、ちょっとした音でも、叫びたいような衝動に駆られます。ヘンクとメタが入って来ました。それから、低いドア越しに日中の必要品を渡す、ウーシーの笑い声が聞こえてきます。「みんな、出ていってちょうだい！　私を一人にしておいて！」こうどなりたくなる唇を、ぐっとかみました。

やっとのことで、彼らは衣服や身の回り品を持って、ぞろぞろと出て行きました。ところで、リンデルトはどこにいるのでしょう？　いぶかる私は、リンデルトが私たちの協力者の家の何軒かに、ここと同じような非常警報装置を取りつけるため、二、三日留守にしていることを思い出しました。私は、熱でうなされるような眠りの中に舞い戻っていきました。

次に見たものは、湯気の立つ薬湯の入ったコップを手にしてベッドのそばに立っているベッツィーの姿でした。「コーリー、起こしてしまって、ごめんね。お店に男の人が来ていて、あなたとでないと話ができないと、しつこくねばっているのよ。」

「どんな人？」

「エルメロから来たって、言っているわ。今まで、一度も見たことのない人だけど。」

私はふらつきながら、上半身を起こしました。「会ってみましょう。どうせ、起きなきゃならないんだから。明日は新しい食糧配給券が届く日だし。」

私は、やけどしそうな薬湯をすすってから、よろめきながら床の上に立ってみました。ベッドのそばには、警察署長の呼び出しを受けた時以来、いつでも持ち出せるようにと例の非常用バッグがあります。

実のところ、私は袋の中身を追加していました。今では、ビタミン剤、アスピリン、ベッツィーの貧血症のための鉄分入り錠剤、その他多くの品を詰め込んでいたのです。それは私にとって、お守りのようなものとなり、牢獄の恐怖を和らげるものとなっていました。

私は、ゆっくり衣服をまとい、階段の踊り場に出ました。目の前で、家がぐるぐる回るような気がします。手すりをしっかりとつかみ、這うようにして階段を下りて行きました。

タンテ・ヤンスの部屋の前に来ると、中から声がしたので、びっくりしました。中をのぞいてみました。私は、すっかり忘れていたのです。水曜の朝なので、ウィレムの週一回の集会のために人々が集まっていたのです。ノーリーは、木の根と乾燥いちじくを混ぜて作った「自家製コーヒー」と呼んでいる飲み物を配っていました。音楽担当のピーターは、いつものようにピアノに向かっていました。

再び階段を下りて行き、途中で、ぞろぞろ上って来る来会者たちとすれ違いました。店に出た時には、ひざががくがくしていました。赤黄色の頭髪をした小柄な男の人が、飛び上がるようにして私のところに来て、「テン・ブームさん」と声をかけました。

古くからあるオランダのことわざに、「どのようにして視線を合わせるかによって、その人がどんな人物かわかる」というのがあります。この男の人は、私の鼻とあごの中間に焦点を合わせているようでした。「時計のことですか」と私は言葉をかけてみました。

「いいえ、テン・ブームさん。もっともっと大切なことです！」　彼の目は、私の顔の周りに円を描いている感じです。「私の妻が、たった今捕まったのです。私たちはユダヤ人をかくまっていました。もし妻が尋問を受けたら、私たち全員の生命が危うくなります。」

「では、どうしたらお助けできるというのですか。」

「六百ギルダー（約六万円）必要です。エルメロの警察署に、それだけあれば買収できる警官がいます。私は貧乏ですし、それに、あなたにはコネがあると伺ったものですから。」

「コネですって。」

「テン・ブームさん！　生きるか死ぬか、という問題ですよ。もし私が、それだけのお金をすぐ持って帰らなければ、妻はアムステルダムに連れて行かれます。そうしたら手遅れになってしまいます。」

この男の振舞いには、何かひっかかるものがありました。でも、もし私の判断が誤っていたら、どれほどの損害を出すことになるでしょう。

「三十分したら、また来てください。必要なお金は用意しておきますから。」こう、私は約束してしまいました。

その時はじめて、その男の視線と私の視線が合いました。

「このご恩は決して忘れません」と彼は言いました。

要求された金額は、ベイヨイにはありませんでした。そこで、私はトゥースを銀行にやり、あとで受け取りに来た男に、何も聞かずにお金を渡すように言いました。

それから、階段をよじ上りました。十分前は、高熱のため身体中が燃えていましたが、今度は、悪寒のため震えています。タンテ・ヤンスの部屋に立ち寄り、机から書類かばんを取り出す間だけ、そこにいました。それから、ウィレムとほかの人たちに断わって、私は自分の部屋へ引き返して行きました。

もう一度、服を脱ぎ、小さな液体燃料ストーブの上で、しゅーしゅー音を立てていた加湿器に水を入れ直し、ベッドに潜り込みました。

しばらくの間、書類かばんの中にある名前や住所に、神経を集中させようとしてみました。今月は、ザンドブルトには五冊の配給券が必要です。オバービンには一冊もいりません。それから、あそこには十八冊……と考えているうちに、インフルエンザが頭の芯でうなり声を上げ、ぼうっとなった目の前で書類が舞いました。かばんは、いつしか手からすべり落ち、私は深い眠りに誘い込まれました。

＊　＊

熱っぽい夢の中で、ブザーが鳴っています。なぜ、いつまでも鳴り止まないのでしょう？　あわただしく走る足音と、「急いで！　急いで！」という低い声が聞こえます。

私は、背筋を伸ばして座りました。ベッドのそばを人が走り抜けて行きます。振り返ってみると、スィアのかかとが低いドアの中に、まさに消えようとしていました。そのうしろに、メタがいて、それからヘンクが続いています。

でも、私は今日、退避訓練を計画した覚えはありません。ひょっとしたら訓練ではなく、本物かもしれません。血の気のない顔をしたウーシーが、震える手に小刻みに音を立てるパイプを載せた灰皿を持ち、私のそばを駆けて行きました。

とうとう緊急事態が発生したという自覚が、鈍くなっている私の頭を突き抜けました。すでに、一人、二人、三人が秘密の部屋に入っています。ウーシーの黒い靴と緋色のソックスが消え、これで四人になりました。

ところで、メアリーはどこにいるのでしょう？　この年老いた女性は、口を大きく開けて息をしながら姿を現しました。私はベッドから飛び起き、彼女を半ば引っぱり、半ば押すようにして、部屋の隅に連れて行きました。

彼女が中に入ったのを見届け、秘密の羽目板を下ろしている時に、白髪の男性が部屋の中に飛び込んで来ました。その人物は、ピックウィックのところから来た人だとわかりました。抵抗運動《レジスタンス》の中でも上のほうの人です。なぜこの人が家の中にいたのか、見当がつきません。彼は、メアリーのあとから潜り込みました。これで、五人、六人になりました。リンデルトは外出中ですから、これでいいわけです。

最後の一人の足が消えて、私は羽目板でふさぎ、大急ぎでベッドに戻りました。階下では、ドアを激しく開け閉めする音が聞こえます。階段からは、靴の重々しい音が響いてきます。ところが、私の血を逆流させたのは別の音でした。それは、メアリーの押し殺した、ぜいぜいという呼吸音でした。

「主イエス様……」私は必死の思いで祈りました。「あなたは癒やしの力をお持ちです。どうか今、メアリーを癒やしてください。」

その時、私の目は、名前や住所がぎっしり詰まっている書類かばんの上に留まりました。それをつかみ上げ、もう一度スライド式の板を上げ、かばんを中に放りこんで羽目板を元に戻し、その前に非常用のかばんを置きました。再びベッドに潜り込んだ時、ものすごい勢いでドアが開きました。

「おまえの名は！」

私は、ゆっくり上半身を起こし、できるだけ眠そうな顔をして見せました。

「何ですって……」

「おまえの名を聞いているんだ！」

「コルネリア・テン・ブーム。」

入ってきた男は背が高く大柄で、青白い顔をしていました。彼は、階段の下に向かってどなりました。「ウィレムス、ここにもう一人いたぞ！」

そして、私のほうに向きを変えました。「起きろ！　服を着るんだ。」毛布の下から私が這い出そうとする時、その男は、ポケットから一枚の紙片を取り出し、それを見つめました。「そうか、おまえが首領なんだな。」彼は、新しい興味をもって私を見ました。

「さあ、どこにユダヤ人を隠しているか、しゃべるんだ。」

「何のことですか？　さっぱりわかりません。」

その男は、笑いました。「では、おまえは地下組織のことについて、何も知らないというんだな。調べればすぐわかることだ。」

彼は、私から視線をそらそうとしません。私は、秘密の部屋からの物音に耳をそばだてながら、パジャマの上から服を着始めました。

「身分証明書を見せろ！」

私は、首に下げている小さな袋を引き出しました。その中から身分証明書を出そうとした時、いっしょにしていた紙幣の束が落ちました。男はしゃがんで床の上のお金をつかみ、自分のポケットにねじ込みました。それから私の身分証明書を手にして、のぞき込みました。部屋の中は一瞬、静まり返りました。メアリー・イタリーの、ぜいぜいというぜん息の音は、どうして聞こえてこないのでしょう？

男は身分証明書を投げ返し、「急ぐんだ！」とせかしました。

ところが彼のほうは、できるだけ早く部屋の外に出たいという私の気持ちの半分も持ち合わせていないようです。私はすっかりあわてていたので、セーターのボタンを全部はめ違え、靴のボタンは留め忘れていました。次に私は、非常用のかばんを取ろうとしました。

でも、ここは、考え直したほうがよさそうです。

かばんは、私がパニック状態で置いたところにあります。秘密の扉のすぐ前です。もし今、棚の下に手を伸ばしたら、私の行動をすべて監視しているこの男は、地上でいちばん見られたくない場所に注意を向けはしないでしょうか。

貴重なバッグをうしろに、向きを変えて部屋を出て行くことは、私にとって身を切られる思いでした。

私は、よろめきながら階段を下りました。ひざはインフルエンザと恐怖のため、震えています。タンテ・ヤンスの部屋の前には、制服を着た兵士が立っていました。ドアは閉まったままです。祈り会は終わったのだろうか。ウィレムとノーリーとピーターは、無事に逃げたのだろうかと私はいぶかりました。それとも、この三人は中に閉じ込められているのでしょうか。私たちと関係のない人が、何人巻き添えになったのでしょう。

うしろからついて来る男が押したので、私は急いで階段を下り、食堂に入りました。父とベッツィー、それにトゥースが壁に沿って椅子に腰かけています。そばには、私が寝室に戻ったあとで来たに違いない、二人の工作員もいました。窓の下の床には、「アルプスの時計」の看板が落ちて、三つに割れていました。だれかが窓敷居から、それを払い落としてくれたのでしょう。

平服を着た第二のゲシュタポが、食堂のテーブルの上に積み上げられた銀貨と宝石の山を、目を光らせながら手で鳴らしていました。それは隅にある食器戸棚のうしろに隠してあったもので、案の定、そこは真っ先に目をつけられたのです。

「こいつはリストに載っていた、もう一人のほうだ」と、私を連行した男が言いました。「資料によると、この女は組織全体のリーダーとなっている。」

テーブルのそばにいた、ウィレムスと呼ばれる男は私をじろりと見て、前にある分捕り物に再び目を向けました。「カプティエン、きみはどう処置したらいいか、知っているだろう?」

カプティエンは私のひじをつかみ、うしろから強く押して、階段の残りの五段を下ろさせ、店のうしろの部屋に連れて行きました。制服を着た別の兵士が、ドアのすぐうしろで見張りに立っていました。カプティエンは、私をこづいて前の部屋に行かせ、壁ぎわに押しつけました。

「ユダヤ人は、どこにいる。」

「ここに、ユダヤ人なんかいません。」

男は力いっぱい、私の頬を叩きました。

「食糧配給券は、どこに隠してある。」

「何のことか、さっぱりわかりません――」

カプティエンは、もう一度顔を叩きました。私はよろめいて、「天文時計」のほうに倒れそうになりました。姿勢を立て直す間もなく、彼は立て続けに三度、平手打ちをくらわせました。それは、私の頭をうしろに突き刺すような、痛烈な一打でした。

「ユダヤ人は、どこにいるんだ。」

さらに一撃が加えられました。

「秘密の部屋は、どこにあるんだ。」

口の中で血の味がしました。頭はぐらぐらするし、耳はがんがん鳴ります。気を失いそうになった私は叫んでいました。「主イエス様、守ってください！」

振り上げたカプティエンの手が、その瞬間に空中で止まりました。

「もう一度その名前を口にしたら、殺してやる！」

ところが、こう叫んだ彼の腕はゆっくりと下ろされました。「おまえはしゃべらないにしても、あのやせた奴がきっとしゃべるさ。」

後ろから押されるようにして、つまずきながら階段を上りました。その男は、食堂の壁に沿って並んでいる椅子の一つに、私を押し込めました。そのあと、彼がベッツィーを部屋の外に連れ出すのが、ぼんやりと目に映りました。

上の階では、ハンマーで壁を叩く音や板をはがす音が聞こえます。訓練された作業員たちが、秘密の部屋を見つけ出そうと、どのへんに見当をつけているかがよくわかります。

突然、裏口玄関のベルが鳴りました。でも、非常警報に切り換えてあるはずです。来訪者は、「アルプスの時計」の看板がはずされているのに気づかないのでしょうか。不審に思って窓を見た私は、息の止まる思いがしました。窓敷居の上には、割れた断面が注意深くくっつけられ、三角形の木の看板となって立てかけてあるのです。

あわててウィレムスに視線を向ける前に、すでに彼は私を注目していました。「やっぱり、そうだったのか。あれは警報装置だったんだな。」

彼は階段を駆け下りました。階上のハンマーの音や動き回る靴の音が、はたと止みました。裏口玄関のドアが開き、相手に取り入ろうとするウィレムスの猫なで声が聞こえました。

「どうぞ、どうぞ、中にお入りください。」

「お聞きになりましたか」というのは女の声です。「ハーマンが、つかまってしまったんです。」

ピックウィックのことでしょうか！　ピックウィックなら、一大事です。

「そうですか。で、だれが彼といっしょにいましたか？」ウィレムスは、何とかして彼女に言わせようとしていましたが、そのうちに、力ずくで捕まえてしまいました。その女性は、恐怖と混乱のため目をしばたたきながら、壁ぞいに座る私たちの仲間になりました。彼女は、時たま市内の出来事を伝えに来る使いだとわかりました。

ベイヨイには少しも異常がないと全世界に知らせている、あの窓の警報装置を私は恨みがましく見つめました。私たちの家は今、人を捕らえる罠になっているのです。日が暮れるまでに、あと何人の人が犠牲になるでしょうか。それにしても、ピックウィックはほんとうに捕まったのでしょうか。

カプティエンがベッツィーを連れて、食堂に戻って来ました。彼女の唇ははれ上がり、頬は打撲傷で黒ずんでいます。彼女は倒れかかるようにして、私の隣の椅子に沈みました。

「ああ、ベッツィー！　この人が、あなたを傷つけたのね！」

彼女は、口の周りについた血を指先で軽くぬぐいました。「ええ。でも、この人がとてもかわいそうだと思うわ。」

カプティエンが、こちらに向き直りました。ただでさえ血色のよくない顔が、いっそう青白くなっています。「捕虜は黙っているんだ！」　彼は、甲高い声をはり上げました。

二人の男が階段を駆け下りて、食堂に入って来ました。二人して何かを運んでいます。階段の下に隠してあった、古いラジオが見つかってしまったのです。

「おまえたちは、法律に忠実な市民だな！」　カプティエンは、どなりました。「おい！　そこの、おいぼれじじい。おまえは、聖書を信じていると思うが。」彼は、棚の上にある読み古した書物を親指で押さえました。「さあ、この本は、政府に従うことについて何と言っているか、教えてもらいたいものだ。」

「神を恐れよ。」父は口を開きました。その唇に上る言葉は、祝福とも確信ともとれました。「神を恐れよ。女王を敬え。」

カプティエンは、父をにらみつけました。「そうではないはずだ！　聖書は、そんなことは言っていない。」

「そのとおり。」父も認めました。「聖書には、神を恐れ、王を敬え、と書いてあります。しかし、わしらの場合には、王とは女王のことを言いますのじゃ。」

「王でも女王でもない！」カプティエンが、わめきました。「今では、われわれが合法的な政府だ！　おまえたちはみな、法律違反者だ！」

呼び鈴が、また鳴りました。再び、質問とそれに続く逮捕です。私たちの工作員の一人である青年が、椅子に掛けさせられたと思ったら、またまたベルの音です。今まで、こんなに来訪者のあったことは一度もないように思えました。食堂は混んできました。

ただのあいさつのために訪問して来た人は、ほんとうに気の毒でした。年を取った隠退宣教師が恐怖のため、あごをがくがくさせて連れ込まれました。上の階では、相変わらず騒々しく動き回っていますが、まだ秘密の部屋は見つかっていません。

今までとは別の音がして、私は飛び上がりました。廊下の電話が鳴り始めたのです。

「電話だ！」ウィレムスが叫びました。

彼は、部屋の中をにらみ回し、私の手首をつかむと階段下に引っぱって行きました。彼は受話器を取り上げ、私の耳にあてがいました。

「さあ、返事をするんだよ。」彼は、声を殺して命令しました。

「こちらは、テン・ブームの住居と店でございます。」私は、できるだけこわばった声を出してみました。

ところが、先方はこちらの異常に気づいてくれません。「テン・ブームさん。あなたは、とても危険な状態にあります。ハーマン・スルリングが捕まってしまいました。相手側は、何もかも知っています。くれぐれも注意してください。」女性の声が、長々としゃべりたてます。私のそばにいる男は一部始終を聞いてしまいました。

やっと終わったと思う間もなく、また電話が鳴りました。今度は男性の声で、同じメッセージです。「ハーマンが、警察に連行されました。ということは、全部が相手に知れるということです。……」

三度目に電話に出た私が、それまでと同じ型どおりのあいさつをすると、カチャリという音がしました。ウィレムスは、私から受話器を奪い取りました。

「もしもし、もしもし！」彼はがなり立て、壁に付けられた受台を、ゆすってみました。電話は切れていました。彼は、私を押しながら階段を上らせ、もとの椅子に掛けさせて、カプティエンに報告しました。「どうも、感づかれたらしい。でも、十分に聞くことはできた。」

ベッツィーは、椅子を立ってもよいという許可をもらったようです。彼女は、サイドボードの上でパンを薄く切っていました。もう昼食の時間だとわかって私はびっくりしました。ベッツィーは、部屋の中にいる人たちにパンを回していましたが、私は首を振りました。再び、熱がぶり返してきました。のども頭もひどく痛みます。

カプティエンが、戸口に姿を現しました。「ウィレムス、どこもかしこも捜してみた。もし秘密の部屋があるとしたら、悪魔が作ったとしか考えられない。」

ウィレムスは、ベッツィー、父、それから私へと視線を移し、静かに言いました。「秘密の部屋は、きっとあるはずだ。今、そこに人が隠れていないとしたら、この連中は、そのありかを教えていただろう。よかろう。隠れている奴らがミイラになるまで、家の回りに見張りを置くことにしよう。」

このおどしに続く恐怖の静けさの中で、私のひざの上に、柔らかな感触がありました。マヘル・シャラル・ハシュバズが、私のひざに飛び乗って、背中をこすり付けています。私は、光沢のある黒い毛をなでてやりました。この猫はどうなるのでしょう？　上にいる六人については、考えないことにしました。

最後に呼び鈴が鳴ってから三十分たっていました。電話で私の声を聞いただれかが、異常を知らせたに違いありません。すでに警報は出されています。これ以上、ベイヨイに仕掛けられた罠に近づく人は、だれもいないでしょう。

ウィレムスも同じ結論に達したようです。不意に彼は、私たちに立つように命じ、コートと帽子を取って、廊下に出るよう促しました。ただし、父とベッツィーと私は、最後まで食堂にとどめられました。

タンテ・ヤンスの部屋にいた人たちが、階段を下りて私たちの前に出て来ました。その人たちの顔ぶれを見て、息の止まる思いがしました。祈り会に集まっていた人の大半は、襲撃のある前に家を出たようです。ところが、全員が出ていたわけではありません。ノーリーが下りて来ます。そのあとに、ピーターが続いています。列のいちばんうしろにはウィレムがいました。

これで、全家族がそろったことになります。父と、子どもが四人とも全部、それに孫が一人です。カプティエンが、うしろから私を押しました。

「さあ、歩くんだ。」

父が、帽子掛けからシルクハットを取りました。食堂のドアの外に出た父は立ち止まって、古いフリーズランド型柱時計の重りを巻き上げました。

「この時計を、止まらせてはいかんからなあ」と彼は言いました。お父さん。あなたは、重りをつるす鎖が伸びきる前に、私たちが家に戻って来られると、ほんとうに思っていらしたのですか。

通りからは、雪が消えていました。私たちが裏道ぞいにスメード通りに出ると、溝には泥水のたまりができていました。歩いてほんの一分の道のりでしたが、警察署の二重のドアの中に入った時には、私の身体は寒さのため震えていました。

ロルフか、それともほかの知り合いの警官がいないかと、玄関の広間を気ぜわしく見回してみました。だれ一人として見当たりません。ドイツ兵の分遣隊が、いつもの警察力を補強しているようでした。

私たち一行は廊下を通り、重い鉄の扉の前に出ました。ここは、いつか私がハリー・デブリーズの姿を最後に見たところです。その先には、もとは体育館であったことが一見してわかる、大きなホールがありました。高い位置にある窓には金網が張ってあり、金属の輪やバスケットボール用のボードが、天井からつり下ろされた綱で固定されています。

ホールの中央には机が置いてあって、そのうしろに、ドイツ軍の将校が腰掛けていました。床の一隅には、体操用マットが敷き詰めてあったので、その一つに私はくずおれました。

担当の将校は二時間にわたって、名前、住所、その他のことを記帳しました。いっしょに捕まった人たちを数えてみると、ベイヨイだけで三十五名もいることがわかりました。私たちより前に捕まった先客もいて、マットの上に座ったり、横になったりしています。知っている顔もありますピックウィックを捜してみましたが、このグループにはいませんでした。この中の一人は、仕事のことでよくベイヨイに来た同業の時計工でした。彼は、私たちの災難を知って、ことのほか心を痛めたようでした。こちらに近づいて来て、父と私のそばに腰を下ろしたのです。

そのうちに将校が席を立ちました。警報のブザーが鳴ってからはじめて、私たちだけで話し合える機会が訪れたのです。私は無理をして上半身を起こし、「さあ、早く」と、しわがれ声を出しました。「今のうちに、どう答えたらいいのか、みんなで打ち合わせしておきましょう。ここにいるほとんどの人は、事実をありのまま話して結構です。ただし……」

私の声は、のどの中で押し殺されてしまいました。ピーターがこちらを向いて、今までにないこわいしかめ面をしたように、インフルエンザでもうろうとしている私の頭には感じられたからです。

「ただし、今朝ウィレムおじさんが、旧約聖書から教えていたことが知れたら、おじさんは不利になる。」ピーターが、私に代わって先を言ってくれました。

彼は、首をくいっと傾けて合図をしてきました。私は足をふらつかせながら、やっとのことで立ち上がりました。私たちが部屋の反対側に行くと、「コーリーおばさん！」と、ピーターが鋭く言いました。「あの時計屋の男に注意しないといけないよ。あれはゲシュタポの手先なんだ。」

彼は、私が病気の子どもでもあるかのように、私の頭を軽くなでました。「コーリーおばさん、もう一度、横になるんだな。これからは何をしゃべってもいけないよ。」

体育館の重いドアがきしみながら開いたので、私は目を覚ましました。ロルフが大またで入って来ました。

「ここでは、静かにするんだ！」と、彼はどなりました。彼はウィレムのすぐそばに寄って、何か言いましたが、私には聞き取れませんでした。「トイレは、うしろから出た外庭にある。」彼は再び、大きな声を上げました。「監視付きで一人ずつ行ってもよろしい！」

ウィレムが私のそばに座りました。「証拠になるような書類があったら、小さくちぎって水でトイレに流せばいい、とロルフが言っていたよ。」私は、上着のポケットに手を入れてみました。中には数枚の紙切れと二、三枚の紙幣があります。その一つ一つについて、法廷に出たらどう説明しようかと、思案しました。

外庭のトイレのそばに水飲場があって、鎖の先に、すずのコップが付いていました。私は感謝を込めて、水を思いのままに飲みました。それは、ベッツィーが朝方に運んでくれた薬湯以外の、はじめての飲み物でした。

夕方近くなって、一人の警官が温かいロールパンの入った大きなかごを、体育館に運んで来ました。私は配られたものを、どうしても飲み込むことができません。その時の私にとって、水だけが口当たりのいいものでした。ただし、何度も外に連れて行ってくれと頼まねばならないので、ずいぶん恥ずかしい思いをしました。

最後に私が戻って来た時、夜の祈りをするため、父の周りには人垣ができていました。今までの毎日が、このようにして終わったものです。私たちは、父の落ち着いた深味のある声に触れ、ここにいる全員を神のご配慮にゆだねる、彼の熱のこもった、しかも確かな響きのする祈りを聞いて、心を安らかにしていたのです。

聖書は、家の棚の上に置いて来ました。しかし、その多くの部分は、父の心に蓄えられています。「あなたは私の隠れ場 私の盾。私はあなたのみことばを待ち望みます。……私を支えてください。そうすれば私は救われ……」とそらんじる彼の青い目は、大勢の人たちが監禁されているホールの向こう、ハールレムの先を、地球のかなたを見ているように思えるのでした。

十分に眠れた人は、だれもいません。だれかが起きて外に出ようとするたびに、その人は、何人もの人を踏み越えて行かなければならないからです。とうとう、高い位置にある金網をはった窓から、朝の明かりが差し込んできました。警官が再び、ロールパンを運んで来ました。

長い午前中の時間、私は壁にもたれかかって、うつらうつらしていました。今度は、いちばんひどい痛みが胸部に移っているようです。兵士たちがやって来て、私たちに起立を命じたのは正午でした。私たちは大急ぎでコートを着て、また冷え冷えとした廊下を列を作って歩きました。

スメード通りでは、通路を遮断した警官隊のバリケードに、大勢の人たちが群れをなして押寄せていました。ベッツィーと私が、父を真中にして出て行くと、「ハールレムのご隠居」が刑務所にひかれて行くのを見た人たちの間から、恐怖のざわめきが起こりました。

正面玄関の前に、緑色の市営バスが止まっていて、その後部座席には兵士たちが陣取っていました。次々と乗り込む姿を見て、群衆の中にいる友人や親族たちは、泣いたり、じっと見つめたりしています。ベッツィーと私は、父の手をつかんで、階段を下り始めました。

その時、身体が凍りついたようにこわばりました。二人の兵士の間を、よろめきながら通り過ぎていったのは、帽子もコートもないピックウィックでした。はげた頭のてっぺんは傷だらけで、乾いた血のりが無精ひげにこびりついていました。バスの中に放り込まれる時、彼は顔を上げませんでした。

父とベッツィーと私は、運転台の近くの二人掛けの席に身体を縮めて座りました。窓越しに、人混みの中に立つティンの姿がちらりと見えました。空気が、陽の光を反射してきらきらするように思えるのは、このように澄み切った冬の日のせいです。

バスは身ぶるいして、動き始めました。警官隊が道を開ける中を徐行して行きます。私は、ハールレムを心の目に焼きつけておこうと、窓の外を食い入るように見つめました。

今、グローテ市場を横切っています。大聖堂の灰色の壁が、透き通った日光を浴び、その色合いを幾様にも変えながら、まぶしく輝いています。ふと私は、いつかこの景色を見たという、不思議な気持ちに駆られました。

思い出しました。

あの幻です。侵略のあった夜、私はこの光景を全部見ていました。ウィレム、ノーリー、ピックウィック、ピーター――この全員が今ここにいます――が、それぞれの意志に反して、この広場をひかれて行くのでした。夢の中でのことでしたが、私たち全員がハールレムをあとにして、再び帰ることのない旅に出ようとしていました。いったい、どこに行こうとしているのでしょう。

一〇　シュベニンゲン

ハールレムの郊外に出たバスは、海ぞいに南へ向かって走りました。右側には砂丘地帯の小高い丘があり、稜線には影絵のように兵士たちの姿が見えます。私たちは明らかに、アムステルダムに連れて行かれるのではありません。

二時間のドライブで、ハーグの町並みに入りました。バスは、役所のような新しい建物の前で止まりました。オランダのゲシュタポ本部だというひそひそ声が、うしろへと伝わっていきました。席から立つことのできないピックウィックを除いて、全員が大きな部屋に引き立てられて行きました。そこでは、名前、住所、職業を書きつけるという際限のない仕事が、また初めからやり直しです。

背の高いカウンターが、部屋の幅の分だけ並んでいます。その向こう側に、ウィレムスとカプティエンがいるのを見て、思わずどきりとしました。ハールレムから来た四人の一人一人が、順番に机の前に出ると、二人のうちのどちらかが前かがみになって、タイプライターを前にしている男に何か言います。すると、活字を打つ音が、ひとしきり響きわたるのでした。

主任取調官の目が、突然、父に止まりました。「あの老人は、捕まえる必要があったのか？おい、そこの老人！」と、彼は大声で言いました。

ウィレムが、父を机の前に連れて行きました。ゲシュタポの主任は身を乗り出しました。「おいぼれじいさん。わしはあんたを家に送り返したいんだ。これからは迷惑をかけないと、あんたから保証を取ったことにしておこう。」

父の顔は見えませんでした。うしろから見えるものは、姿勢のいい肩と白髪に覆われた頭だけでした。でも、父の返事は聞こえてきます。

「もし、わしが今日家に帰ったら、明日は再び玄関の戸を開けて、訪ねて来る気の毒な人たちを迎えますぞ。」彼はよどみなく、はっきりと言いました。

相手の顔から愛想の良い表情が消えました。「列に戻るんだ！」と彼はどなりました。「シュネール（急げ）！　本法廷は、これ以上遅らせてはならん。」

けれども、この法廷の存在意義は遅延させることにあるように思えました。私たちが列を作り、カウンターぞいに小刻みに進むたびに、際限なく質問が繰り返され、長々と書類が調べられ、ひっきりなしに役人が出入りしています。窓の外では、短い冬の一日が、はや暮れようとしていました。そういえば私たちは、明け方にロールパンと水にありついたほかは、何も口に入れていません。

私の前にいるベッツィーが、「結婚していません」と答えました。これで、一日のうちに同じことを二十回聞かれたことになります。

「子どもは何人か。」取調官が事務的に尋ねます。

「私は結婚していません。」ベッツィーが、さっきと同じ返事をしました。

取調官は、書類から顔を上げようともせずに、「子どもは何人か」と突っ込みました。

「子どもはいません。」ベッツィーは、あきらめたように言いました。

夕方近くになって、胸に黄色い星をつけた小柄で太った男が、私たちの前を通って、部屋のいちばん隅に連れて行かれました。急に、取っ組み合う音がしたので、だれもが顔を上げました。さっきの哀れな男が手に握り締めた何かを奪われまいとして、懸命になっているのです。

「これは私のだ！」彼は叫び続けます。「これを取ってはいけない！　私の財布を取り上げてはいけない！」

何という狂気が、彼に取りついているのでしょう。この期に及んで、お金に何の価値があると考えているのでしょう。彼は、相変わらずもがいていましたが、その姿はかえって周囲を取り巻くドイツ人たちの慰みものとなりました。

「おい、こら、ユダヤ人。」その中の一人の声が、私の耳に聞こえました。彼はブーツを履いた足で、小柄な相手のひざのうしろを蹴りました。

「このようにしてわれわれは、ユダヤ人から物をとるんだ。」

それから彼は、周りの人たちから散々に蹴られました。残忍な物音が続いている間中、私は倒れまいとして、カウンターにしがみついていました。理性を失った私は、蹴られている男を無性に憎みました。あまりにも無力で、あまりにも打ちのめされている彼が憎くてならなかったのです。やっとのことで、部屋の外に引きずり出される音がしました。

いつの間にか私は、主任取調官の前に立っていました。目を上げると、そのうしろにいるカプティエンと、視線が合ってしまいました。

「この女が一味の首領です」と彼は言いました。

はらわたが煮えくり返る思いがしながらも、彼の言葉を主任に信じさせるのが大切だと、私は判断しました。「ミスター・カプティエンの言ったことは真実です」と私は言いました。

「ほかの人たちは、何も知りません。全部私の――」

「名前は?」　取調官は、冷静に尋ねました。

「コルネリア・テン・ブーム。私は――」

「年は?」

「五十二です。ここにいるほかの人たちは、全く無関係――」

「職業は？」

「何度も言ったではありませんか！」私は、やけになってわめきました。

「職業は？」彼は、同じことを繰り返しました。

やっとのことで建物から出た時は、夜も暗くなっていました。緑色のバスはどこかに行っていました。代わりに、私たちの目にぼんやりと見えたものは、ほろのかかった大型の軍用トラックでした。二人の兵士が父を抱え上げて、うしろから乗せました。ピックウィックの姿は、どこにも見当たりません。父とベッツィーと私は、狭いベンチのあいたところを見つけました。

トラックにはスプリングがないので、爆撃のために穴のあいたハーグ通りを、がたんがたんとはずみながら走りました。私は、背中に手を回して、うしろの板にぶつからないように注意しました。後部に立っているウィレムは、燈火管制下の町の様子を小声で伝えてくれました。

私たちは下町を通りすぎ、西にあるシュベニンゲンの郊外に向かっているようでした。この海ぞいの町の名をとった州刑務所が、私たちの行き先だったのです。

トラックは、がたんと止まりました。鉄のきしむ音が聞こえます。少し前進して、また止まりました。うしろでは大きな門が重々しく閉まっています。

手すりにつかまって降りると、そこは高いれんがの壁に囲まれた広々とした空間でした。トラックは、低くて長い建物の前に後進して行きました。兵士たちはうしろから突いて、私たちを中に追いやりました。天井の明るい電燈の輝きに、私は目をしばたかせました。

「ナーゼン　ゲーゲン　マウアー（鼻を壁にくっつけろ）！」

私はうしろから強く押されて、目と鼻の先にある、ひび割れたしっくいを見つめていました。眼球をできるだけ左に回し、次に右に回してみました。ウィレムがいます。その二人先が、ベッツィーです。私の反対側の隣はトゥースです。だれもが私のように、壁に顔を向けて立っています。ところで、父はどこにいるのでしょう？

長い間待たされているうちに、目の前の壁のひびは、人の顔になったり、風景になったり、様々な動物になったりしました。やがて、右のほうのどこかで、ドアが開く音がしました。

「女の囚人たちは、私のあとについて来るように！」

女性看守の声は、きしむドアの金属音に似ていました。壁から離れる時、私はすばやく部屋の中を見回して父の姿を求めました。いました——壁から二歩ほど隔たったところに、背のまっすぐな椅子に腰かけていました。見張り役の一人が、わざわざ持ってきてくれたに違いありません。

ドアの向こうには長い廊下が続いていて、すでに女性看守は先頭に立って進んでいました。しかし、私は進むのをしぶり、父やウィレムやピーター、それに勇敢な地下運動の同志たちを必死の思いで見つめました。

「お父さん！」突然、私は叫んでいました。「神様が、お父さんとともにおられますように！」

父の顔が私のほうを向きました。頭上のまぶしい電燈を反射して、父の眼鏡がきらりと光りました。

「娘たち、神様がおまえたちとともにおられるように」と彼は答えました。

私は振り返って、ほかの人たちのあとについて行きました。私のうしろでドアが音を立てて閉められました。神様が、おまえたちとともにおられるように。神様が、おまえたちとともにおられるように。ああ、お父さん、今度あなたに会うのは、いったいいつになるでしょうか。

ベッツィーが、そっと私の手を取りました。広いホールの真中に、やしの繊維でできた幅の狭いマットが敷き詰められていました。私たちは、湿っているコンクリートから、その上に足を載せました。

「囚人は外側を歩くんだ！」うしろにいる看守の、うんざりするような声が聞こえました。「囚人は、マットの上を歩くな！」

私たちは、ばつの悪い思いで特権階級の通路を離れました。

廊下の前方には机があり、そのうしろに、制服を着た女性が座っていました。囚人は一人ずつそこまで行き、その日だけでもうんざりするほど何回となく繰り返している、自分の名前を報告するという作業にかかります。それから、身に着けていた貴重品とおぼしきものは何でも、机の上に載せます。ノーリーとベッツィーと私は、美しい腕時計をはずしました。

私が係官に時計を渡すと、彼女は、母のものであった金の指輪を指さしました。そこで、回しながら指から取り、財布や紙幣といっしょに机の上に載せました。

廊下づたいの行進が再び続きます。両側には、金属性の狭い扉がずらりと並んでいます。すると、女性の列が立ち止まりました。女性看守が、扉の一つに鍵を差し込んでいます。さし金がはずれ、ちょうつがいが音を立てました。女性看守は手にしたリストに目を通し、私の知らない女性の名を呼びました。この人はウィレムの祈り会に来ていた一人でした。

襲撃のあったのは、ほんのきのうのことであったとは、とても信じられません。しかも今は、まだ木曜の夜なのです。ベイヨイでの様々な出来事は、別世界のことのように思えました。扉が閉まって、一同はまた進みました。別の扉が開けられ、別の人が閉じ込められました。ハールレムから来た人たちは、同じ監房に二人は入れられませんでした。

リストから読み上げられたごく初めの部分に、ベッツィーの名がありました。彼女は扉をくぐりました。ベッツィーが振り返るか、さようならを言うこともできないうちに、扉は閉められてしまいました。二つ先の監房でノーリーと別れました。この二つの扉の重い金属音は、ゆっくりと行進が続いて行く間中、私の耳もとで響いていました。

廊下が分かれている場所に出て、私たちは左に曲がりました。それから右、続いて左へ進みましたが、そこは鋼鉄とコンクリートの果てしない世界でした。

「コルネリア・テン・ブーム。」

もう一つの扉がギィーと音を立てて開きました。その監房は奥行きがあり、幅は扉の幅よりほんのわずか広い程度です。一人の女性が、簡易ベッドの上で横になり、ほかの三人は床の上にじかに敷いた、わらぶとんで寝ていました。「この女に、そのベッドを貸してやるんだよ！　病気なんだから。」女性看守が声を掛けました。

彼女の言葉を証明するかのように、扉が閉まるか閉まらないかのうちに、私は激しく咳込みました。

「病人なんか、ここにはいらないよ！」だれかが大きな声を出しました。同室の女たちは、立ち上がって、できるだけ私から離れようとあとずさりしました。

「ごめんなさい。とても申し訳ないと思います。……」私が弁解すると、別の声がさえぎりました。

「謝る必要なんかないわ。あなたのせいじゃないもの。さあ、マイクス夫人。この人にベッドをゆずってあげなさい。」こう言って、若い女性は私のほうを見ました。「あなたの帽子とコートを、お掛けしましょう。」

私は感謝して帽子を手渡しました。彼女は、片方の側にかかっている衣類の列に、それを加えました。でもコートは、しっかり身体に巻きつけたままにしておきました。ベッドがあいたので、それに向かって、よろめきながら近づきました。途中、同室の人たちを押し分けて進みながら、くしゃみをしたり、息切れがしないようにと気をもみました。

狭いベッドの上にくずおれると、不潔なマットレスから黒ずんだほこりが舞い上がったので、新たな咳の発作に襲われました。やっとのことでそれも治まり、横になりました。酸いわらの臭いが鼻を突きます。両側の細長い薄板が、手にさわりました。

「こんなベッドでは、一睡もできないのでは……」と心配でした。ところが、次に気づいた時は朝で、扉の近くで、にぎやかな声が聞こえていました。「食事の点呼だよ。」囚人仲間が、知らせてくれました。私は、苦労しながら床の上に立ちました。

扉の一部の、正方形の鉄板の部分が手前に落ちて、小さな棚になりました。その上に、湯気の立つおかゆ入りの、すず製の皿が並べられます。

「ここには、新顔が一人加わりました。だから、五人分です。」マイクス夫人と呼ばれる女囚が、隙間越しに報告しました。棚の上に、もう一つの皿が乱暴に載せられました。「おなかがすいていないなら、食べるのを手伝いますよ。」こう言って、マイクス夫人は、私の顔を見ました。

自分の分を受け取り、灰色の水っぽいオートミールを見つめてから、そっと彼女に渡しました。

しばらくして食器は回収され、棚になっていた窓口はぴしゃりと閉められました。

午前中の遅い時間に、錠に鍵が入れられ、さし金は音を立ててはずれました。扉は、トイレ用のバケツを運び出す間、開けられたままでした。からのたらいは、きれいな水を入れて戻ってきました。女性たちは、めいめいのわらぶとんを持ち上げ、片すみに積み重ねます。その時、ほこりがもうもうと立ち込めたので、またまた咳が止まらなくなりました。

それからあとは、監房の中に、刑務所独特の無気力な退屈感がみなぎりました。まもなく私は、ほかの何ものよりも、これを恐れなければならないことを知りました。初めのころは、ほかの人と話すことによって気分をまぎらわせようとしました。ところが周りの人たちは、できるだけいんぎんに振舞ってはいるものの、私の問いかけをはぐらかしてしまうので、彼女らについて多くのことは、わからずじまいでした。

前日の夜、親切に話しかけてきた若い女性は、まだ十七歳の男爵夫人であることをあとで発見しました。この貴婦人は、朝早くから夜になって室内の電気が消えるまで、ひっきりなしに動いていました。扉に向かって六歩進み、また六歩下がる動作を繰り返し、床の上に座っている人たちをよけながら、おりの中の動物のように行ったり来たりしていました。

マイクス夫人は、ある事務所の清掃員として働いていたオーストラリア人であることがわかりました。彼女は、飼っていたカナリヤのことを思い出しては、よく泣きました。「かわいそうな小鳥さん。どうしているでしょう。餌をやることなど、だれも考えてくれないでしょう。」

彼女の言葉は、私たちの飼い猫を思い出させてしまいました。マヘル・シャラル・ハシュバズは、外に逃げ出したでしょうか。それとも、密閉された家の中で飢えているでしょうか。好んで伝い歩きをした肩がなくなったので、食堂の椅子の脚の間をうろついている彼の姿を、私は想像してしまいました。家の中の上の階に、思いを向けてはなりません。階段を上って行って、スィアやメアリーやウーシーは……と絶対に考えてはなりません。監房に閉じ込められた私は、彼らのために何もしてあげることができないのです。神様は、彼らがそこにいることをご存じなのです。

同室の一人は、このシュベニンゲンで三年を過ごしていました。彼女は、食事を運ぶ車のがたという音を、ほかのだれよりも早く聞き取ることができました。また、足音だけで、だれが廊下を歩いているかもわかりました。「あれは医務室係の模範囚だ。だれかが病気なんだわ。」

「三二六号のだれかが、取り調べのために呼び出されて、これで四度目になる。」

彼女の世界は、この仕切られた小室と外の廊下だけでした。まもなく私は、このように狭い視野を持つことの知恵を教わりました。ですから囚人たちは、外の自由な生活について質問されるのを本能的に避けていたのです。

刑務所に入れられた当初は、父、ベッツィー、ウィレム、ピックウィックが気がかりなあまり、頭がおかしくなりそうでした。こんな食べ物が、父ののどを通るだろうか。ベッツィーの毛布は、これと同じように薄いのだろうか。ところが、このような思いは、大きな絶望感を駆り立てるだけなので、まもなく私は、そのようなことに心を奪われないようにするのが賢明であることを知りました。

　何かほかのものに思いを集中させようとして、マイクス夫人に、彼女が何時間も打ち込んでいるトランプ占いの遊びを教えてくれるように頼みました。各囚人には、一日に二枚、四角いトイレットペーパーが配られます。それを材料として、彼女は手製のトランプを作っていたのでした。彼女は、ベッドのすみに一日中座って、そのトランプを前に並べたり、また集めたりという動作を、際限なく繰り返していました。

　私は、物覚えが悪い人間でした。ベイヨイではトランプ遊びと名のつくものは、いっさいしなかったからです。一人でするゲームの仕方がわかってくると、父がこのようなものに反対した理由がどこにあったのだろうと、不思議になりました。クラブ、スペード、ダイヤ……と呼ばれる印の付いた、この連続した紙片の束ほど無害なものは、ほかにないではありませんか。

　ところが、日がたつにつれて、隠れた危険があることに気づいてきました。トランプ占いの結果が良い時は、上々の気分です。吉と出れば、ハールレムから来ただれかが釈放されたに違いありません。ところが、裏目に出た時は……だれかが、病気になったのかもしれません。あるいは、秘密の部屋の住人たちが見つかったのかもしれません。

　とうとう私は、トランプ占いを止めてしまいました。いずれにしても、長い時間座っていることは苦痛でした。次第に私は、昼の間も夜のように薄いわらぶとんの上に横になり、寝返りを打ちながら、身体が痛まない姿勢を見つけようとむだな努力を重ねてみました。頭は絶えずずきずきして、両腕は痛みが走り、咳をすると血が混ざるようになりました。

ある朝、熱にうなされてベッドの上をのたうっていると扉が開きました。二週間前、この監房に来た時に見た、きんきん声の女性看守が立っていました。

「コルネリア・テン・ブーム！」

その声に、私はふらつく足で立ちました。

「帽子とコートを取って、ついて来なさい。」

自分がこれからどうなるのかヒントを得たいと思って、ほかの囚人たちを見回しました。「あんたは外に出るんだよ。」刑務所生活の専門家が言いました。「帽子をかぶる時は、間違いなく外に出る。」

コートは身に着けたままでした。そこで、壁のフックに掛かっている帽子を取って、廊下に出ました。女性看守は再び鍵をかけ、ものすごい速さで歩き出しました。貴重なマットを踏まないようにと気遣いながら、小走りにあとを追う私の心臓は早鐘のように鳴りました。途中、鍵の閉まった両側の扉を必死に見つめました。二人の姉がどの監房に入れられたか、思い出すことができなかったのです。

とうとう高い塀に囲まれた、広い中庭に出ました。空です。二週間ぶりに見る、青い空です。雲は、何と高いところにあるのでしょう。それは、言葉では表現できないほど白く、清潔そのものです。母にとって空がどれほどのものであったかが、突然、思い出されました。

「急ぎなさい！」　女性看守の鋭い声が、飛んできました。

私は、黒光りする自動車のほうに足を速めました。車のそばに立っていた彼女が、うしろのドアを開けたので中にもぐり込みました。後部座席には、すでにドイツ兵と、骨と皮ばかりの血色の悪い顔色をした女性が座っていました。助手席には、いかにも重症患者といった男の人が、ぐったりと座っており、その頭はうしろのシートにだらりともたれ掛かっていました。

車が動き始めると、そばの女性は血で汚れたタオルを口に当て咳き込みました。これでわかりました。私たち三人の囚人はみな病人なのです。おそらく病院に連れて行かれるのでしょう。

刑務所の大きな門扉が開いて、私たちを乗せた車は外の世界にすべり出し、広い市街を疾走して行きました。私は窓の外の景色を、驚きを込めて見つめました。人々は歩き、店の窓をのぞき、立ち止まっては友人たちと話しています。この私も、たった二週間前まではこのように自由だったのでしょうか。

車は、ある建物の前で止まりました。兵士と運転手が二人がかりで、男の病人を階段の上に運び上げました。私たちは、人々でごった返している待合室に入り、付添いの兵士の監視のもとに座りました。だいたい一時間ぐらいたってから、トイレに行く許可を求めました。兵士は、受付の席に座っている、白衣の看護師に話しかけました。

「こちらへ。」彼女は、きびきびした声で言いました。短い廊下を通って、化粧室の前まで出ると、彼女は私といっしょに中へ入り、ドアを閉めました。「さあ、急いで！　私に何かできることがありますか？」

私は、驚いて彼女を見ました。

「何かしてくださるんですって？　それなら、聖書です！　聖書を手に入れてくださいませんか。それに、ええと、針と糸。それから歯ぶらし。それに石けん。」

その看護師は、自信なさげな表情でくちびるをかみました。「今日は、患者さんがとても多くて、それに監視のドイツ兵がいます。でも、できるだけのことはしてみましょう。」こう言うと、彼女は出て行きました。

彼女の親切心は、小さな部屋の中で、光を反射する白いタイルや銀色に光る蛇口と同じくらい、ひとしきり輝きわたりました。首や顔から垢をこすり落としている時、私の心は、天空を高く飛んでいました。

「早く出るんだ！　長くかかりすぎるぞ！」ドアの外で、男の声が響きました。

あわてて石けんをすすぎ落とし、兵士のあとについて待合室に戻りました。さっきの看護師は、前のように机のうしろに座って仕事をしており、顔を上げませんでした。
また長い間待たされて、やっと私の名前が呼ばれました。医師は私に咳をするように言い、体温と血圧を測り、聴診器を当て、出血を伴う肋膜炎で、結核の前期症状にかかっていると診断しました。

彼は紙に何かを書きました。それから、片方の手でドアの取手をにぎり、もう片方の手を、ほんの少しの間、私の肩に載せ、低い声で言いました。「この診断書が、あなたのお役に立つといいのですが。」

待合室では、兵士が立って私を待っていました。私が部屋を横切ろうとすると、看護師が勢いよく席を立って、私のそばを通りました。その瞬間、私の手に、紙で包んだでこぼこしたものを押しつけました。それをコートのポケットにすべり込ませ、兵士のあとについて、階段を下りました。もう一人の女囚は、すでに車のうしろに座っていました。病人の男は、ついに姿を現しませんでした。帰る間中、私はポケットの中にある物をなでたり、形を確かめたりしていました。

「主よ、これは小さすぎるようです。でも、これが聖書でありますように。」

高い壁から前方に浮かび上がり、門扉が私たちのうしろで、音も高く閉められました。私はまたしても、よく響く長い廊下の端にある監房に戻りました。そして、ポケットから包みを取り出しました。同室の仲間たちは周りに集まって、私がふるえる手で包み紙を開くのを見守りました。

男爵夫人さえ、いつもの歩行運動を止めて、こちらを注目しています。

戦前の石けんという貴重品が二つ出てくると、マイクス夫人は、勝利の叫び声を押えるかのように、口の上を手で軽くたたきました。歯ぶらしや針はありませんでしたが、代わりに、安全ピンの包みという、今までに聞いたこともない財産が入っていました。しかし、いちばんの贈り物は、何といっても聖書でした。もっともそれは聖書全巻ではなく、四福音書を一つずつ分けた四つの小冊子でしたが。

石けんと安全ピンは五人で分け合いました。ところが、聖書の分冊も同じようにしようとすると、仲間たちは辞退しました。「こんなものを持っていたら捕まってしまう。」一人の物知りが言いました。「それに二倍の罰を受け、おまけに〝カルテ・コスト〟もくらうことになる。」

カルテ・コストというのは、配給されるのが温かい食べ物抜きのパンだけという罰則で、私たちを痛めつけるために、しょっちゅう行われていました。騒がしいといって、カルテ・コストです。バケツを運び出すのが遅いといって、カルテ・コストという具合にです。でも、両手の中に納まる貴重な本の代償とあれば、たとえカルテ・コストであってもたいしたことはないと、痛む身体を臭いわらの上で伸ばしながら考えました。

それから二日たった夕方、いつもだと電気が消える時刻近くになって、監房の扉がばたんと開き、女性看守が入って来ました。

「コルネリア・テン・ブーム。荷物をまとめるんだ！」甲高い声が響きます。私は、彼女の顔をまじまじと見ました。ひょっとしたらという常識では考えられない希望が湧いてきました。

「それは、どういう意味ですか……？」

「黙っているんだ。しゃべってはいけない。」

私の「荷物」はまとめるのに、手間どりませんでした。帽子と何度も使ったたらいの水で洗濯した、まだ半乾きの下着だけです。ポケットに貴重なものが入っているコートは、相変わらず私の身体に巻きつけられたままです。

なぜ、こんなに厳格に沈黙している必要があるのかと、私はいぶかりました。なぜ同室の仲間に「さようなら」ぐらい言うのを許してもらえないのでしょう？　この女性看守にとって、時には微笑を浮かべるとか、少しぐらい説明したりすることが、そんなに罪悪だというのでしょうか。

私は、ほかの人たちに目で別れを告げ、背筋を伸ばした看守のあとに付いて出ました。彼女はいったん立ち止まり、扉に錠を掛け、廊下を歩き出しました。ところが、とんでもない方角です。私たちは出口ではなく、迷路に似た刑務所の通路を、いっそう奥へと向かっているのです。

看守は依然として無口のまま、一つの監房の前で止まり、扉を鍵で開けました。中に入ると、扉はかちゃんと閉まり、さし金が掛かりました。

この部屋は、前にいた場所とそっくり同じで、奥行きは歩幅で六歩、横は二歩で、うしろに簡易ベッドが置いてあります。ところが、ここは空室だったのです。看守の足音が廊下のかなたに消えると、私は冷たい鉄の扉にもたれかかりました。これからは、たった一人です。三方の壁に囲まれて、たった一人で生きていくのです。……

いたずらに感傷にふけっていてはなりません。私は、環境に順応する上で成熟すべきであり、現実的に振舞うべきなのです。こう考えて、六歩進み、ベッドの上に腰を下ろしました。ところが、今までのより悪臭がひどいのです。ひょっとしたら、わらが発酵しているのでしょうか。

毛布を手前に引き寄せました。だれかがその上に吐いていたのです！　放り投げた時は、すでにあとのまつりでした。私は、扉近くのバケツに飛んで行き、その上に身を乗り出しました。ちょうどその時、電灯が消えました。手探りでベッドに戻り、暗がりの中で、その上に身体を丸めました。たまらない異臭に耐え、コートにしっかりとくるまりました。監房の冷え込みはひどく、風がまともに壁に当たって、不気味な音を立てています。ここは刑務所のはずれにいちばん近い場所に違いありません。前のところは、こんなに風がうなり声をあげていませんでした。

私がいったい何をしたというので、このように隔離されてしまったのでしょうか。病院での看護師との会話の内容が、ばれてしまったのでしょうか。それとも、ハールレムから来た囚人たちのうちのだれかが尋問されて、私たちのグループの秘密が知られてしまったのでしょうか。ひょっとしたら私の刑は、これからずっと独房での監禁ということになるのでしょうか――。

朝になって、熱が高くなっていました。扉の棚の食べ物を運んで来る間すら、立っていることができません。そのため、一時間ほどして手つかずの皿が取り上げられました。

夕方近くなって扉の窓が再び開き、刑務所独特の粗い厚切りのパンが現れました。食べ物が欲しくてならなかったのですが、歩く力は前よりいっそうなくなっていました。廊下にいただれかが、私の困っている様子に気がついたに違いありません。そのパンを取って、放り投げてくれました。それは、ベッドのそばに落ちたので、私は手で引き寄せ、貪るようにしてかじりました。数日間というもの、高熱で悩まされている間は、このようにして食べ物が届けられました。朝になると扉が開いて、青い仕事着を来た女性が、熱いおかゆの皿をベッドまで運んでくれました。私は食べ物同様、人の顔に飢えていたので、かすれた声で話しかけようとしました。ところが、同じ囚人仲間と思えるこの女性は、廊下のほうをにらみつけ、首を横に振るだけでした。

扉はまた、一日に一度ずつ、医務室係が入って来るために開きました。彼は見るからに薄汚いびんに入った、舌を刺すような黄色い液体を届けました。その彼が、はじめて姿を現した時、私はそでをつかみ、苦しい息づかいで哀願しました。「お願いです。白髪の長いひげを生やした、八十四歳の老人を見ませんでしたか？　キャスパー・テン・ブームです。きっとあなたは、その人のところに、薬を運んで行かれたと思うのですが。」

その男は、私の手を強く払いのけました。「知らないよ。何も知らないよ。」

監房の扉が壁ぎわまで大きく開き、看守の姿が現れました。「独房の囚人は、話すことを許されていない！　おまえがもう一度、当番の囚人に話しかけたら、おまえの刑期が終わるまでずっとカルテ・コストだ！」扉は、二人を外にして、ものすごい勢いで閉められました。

この医務室係の模範囚は、私のところに来るたびに体温計を脇の下に差し入れました。ところがそれは、正確に測られるものとは思えませんでした。案の定、一週間の終わりには食事の差し入れ口から、怒りっぽい声が聞こえてきました。「さあ、立って！　自分で食事を取りに来るんだ。熱は下がっている。もう、食事をそこまで運んでやらないよ！」

熱がなくなっていないことは、実感でわかります。しかし、お皿を取りに扉まで震えながら、這って行くよりほか仕方がありませんでした。

食べ終わって皿をもとのところに戻すと、再び臭いわらの上に横たわり、廊下から聞こえる嫌がらせのわめき声は聞き流すことにしました。「何様だと思っているんだい！　また寝ているよ。あんたは一日中横になっているつもりかい！」横になっていることがなぜ罪悪なのか、私には理解できませんでした。たとい立っていたとしても、いったい何ができるというのでしょう。

私が一人きりになってから、思考することが今までになく大きな問題となりました。名前をあげて家族や友人のために祈ることは、もはや不可能になっていました。一人一人にまつわる思慕の念と、恐怖心があまりにも大きくなっていたからです。私は、このように祈りました。「主よ、私が愛している人たちを、あなたはご存じです。あなたは、それらの人たちに目を留めておられます。どうか、彼ら全員を祝福してください。」

考えることは、敵でした。あの非常用かばん……空想の中で何度私はそれを開け、あとに残してきた品々を手探りしたことでしょう。新しいブラウス。アスピリン、しかもそれは、瓶にいっぱい詰まっていました。はっかの味のする歯みがき粉、それから――

ここまで考えて、私は理性を取り戻すのでした。このような思いは、何と愚かしいものでしょう。仮に私がもう一度あの場にいたとしたら、このような個人の慰めになる小さなものを、ほかの人たちの命に先行させることができたでしょうか。もちろん、できないはずです。

ところが、夜も暗くなって、風がうなり、頭が熱のために痛み出してくると、思いの中の暗い片すみから、いつのまにかあのかばんを引き出していました。そして、またもや、その中をかき回すのでした。このひっかかるわらの上に敷くタオル。アスピリン……

＊　＊

今度の監房は、ただ一つの点で前よりすぐれていました。窓があったからです。その窓には鉄の棒が、横に七本、縦に四本はめられていました。そして、かなり高いところにあったので、外をのぞくことはできませんでした。でも、二十八等分された四角い空間から、空を眺めることができたのです。

私は一日中、そのわずかばかりの天に目を向けていました。時たま、碁盤の目のような空間を雲が流れていきます。それは、白であったり、ピンクであったり、端が金色であったりしました。風が西から吹く時は、波の音が聞こえてきました。

いちばんすてきなことは、毎日一時間ばかり、暗くて小さな部屋に格子模様の光が差し込んでくることでした。それは、春の太陽が高く昇るにつれて、次第に長くなりました。天候が暖かくなり、身体の調子が少しずつ良くなると、私は立ち上がって、日光を顔や胸に受け止めました。光が移動するにつれ、私も壁ぞいに動いてついていき、ついにはベッドの上につま先で立ち、最後の一筋の光と名残りを惜しむのでした。

体力が回復するにつれて、目を使う時間が増やせるようになりました。それまでは、一度に聖書を一句ずつ読んで、たましいの支えにしていました。ところが今度は、飢えた人のように一気に福音書全部を貪り読み、壮大な救いのドラマの全貌を見直すようになりました。

そうしているうちに、信じられないような考えが首筋を刺激するようになりました。今のこの膨大な時間の浪費と、不必要とも思われるすべてのこと――このたびの戦争、シュベニンゲン刑務所、この監房など――は、そのどれ一つを取ってみてもまったく予期しなかったものであり、ただ偶然の結果としか言えないものだったのだろうか？　これらのものは、福音書の最初に明らかにされているパターンの一部なのだろうか？　イエス様は――ここまでくると、私の読書は俄然、熱を帯びてきました――私たちの小さな組織や小さな計画と同じように、弁解の余地のないまでに、徹底した敗北を経験されたのではなかっただろうか？

しかし……もし福音書が、まぎれもなく神の働きのパターンを示しているものであるとしたら、敗北は単なる序曲にすぎません。私は、がらんとした小さな監房を見回して、このような場所から、いったいどのような勝利が湧き上がるのかといぶかりました。

初めの監房にいた刑務所のプロは、コルセットに付いている金具を粗いセメントの床でこすって、ナイフに似たものを作ることを教えてくれました。当時の私にとって、時間の航跡を見失わないようにするのが、かなり大切なことのように思えました。そこで、先をとがらせた金具で、ベッドのうしろの壁にカレンダーを刻み付けることにしました。

長くて何の変わりばえもしない一日がやっとのことで終わりに近づくと、ます目に線を引き、消していきます。私はまた、このカレンダーの下に特別な出来事のあった日付を書き付けることにしました。

一九四四年二月二十八日　　逮捕
一九四四年二月二十九日　　シュベニンゲンに送られる

一九四四年三月十六日　　独房生活始まる

新しい日付が、もう一つ加えられました。

一九四四年四月十五日　　刑務所内での誕生日

誕生日にはパーティーが付きものです。ところが、あたりをどんなに探しても、気持ちを浮き立たせるようなものは何一つ見当たりません。前の監房には、男爵夫人の赤い帽子、マイクス夫人の黄色いブラウスなど、ちょっとした派手な色彩がありました。自分が服装の点で地味すぎたことを、この時どんなにか後悔したことでしょう。

でも、誕生パーティー用の歌ぐらいはあるはずです。こう考えて、「ハールレムの花嫁」と呼ばれた桜の木の歌を選びました。きっと今ごろは満開でしょう――つぼみのほころびる枝々、れんがの歩道の上に雪のように舞い落ちる花びら……この子ども向けの歌は、はなやかな情景を目の前に浮かばせます。

「おい、静かにするんだ！」鉄の扉に、厳しく叱責する声が飛んできました。「独房の囚人は、声を出すな！」

私はベッドの上に座り、ヨハネの福音書を開いて、心の痛みが消えるまで読んでいました。

誕生日から二日後、よく響く大きなシャワー室に初めて連れて行かれました。こわい顔をした女看守がそばに付いており、そのしかめ面は、予期せぬ遠出を楽しんではいけないと言っているようでした。でも、何週間も一人で閉じ込められていたあと、広い廊下に急に踏み出す驚きにも似た喜びを、何ものも抑えることはできません。

シャワー室の入口には、数人の女性の囚人が待っていました。厳しい沈黙の中にも、この人間同士の親近感は、喜びであり、力でもありました。外に出て来る人の顔に目をこらしてみましたが、ベッツィーやノーリーはおろか、ハールレムから来た者は一人としていませんでした。でも、ここにいる人たちは皆、自分の姉妹であるように思えました。人間の顔を見ることができるだけで、人は何と豊かな気持ちになれるものでしょうか。

シャワーも、口では言えないほど快適でした。きれいなお湯が、ただれた皮膚を柔らかく洗い、ほとばしる水が、もつれた髪の毛を通り抜けていきます。今度シャワーを許されたら、福音書の分冊を三冊とも持って行こうと、新しい決意を込めて監房に戻りました。独房生活は私に、一人だけでは豊かになれないことを教えていたのです。

けれども、私はもはや一人ではなくなりました。監房に、忙しそうに立ち回る小さな黒いありが入って来たのです。ある朝、バケツをドアのところに運ぶ時、私のために表敬訪問をしてくれているのを知ったのですが、危うく踏みつけるところでした。私はうずくまって、六本の手足と胴体のすばらしいデザインを飽かずに眺めていました。自分の身体がこんなに大きいことを詫び、これからは無神経に歩き回らないことを約束しました。

しばらくすると、彼は床の割れ目に姿を隠しました。ところが、夕方になって扉の棚に置かれたパンをほんの少しちぎってばらまくと、彼はすぐさま飛び出して来て、私を喜ばせました。彼は大きなかたまりを拾い上げ、苦心しながら穴の中に引きずり込んで、別のを運ぶために戻って来ました。こうして私たちの交流が始まったのです。

太陽が日ごとに訪れる上に、この勇敢でハンサムな客人が私の相手になりました。まもなく客人の数は増え、ちょっとした組織ができました。洗面器の中で洗濯をしていたり、手製のナイフの先をとがらせている時に、ありが顔を出すと、私はすぐさま全神経をそちらに向けました。気が遠くなるような長い一日の中で、同時に二つの動作をすることなど考えられなかったのです！

＊　＊

ある夕方、壁に刻んだカレンダーの、うんざりするほど長い一日に線を引いていると、廊下のはるか向こうから時ならぬ喚声が上がりました。それは津波のように次第に近づいて来ます。やがて、騒々しい声があらゆる方角から聞こえて来るようになりました。囚人たちが騒ぎ立てることなど、普通では考えられないことです。看守たちは、どこへ行ったのでしょう？

扉の棚はパンが届けられてから二時間も経つのに、まだ閉められていません。その窓口に耳を当ててみましたが、外の騒動が何であるかはわかりませんでした。一つ一つの名前が、監房から監房へと伝えられていきます。囚人たちは、歌ったり、扉を叩いたりしています。看守はだれもいないに違いありません！

「お願いです！　静かにしてください！」近くの声が訴えかけました。「看守が帰って来るまで、時間をうんと利用しましょう！」

「何ごとが起こったのですか？　看守たちは、どこにいるんですか！」私は、四角い穴から叫んでみました。

「パーティーに出かけているんです！　今日はヒトラーの誕生日です！」同じ声が、はね返ってきました。

これでわかりました。囚人たちが廊下に向かって大声でどなっているのは、自分自身の名前であるに違いありません。各自の居場所を知らせ合い、情報を交換するための絶好の機会であったのです。

「こちらはコーリー・テン・ブーム！」食べ物を載せる棚越しに、私はわめきました。「私の全家族が、この刑務所のどこかにいます！　だれか、キャスパー・テン・ブームを見かけませんでしたか！　それから、ベッツィー・テン・ブーム、ノーリー・ヴァン・ブールデン、ウィレム・テン・ブーム！」

大声を張り上げて、次々と名前をあげているうちに、声が枯れてしまいました。すると、それらの名前が長い廊下を伝わって、口々に繰り返されていくのが聞こえました。私はまた、伝達網の一人となって、右へ左へと名前を送っていきました。

しばらく経つと、返事が戻ってきました。「ヴァン・デル・エルスト夫人は、三一八号室……」「ペッチェの腕は、かなりよくなりました……。」中には、そのまま申し送りするには忍びないような伝言もありました。「彼の聴力はかなり悪くなっています。一言もしゃべらないで、監房の中に座っています。」「私の主人のユーストに。私たちの赤ちゃんは先週亡くなりました。」

個人あての伝言とともに、外の世界のうわさも流れてきましたが、それは次第に、途方もなく楽観的なものになっていきました。

「ドイツに革命が起こった。」

「連合国はヨーロッパに侵略した。」

「この戦争は、あと三週間とは続かない。」

私が大声で知らせた名前のいくつかが、とうとう戻り始めました。「ベッツィー・テン・ブームは三一二号室にいます。神様はすばらしい方だと伝えてほしいと、彼女は言っています。」

ああ、それでこそベッツィーです。この言葉には、ベッツィーの本領が余すところなく含まれています。

続いて「ノーリー・ヴァン・ブールデンは三一八号室にいました。でも、一か月以上前に釈放されました。」釈放ですって……神様、感謝します。

トゥースも釈放されました。

男子居住区からのニュースは、戻ってくるのに手間取りました。しかし、送り届けられてくるうちに、私の心は高鳴りました。

ピーター・ヴァン・ブールデン、釈放。

ハーマン・スルリング、釈放。

ウィレム・テン・ブーム、釈放。

私の知り得たかぎりでは、ベイヨイの襲撃で検挙された人たちは、ベッツィーと私を除いて、全員が自由の身となりました。ただ、父についての情報だけは、ざわめく廊下に向かって何度も彼の名を呼んではみましたが、ついに入ってきませんでした。父の姿を見かけた者は、だれもいないようです。そして、父について知っている人は、だれもいないようです。

おそらく、それから一週間後のことだったと思います。監房の扉が開いて褐色の紙に包まれた小包を、模範囚が床の上に放り込みました。それを拾い上げ、手で重さを測り、何度もひっくり返してみました。包装紙は乱暴に開かれたのち、ぞんざいに包み直してあります。でも、そのような乱雑さがあっても、ノーリーの心のこもった感触が伝わってきました。私はベッドの上に座わり、包みを開いてみました。

中からは、故郷からの訪問者のように歓迎したい、親しみのあるものが出てきました。ししゅうのある明るいブルーのセーターです。それを身につけると、ノーリーの腕が私の肩に置かれているような気になるのでした。小包の中には、ほかにもクッキーやビタミン剤、針と糸、それに目も鮮やかな赤いタオルがありました。ノーリーは、色彩に飢えた灰色の刑務所生活のわびしさを、十分に知っていたのです。彼女はまた、華やかな赤のセロハンでクッキーを包むという、気の使いようでした。

最初のクッキーをかじっている時、ある一つの考えが湧いてきました。私は、壁ぎわのベッドを天井の電球の下まで引きずりました。その上に乗って、包み紙を明かりにすかしてみました。とたんに、寒々とした小さな部屋は、さくらんぼの赤で覆われました。

外側の褐色の紙の中にあるクッキーを、一つずつ包み直している時、私の目は、ノーリーがきちょうめんに書いたあて先の上に止まりました。それは切手に向かって、右上がりになっています。おかしい、と思いました。ノーリーの筆跡は、傾くようなことはありません。

そうだ、切手に何かありそうです。いつかベイヨイに来た手紙の中に、切手のはってある小さな四角の部分に、鉛筆で通信文が書いてありました。度の過ぎた想像かなと笑いながらも、包装紙を洗面器の水に浸し、切手をゆっくりはがしてみました。

文字が表れてきました。しかし、あまりにも小さな書体であるため、再びベッドの上に立ち、紙を電球に近づけて読まないといけません。

「押入れの中の時計は、全部、無事です。」

無事だ、というのです。では、ウーシー、ヘンク、メアリーなどは全員、秘密の部屋を出たに違いありません。彼らは脱出して、自由の身になったのです！

嬉しさのあまり、激しい嗚咽に襲われました。すると廊下づたいに、重々しい足音が聞こえてきたので、あわててベッドを下り、壁ぎわに押し戻しました。扉の窓口が音を立てて開きました。

「なぜ、そんな騒々しくしている！」

「何でもありません。二度と、こんなことはしません。」

扉の棚は、バタンと閉められました。秘密の部屋の住人たちは、どのようにして生き延びたのでしょう？　また、どのようにしてドイツ兵たちをまいたのでしょう？　でも、そんなことを気にする必要はないのです。愛する主よ、あなたが、あそこにおられたのです。そのことだけが、必要な解答のすべてなのです――。

監房の扉が開いて、女性看守を従えたドイツ軍将校が入ってきました。私の目は、アイロンのよくきいた、鮮やかな色彩の戦功章をたくさん付けた軍服を、食い入るように見つめました。「ミス・テン・ブーム。」その将校は、流暢なオランダ語で話しました。「いくつかの質問をしますが、あなたのお助けがいただけると信じています。」

女性看守は素早い動作で、小さな腰掛を将校のために置きました。私は驚きの目で彼女を見つめました。この、こびへつらっている女性が、女子居住区の間で鬼のように恐れられている人物なのでしょうか。

将校は腰を掛けて、私にベッドに座るように合図しました。その身振りには、刑務所外の世界に属する何かが感じられます。彼が小さな手帳を取り出し、名前を読み出した時、突然私は、しわくちゃになった衣服や、手入れをしていない長く伸びた爪が気になってきました。

彼が挙げた名前の中には一つとして知っているものがなかったので、正直のところ、ほっとしました。どこにもある「スミット氏」を使っていた知恵が、今になってよくわかりました。将校は立ち上がりました。「まもなく、あなたの聴聞が始まりますが、それに出るだけの健康を取り戻しましたか。」

再び、まるで普通の人に聞くかのように尋ねられました。「はい。そう思います。」将校は、廊下の外に出ました。女性看守が腰掛を持ち、急ぎ足でついて行きました。

＊　＊

五月三日のことでした。私はベッドに腰掛けて縫物をしていました。ノーリーから小包が届いてから、すてきな新しい仕事ができました。赤いタオルから糸を一本一本と抜いて、最近になってやっと服の下に着るのをやめたパジャマに、派手なししゅうをしていたのです。

風にゆらぐカーテンと窓。おびただしい数の花びらと葉のついた花――右ポケットの上に、猫の頭の縁どりを始めたばかりの時に、食事を載せる棚が開き、すぐに閉められました。

監房の床の上に、一通の手紙があります。

私は、手にしていたパジャマを落とし、飛んでいきました。ノーリーの筆跡です。なのに、それを拾い上げる私の手は、なぜこんなに震えるのでしょう?

その手紙は、検閲係によって開封され、保管されていました。郵便スタンプは一週間前の日付です。しかし、それはまぎれもなく手紙でした。しかも、家から来た初めてのものだったのです。

それにしても、なぜこんなに、突然の恐怖に悩まされるのでしょう。

便箋を広げてみました。「コーリー、気をしっかり持っていてね……」

だめです。気をしっかり持つことなど、できません。無理矢理に先を読み進めました。

「とても書きづらいことをお知らせしなければなりません。お父さんは逮捕されてから、たった十日間しか生きていませんでした。お父さんは今、主とともにあります。……」

私は、両手で便箋を広げたまま、長い間立ちつくしていました。毎日訪れて来る太陽の光が、いつのまにか監房の中に差し込み、文面の上に落ちていました。

お父さん……お父さん……。残りの部分を読んでいると、手紙は交差した十字の光の中できらきら輝いていました。ノーリーは父がどのようにして、またどこで死んだのか、またどこに葬られたかなどの詳細については一言も書いていませんでした。

やしの木の繊維でできたマットの上を、足音が通って行きました。私は、扉のところに走って行き、閉まっている窓口に顔を押しつけて、「お願いがあります！　お願いがあります！」と叫びました。

足音は止まり、扉の棚が開きました。

「どうした！」

「お願いです。とても悪い知らせが来たのです。お願いだから、行かないでください！」

「ちょっと待て。」いったん足音は遠のきましたが、やがて鍵束のがちゃがちゃ鳴る音とともに、戻ってきました。監房の扉が開きました。

「さあ」と、若い女看守が、コップの水とともに錠剤を渡しました。「これは鎮静剤だ。」

「たった今、この手紙が来たんです」と説明しました。「これには、私の父が……私の父が死んだと書いてあります。」

彼女は、私をじっと見つめ、「あんたの父親だって?」と、いかにも驚いたように言いました。この若い女性にとって、私はどんなにか年を取ったお婆さんに見えたことでしょう。看守はしばらく入口のところに立っていましたが、私の涙を見て気まずくなったようでした。そのうちに、口が開きました。「たとい何が起こったにせよ、自分でまいた種を刈り取っただけだよ。あんたは法律を破ったんだから。」

扉が閉まり、足音が遠ざかっていくのを聞きながら、私は小声でささやいていました。


愛するイエス様、あなたがここにいらっしゃるというのに、人間の助けを呼び求めたりして、私はほんとうに馬鹿でした。父は今、顔と顔とを合わせて、あなたを見ているのです。父と母は再会して、光り輝く大路をいっしょに歩いているのです。……

私はベッドを壁ぎわから引いて、カレンダーの下に、もう一つの日付を刻み付けました。

一九四四年三月九日　　父、釈放。

一一　ラームズ中尉

今まで見たことのない廊下を、私は看守のやや右うしろから、足が「神聖なマット」に触れないように気を配りながら歩いていました。右に曲がり、数歩行って、また右に曲がる……この刑務所は、何と入り組んだ迷路になっているのでしょう。

とうとう小さな中庭に出ました。霧雨がしとしと降っています。五月末の薄ら寒い朝のことでした。刑務所に入れられて三か月してから、初めての取り調べに呼び出されたのです。

庭の三方には高い建物があって、あちこちの鉄格子の窓が、こちらをのぞいています。残った一つの方角には、高い壁がはりめぐらしてあり、それを背景にいくつかの小屋が並んでいます。これが、悪名高い尋問の行われる場所であったのです。私は、ヒトラーの誕生日の夜に提出した報告書を思い起こして、息づかいを荒くしていました。

「主イエス様、あなたも、取り調べのために呼び出された経験がおありです。どうしたらよいのか教えてください。」

その時ふと、あるものに目が留まりました。四番目の小屋の主人は、周囲にチューリップを植えていたのです。それは、すでにしおれていて、長い茎と黄色くなった葉が残っているだけでした。でも、私は心の中で祈っていました。「愛する主よ。あの四番目の小屋に行かせてください」と。

看守が立ち止まり、制服の肩に結びつけてある、軍隊用の長いケープのひもをほどきました。彼女は、それをかぶって雨を避けながら砂利道を歩き出しました。第一、第二、第三の小屋を過ぎました。彼女は花壇のある小屋の前で足を止め、ドアをたたきました。

「ヤー　ヘライン！」　男性の声が聞こえました。

看守はドアを押し開け、右手をまっすぐ伸ばす敬礼をして、きびきびした動作で進みました。正面にいるのは、革袋にピストルを差し込み、軍服にたくさんの戦功章のリボンがついている人物でした。彼は帽子をとりました。いつか私の監房を訪問したことのある、優雅なふるまいをするこの男性の顔を、じっと見ました。

「ラームズ中尉です。」彼はそう名乗って、ドアのところに行き、私のうしろで閉めました。「あなたは寒さで震えていらっしゃる。火を強くしましょう。」彼は、だるまストーブのふたを開けて、石炭を詰めました。親切なドイツ家庭の主人が、客をもてなす仕草です。もしこれが巧妙なわなだとしたら、どうなるのでしょう。この親切で、人間的な温かみのある態度――おそらく彼は、愛情に飢えた人から真実を聞き出すには、このようにするのが残忍な仕打ちより効果的だと知っていたにすぎないのかもしれません。「ああ主よ、私の弱さによって、他人のいのちが危険にさらされるようなことのないよう、導いてください。」

その将校は口を開きました。「今年の春は、今日のような寒い日がそんなにないといいですね。」彼は椅子を取り出して、私に勧めました。

私は用心深く、その好意を受け取りました。三か月ぶりの、椅子の背にもたれ、両手をひじ掛けに載せる感触は、別世界のものと思えました。ストーブの熱は、小さな部屋をすぐに暖めました。

気を張っているにもかかわらず、くつろぎはじめていました。私はおずおずと、話題をチューリップに向けてみました。「茎が非常に高いようですから、花はきっと美しかったでしょうね。」

「もちろんですとも。」彼は、おかしいほどご機嫌の様子でした。「今までに栽培したものの中で、いちばんの出来でした。故郷では、いつもオランダの球根を手に入れるのです。」

しばらく、花について話がはずんだのち、彼は言いました。「ミス・テン・ブーム。私は、あなたをお助けしたいのです。でも、あなたは私に何もかも打ち明けなければなりません。もしあなたが、全部を白状するなら、私はあなたのために、きっといいようにしてあげます。」

相手側の本性が露わになりました。半分ほど信じかけていた、今までの親切な思いやりはみな、情報を引き出すための策略だったのです。でも、当然のことだと認めるべきです。この男は、取り調べにかけてはプロです。一方、この私もまた、少なからずプロなのです。

彼は一時間にわたって、私たちの組織の若い人たちがあらかじめ訓練してくれていた、様々な心理トリックを用いて尋問しました。実のところ私は、難しい試験を予想して詰め込んでおいたのに、最も初歩的な試験問題を出された学生のような気分になりました。

当局が、ベイヨイは国中の食糧配給事務所を襲撃するグループの本部だと信じていたことが、すぐにはっきりしました。ただし、これまで関わっていた非合法の活動の中で、これは私が最も通じていない部門であったことも確かです。毎月、盗まれた配給券を受け取り、それを分配する以外の詳細について、私は少しも知らなかったからです。やがて、この点については私の無知さが露呈してくると、ラームズ中尉は私の愚かな返答を書き留めようとしなくなりました。

「ミス・テン・ブーム。あなたのほかの活動についてお聞きしているんです。そのことについて、何か話していただけませんか。」

「ほかの活動ですって。ああ、あのことですか。知的障がいの人たちのための、私の教会について知りたいのですか。」こう言って私は、知的障がいを持つ人々に神の話を伝えた自分の苦心について、熱心に説明し始めました。

中尉の眉は、みるみる釣り上がりました。「何という時間とエネルギーの浪費だ！」とうとう彼は、かんしゃく玉を爆発させました。「もし改宗者が欲しいというのなら、たった一人の正常な人間のほうが、全世界の薄馬鹿より価値があるではありませんか。」

私は、この人物の理知的な、灰色がかった青い目をのぞき込みました。その言葉には、チューリップの花壇あるなしにかかわらず、いかにも国家社会主義的な哲学が含まれていると思いました。そして驚いたことに、勇敢な答弁が私の口を突いて出ていたのです。

「ラームズ中尉、あなたに真実をお知らせしましょうか。」

「ミス・テン・ブーム。この聴聞は、あなたが真実を語るという想定のもとに開かれているのです。」

「ほんとうのことを言いますと……」私はこう言って、つばを飲み込みました。「神の観点は、時々、私たちのそれとは違います。あまりにも違っているので、もし神がそのようなことを伝える書物を与えてくださらなかったら、推測することさえできないほどです。」

ナチの将校に向かって、このように話すのが狂気の沙汰であることは、十分にわかっていました。ところが、彼はひとこともしゃべらないので、私は勢いづいてさらに続けました。

「聖書を読みますと、神は能力や頭脳によって人間を評価されるのではなく、神が私たちを造られたという理由だけで、この存在を価値あるものと認めておられることがわかります。神の目の前では、薄馬鹿が一介の時計工より、または中尉さんより価値があるかもしれないことなど、だれにわかるというのでしょう?」

ラームズ中尉は、急に立ち上がって言いました。「今日は、これで終わり。」彼は、急ぎ足でドアのところに行き、「看守!」と、声を張り上げました。

砂利道の上から、足音が聞こえてきました。

「この囚人を、監房に連れ戻すように!」

寒くて長い廊下を、看守のあとについて歩いている時、私は自分のあやまちに気づいていました。言い過ぎてしまいました。あの取調官が、私の件で興味を持ってくれるチャンスをつぶしてしまったのです。

ところが翌日の朝、監房の扉を開け、私を聴聞の場へとエスコートしてくれたのは、ほかならぬラームズ中尉自身だったのです。彼はどうやら、囚人はマットの上を歩いてはいけないという規則を知らないようでした。私を先に歩かせ、廊下の中央を進むようにと合図したのです。

私は、居間のソファーに乗っている現場を見つかった、よく訓練された犬のように罪悪感を覚えながら、途中ですれ違う看守たちの目を避けていました。

中庭に出た時、まぶしく太陽が照っていました。「今日は、外にいることにしましょう。あなたの顔色はすぐれません。十分に日光を浴びる必要があります。」

感謝しながら、私は彼のあとについて、小さな庭のいちばん隅に行きました。そこは、空気が静止していて暖かでした。私たちは、壁にもたれかかりました。「実は昨夜、眠ることができなかったんです。」中尉が言いました。「今までと全く違う見方があると、あなたが指摘した書物について考えていたからです。その本は、ほかにどんなことを教えていますか。」

閉じたまぶたの裏で、太陽がちらちらと光り、それから炎のように燃え上がりました。私は、おもむろに口を開きました。「聖書は、光がこの世に来たので、私たちは二度と暗闇の中を歩く必要がないと教えています。中尉さん、あなたの生活の中には暗闇がありますか？」

長い沈黙が続きました。

「とても大きな闇があります。」彼の重い唇が、やっとのことで開きました。「私は、ここでの仕事に耐えられないのです。」

これだけ言うと、彼は堰《せき》を切ったように、ブレーメンにいる妻子のこと、庭園のこと、飼っている犬のこと、夏の休暇を利用して行ったハイキングのことなどを一気に話し始めました。「ブレーメンは先週も爆撃されました。私は毎朝、家族はまだ生きているんだろうかと、自分に問いかけているのです。」

「ラームズ中尉、あなたの家族をいつも見守っておられる方がいます。イエス様は光です。この光は、あなたが今いるような暗闇さえも照らすと、聖書は教えています。」

彼は、軍帽のつばを目のすぐ上まで下げました。死の象徴とも言えるどくろの記章が、太陽の光を受けてきらりと光りました。ほとんど聞き取れないほど低い声で、彼はつぶやきました。

「私の暗闇がどれほどのものか、あなたにわかるものですか……」

午前中の取り調べは、なお二日続きました。彼は地下運動について尋問するふりをすっかりやめ、特に私の子ども時代のことを聞きたがっているようでした。母や父やおばたちの話になると喜んで何度も聞きました。ラームズ中尉は、父がここシュベニンゲンで死んだことを知って、ひどく怒りました。私の調査書には、そのことはただの一行も載っていなかったのです。

ただし調査書には、私がなぜ独房に入れられたかという質問の答えは書いてありました。「同房の他の囚人に伝染する恐れあり」というのです。ラームズ中尉の指先にある、わずかばかりのタイプの文字を、私は穴が開くほど見つめました。強風におびやかされ続けた長い夜のこと、不機嫌な看守、沈黙の規則などを思い起こしました。「独房に移されたのが懲罰でなかったとしたら、どうして看守たちは私をあんなに叱りつけたのでしょう？　なぜ私は、話すことさえ許されなかったのでしょう。」

中尉は、目の前の書類の端を丁寧にそろえていました。「ミス・テン・ブーム、刑務所にもほかの施設と同じように一定の規則があり、行動上の一定の規律があるのです。」

「でも、もう私の病気は伝染しません。このところ、ずいぶんよくなっていますし、それに姉がすぐそばにいるんです。ラームズ中尉、ベッツィーにちょっとでも会えたら、というのが私の願いです。ほんの二、三分でも、彼女と話すことができないものでしょうか。」

うつむいていた彼は目を上げました。その目には、苦悩の色がありありと浮かんでいました。

「ミス・テン・ブーム、あなたから見れば、私は権力者と思えるかもしれません。私は軍服を着ていますし、部下には一定の権威を持っています。でも、ハールレムのご婦人よ、私自身、刑務所に入れられているのと同じことです。ここよりずっと強力な刑務所に……」

四度目の、最後の聴開会になりました。私たちは、もとの小さな事務所に戻って、調書に署名することになりました。彼は完成された写しを集め、私を一人残して出て行きました。

真実を探り出そうと懸命になっていたこの人に、さよならを言うのが心苦しくなりました。彼にとっていちばん耐えがたいことは、クリスチャンと言えども苦しまねばならないことであるかのように、私には思えました。「今でも、あなたは神を信じることができるのですか」と彼は尋ねました。「あの愛すべき父親を、ここシュベニンゲンで見殺しにしてしまうとは、いったいどんな神だというのです。」

私は椅子から立ち上がり、ずんぐりした小さなストーブに手をかざしました。私としても、なぜ父がこんな場所で死ななければならなかったのか、理解することはできません。私には、理解できないことがたくさんあるのです。

困難な問題に対して父の口から出た答えが、突然、思い出されました。「ある知識は子どもには重過ぎるんだ。おまえがもっと大きくなり、力がついたら持ち上げることができる。でも今は、お父さんが代わりに運ぶのを信頼して黙って見ていればいいんだ。」そうです、列車の中で父が話してくれたことを、ラームズ中尉にも話してあげましょう。父の話となると、彼はいつも喜んで聞いてくれたからです。

ところが、中尉が部屋に帰って来た時は女性看守がいっしょでした。「囚人テン・ブームは、取り調べが終わった。監房に連れて行くように」と彼は言いつけました。

若い女性看守は、長靴のかかとを鳴らし、気をつけの姿勢をとりました。私がドアの外に出ようとすると、ラームズ中尉は前のめりになって声をかけました。

「F廊下に出たら、ゆっくり歩きなさい。」

ゆっくり歩けですって？　彼は、いったい何を言いたいのでしょう？　看守は、扉がずらりと並ぶ長い廊下を、ものすごい速さで歩きました。そのため、遅れないようにするには小走りであとについて行かなければなりません。私たちの前では、ちょうど模範囚が監房の扉を開けているところでした。私は看守に遅れまいと懸命になりながらも、心臓が激しく動悸を打つのを覚えました。そこは、まがいもなくベッツィーの監房だと思われたからです。

扉の前に来ました。ベッツィーは廊下と反対のほうを向いていました。私の目に映ったものはただ、なでつけられた栗色の髪の毛の束だけでした。その監房のほかの女性囚人たちは、物珍しそうに廊下のほうを見ています。ベッツィーは、ひざの上に載せた何かに向かって、かがみ込んだままです。でも私はそこに、彼女がシュベニンゲンに作り出した家庭の雰囲気を見たのです。

ここの監房には、いっさいの常識を破って、信じられないほどの魅力がありました。切ない思いでその前を小走りに通り過ぎる時、私の目にはごくわずかなものしか映りませんでした。

わらぶとんは、隅のほうに積み重ねてあるのではなく、きちんと巻いて、小さな柱のように壁ぞいに立てかけられており、それぞれの上には女性用の帽子がかぶせてありました。一枚のスカーフが、どういうわけか壁にかけてありました。いくつかの食料品パッケージの中身が、小さな棚の上に並べられています。「その赤いビスケットの缶は、この真中にね」とベッツィーが言っているのが聞こえてくるようです。壁に掛かっているコートまでが、この部屋を明るく引き立てる小道具となっていました。それぞれの袖が、次のコートの肩にかかっていて、ちょうど踊っている子どもの列のように見えたのです。

「シュネラ！　アーバル　シュネル！（もっと急げ、急げ！）」

この声に私は飛び上がり、看守のあとを追いかけました。せいぜい二秒程度の、ほんのつかの間ののぞき見でした。でも私は、ベッツィーの軽やかな心遣いをそばに感じながら、シュベニンゲンの長い廊下を渡って行きました。

朝からずっと、あちこちの扉が開いたり、閉まったりする音が聞こえています。今度は私の監房の扉の外で、鍵束の音が聞こえてきて、真新しい制服を着た非常に若い看守が、あたふたと飛び込んで来ました。

「囚人、気をつけの姿勢をとれ！」彼女は、きいきい声でどなりました。私は、彼女の大きくて、ぱちぱちとまばたく目を見つめました。この若い女性は、何かを、あるいはだれかを非常に恐れている様子でした。

その時、入口に人影が現れて、今までに見たこともないような背の高い女性が監房に入って来ました。彼女の容貌には古典的な美しさがあり、顔にも背丈にも女神のような威厳がありました。ただしそれは、大理石のような冷たい美しさでした。その目には、一切の感情がないように思えました。

「ここにもシーツがない。」彼女は、ドイツ語で看守に言いました。「火曜までに二枚を備え付けておくように。一枚ずつ、二週間ごとにかえること。」

氷のように冷たい目は、ベッドを見つめた時と同じ表情で私を観察しました。「この囚人は何度シャワーを使っている？」

看守は、唇をぬらし、かしこまって答えました。「バヒトマイスタリン（看守長殿）、一週間に約一度です。」

一週間に一度ですって！　一か月に一度のシャワーと言ったほうが、事実に近いのに。

「一週間に二度にするように。」

シーツの配給、そして週二度のシャワー！　条件がよくなっていくのでしょうか。新任の看守長は、部屋の中に二歩入りました。彼女が天井の高い電灯に触れるのに、ベッドの助けは必要ありませんでした。赤いセロファンで作った電燈の笠が、勢いよく引きはがされました。そして、ノーリーからの第二便として届いた、ソーダ・クラッカーの箱を指さしました。

「監房の中に、箱を置いてはいけない！」　小柄な看守は、それがあたかも昔からの規則であったかのように、怒りを込めてオランダ語でわめきました。

どう処分したらよいかわからなかったので、私は中身のクラッカーをベッドの上にあけました。看守長の無言の圧力で、ビタミン剤のびんと、はっか入りドロップの袋も同じようにしました。

金切り声を上げたり、さびたちょうつがいに似た声で絶え間なく叱りつけた前の看守長と違って、この女性は恐ろしいほど無口のまま行動しました。彼女は身ぶりで、マットレスの下に手を入れて調べるようにと看守に指図しました。

心臓が口から飛び出そうになりました。貴重な福音書の分冊が、そこに隠してあったからです。

看守はひざをついて、ベッドの端から端まで手を走らせました。ところが、神経質になりすぎたために徹底できなかったのか、それとも、説明できない神秘的な理由があったのか、ともかく、その手には何もつかまれていなかったのです。

こうして、二人は去って行きました。

私は立ったまま、ベッドの上に散らばった食べ物を呆然としながら見つめていました。私は、さっきの女性がベッツィーの監房に行き、そこを再び、壁とベッドだけの殺風景な部屋にする様子を思い浮かべました。底冷えのする風があらゆるものを一掃し、片付け、人の情を殺しながら、シュベニンゲンを吹き抜けて行きました。

この背の高い堅苦しい女性は、六月後半のある午後、私の監房の扉を開け、ラームズ中尉を中に招き入れました。彼の表情が厳しかったため、口を突いて出そうになったあいさつの言葉をあわてて飲み込みました。

「私の事務所に来るように。公証人が来ているから。」彼は、ぶっきらぼうに言いました。

私たちは、お互いに一度も会ったことがないように振舞いました。「公証人ですって?」 私は、愚問を発してしまいました。

「あなたの父の遺言を読むためです。」彼は、いらいらした身振りで返事をしました。公証人との立会いという些細な出来事が、自分の忙しいスケジュールに入ってきたのが、勘にさわっているようです。「遺言状が開かれる時に家族が出席する。これが法律です。」

これだけ言うと、彼は早々と監房をあとにしました。私は、そばについている無言の女性と歩く速度を合わせるため、ぎこちなく小走りに駆け出しました。

法律だということでしたが、いったいどんな法律でしょう？　しかも、ドイツ軍政部がオランダの法的機関となっている今のことです。その上、家族という言葉が出ました。家族が出席する……でも、今の私にとって、このことは絶対に考えてはならないのです。

中庭に通じるドアのところで、看守長は背中をまっすぐに伸ばし、無表情で回れ右をして、廊下をあと戻りして行きました。私はラームズ中尉のあとに付いて、初夏の午後のまぶしい陽光の中に出ました。四番目の小屋の前に来ると、彼は私のためにドアを開けてくれました。目が暗がりに馴れる前に、私はウィレムの両腕の中に、しっかりと抱きしめられていました。

「コーリー、コーリー、小さな妹よ！」彼がこのように私を呼んだのは、五十年ぶりのことでした。

今度は、ノーリーの手が私の肩に載ります。彼女のもう一方の手は、依然としてベッツィーをつかんだままです。ノーリーはあたかも、私たち二人を永久に離すまいとするかのように、腕に力を入れるのでした。

ベッツィー、ノーリー、ウィレム！　どの名を最初に呼んだらいいのか、私はとまどいました。ティンも、この小さな部屋に来ています。それに、フリップも！

もう一人いました。やっと落ち着きを取り戻し、その人を見つめると、私たちの時計店の法律相談でたまに来たことのある、ハールレムの公証人だとわかりました。私たちは抱き合いながら、腕の長さだけ離れて、お互いの顔を見つめました。それから、様々な質問が同時に口を突いて出てきました。

ベッツィーはやせ細り、刑務所生活独特の青白い顔をしていました。しかし、私にいちばん衝撃を与えたのはウィレムでした。その顔はやつれきって黄ばんでおり、苦痛のためゆがんでいました。ティンの話によると、彼はこのような状態でシュベニンゲンから帰って来たということです。ウィレムが収容されていた小さな監房には、八人がひしめき合っていて、そのうちの二人が黄疸で死んだということでした。

ああ、ウィレム！　そのような彼を、まともに見るには忍びません。私は、手を彼の腕の下に差し入れ、顔を見なくてすむようにそばに立って、ウィレムのなめらかで深味のある声を楽しみました。

ウィレムは、自分の病気のことはいっこうに気にかけていない様子でした。彼の関心は全部、キックに向けられていたのです。この、ブロンドのハンサムな息子は一か月前、パラシュートで降下したアメリカ兵が北海にたどり着くのを手伝っているところ、当局に捕まりました。彼は直近の囚人護送列車で、ドイツに移送されるに違いないということです。

父のことについてですが、その最期の様子が少しわかってきました。父は監房内で発病し、自動車でハーグの市立病院に運ばれたそうです。そこには、空いている病床が一つもありませんでした。

父は、どういうわけか身分を証明する記録も手がかりもないままに、ひとり廊下で息を引き取ったということです。病院の関係者たちは、この無名の老人を、貧困者のための共同墓地に葬りました。私の家族たちは、その墓の場所もわかったと言っていました。

私はふと、ラームズ中尉を横目で見ました。彼は、私たちが話している間中、こちらに背を向けて立ち、火の気のない冷たいストーブを見下ろしていました。私は、最初の抱擁の時、ノーリーが私の手に押し付けた包みを、すばやく開いてみました。

それは、喜びにはやる私の心があらかじめ知らせていたもの、すなわち新旧約を含めた聖書でした。携帯用の小型聖書で、以前私たちが身分証明書を首から下げる時に使った小さなポーチに納められていました。私は急いでそれを首にかけ、ブラウスの下にしまいました。ノーリーにはどう感謝してよいか、言葉すら浮かんできません。実はその前の日、シャワーを浴びるために並んでいる時、最後に残っていた福音書の分冊を人にあげてしまったのです。

「あまり詳しいことはわからないがね……」ウィレムは、声を落としてベッツィーに話しかけました。「ベイヨイが襲撃されてから二、三日して、それまで監視に当たっていたドイツ兵の代わりに、警官隊が派遣されることになったんだ。」

彼の話によると、四日目の夜になって、署長は、ロルフと私たちの組織に属していたもう一人を、配置につかせることに成功したというのです。この二人の警官は、ユダヤ人たちが全員無事であるのを見届けました。彼らは、狭い場所に閉じ込められ、空腹を訴えていましたが、新しい隠れ家に避難することができました。

私は、小声で聞いてみました。「それで、あの人たちは今のところ、全員無事なのですね。」

ウィレムは、くぼんだ目で私を見下ろしました。彼は、重要な秘密を隠しておくのがとてもへたな性分です。「コーリー、みんな無事だよ。メアリー以外はね……」

彼の説明によると、年を取ったメアリー・イタリーは、日中に町の通りを歩いているところを捕まったというのです。なぜ彼女が外に出かけたのか、なぜ白昼に身をさらすようなことをしたのか、だれにも理由はわかりませんでした。

「さあ、時間です。」ラームズ中尉は、ストーブをじっと見つめるのを止め、公証人にうなずいてみせました。「遺言状を読み上げるように。」

遺言状は簡潔で、ずいぶん砕けた内容のものでした。ベイヨイは、ベッツィーと私が望むかぎり、私たち二人のものである。家屋、ないし店舗を売却することによってお金が入った場合は、私たちを平等に愛した父の愛と同じように、金額を均等に分割すること。父は私たち子どもたちを、喜びをもって神の絶えざるご配慮にゆだねること。

朗読のあとに続いた静寂の中で、突然、私たち全員は頭を垂れました。「主イエス様……」ウィレムが口を開きました。「私たちは、ここにいる善良な人の保護のもとに、今こうしていっしょになれたことを知って、御名をあがめます。私たちは、この人にどのように感謝してよいか、わかりません。今の私たちには、この人に何もしてあげる力がありません。主よ、この人にも、私たちが父から受け継いだものを、同様に分け与えてください。この人とその家族を、あなたの絶えざるご配慮にゆだねます。」

外庭からは、砂利を敷き詰めた歩道を踏みしめる、看守の足音が聞こえてきました。

一二　フュフト

「荷物をまとめろ！　立ち退きの準備をするように！　持ち物を全部、枕カバーに入れるんだ！」　看守たちの叫び声が、長い廊下の端から端まで響き渡りました。

私は興奮のあまり、監房の真中に立っていました。立ち退きだというのです。何かが起こったに違いありません。私たち囚人は、この刑務所を引き払うのです。きっと、連合軍の進攻作戦が始まったに違いありません！

私は、枕カバーの中に詰め込んでいたわらを出しました。このちょっとした厚い綿布は、配給されてから二週間というもの、どんなに大きな祝福を与えてくれたことでしょう。この枕があるおかげで、わらぶとんからの悪臭と、頭へのかすり傷が防がれたのです。約束された二枚のシーツが届けられないことなど、ほとんど問題にはなりませんでした。

私は震える手で枕カバーの中に、ブルーのセーター、パジャマ（今では前とうしろに、ししゅうがいっぱいしてあります）、歯ぶらし、くし、トイレット・ペーパーにくるんだ残り少ないクラッカーなど、わずかばかりの所有物を入れました。聖書は、読んでいる時以外は背中のポーチに入れたままになっています。

私はコートを着て帽子をかぶり、ふくらんだ枕カバーを両手でつかみ、鉄の扉のそばに立ちました。まだ朝の早い時間です。朝食用のすずの皿は、扉の棚に置かれたままになっています。立ち退きの準備をするのに、ほとんど時間はかかりませんでした。

一時間が過ぎました。私は、ベッドの上に座りました。二時間が過ぎ、そして三時間が過ぎました。六月も下旬なので、監房の中も暖かです。私は帽子をとり、コートをぬいで、そばにたたんでおきました。

さらに時間は経過していきました。私は、ありの穴をじっと見ていました。小さな友人たちが、最後の訪問をしてくれないかと待っていたのですが、とうとう姿を現しませんでした。たぶん、朝早くから私が駆け回っていたので、すっかりおびえてしまったのでしょう。私は枕カバーに手を入れて、クラッカーを一枚取り出し、小さく割って、コンクリートの小さな割れ目の周りにまいてみましたが、ありは一匹も出て来ません。彼らは、安全な場所に隠れているのです。

突然私は、このこと自体が、私とありとの間の無言の意思伝達であることを知りました。なぜなら、私にも、物事がうまくいかない時の隠れ家があるからです。イエス様がその隠れ家であり、岩の裂け目なのです。私はコンクリートの小さな亀裂を、指で押さえてみました。

午後の陽光が壁に差し込んできて、ゆっくりと監房の中を横切っていきました。すると突然、廊下で何かの音が響きわたりました。あちこちの扉がこすられ、錠のさし金は勢いよくはずされます。「外に出るんだ！　シュネル（急げ）！　全員、外に！　話してはいけない！」

私は、帽子とコートをつかみました。

部屋の扉が音を立てて開きました。「五列縦隊を作れ――」と叫んだ看守は、すでに次の監房に行っていました。

私は、廊下に飛び出しました。壁から壁まで、人でいっぱいです。まさかこんなに多くの女性囚人がこの廊下の住人であったとは、今まで夢にも思いませんでした。

私たちは互いの顔を見ました。「進攻」と声を出さずに口を開きました。この無言の言葉は、電流のように女性集団の間に伝わっていきました。きっと連合軍による、オランダの進攻が始まったに違いありません。そうでなければ、刑務所をからにするはずがありません。

私たちはどこに連れて行かれるのでしょう？　どこに向かおうとしているのでしょうか。どうか、ドイツではありませんように！　ああ主よ、ドイツではありませんように。

前進の命令が出されました。私たち四人は、持ち物のためにふくれている枕カバーをめいめいが手にして、長くて底冷えのする廊下を、足を引きずりながら歩いて行きました。ついに刑務所の正門の内側にある広い庭に出て、そこでまた長い間待たされることになりました。

でも今度の待ち時間は、遅い午後の日差しを背中に浴び、快適なものでした。ずっと離れた右端には、男性囚人の列が見えます。けれども、首が痛くなるほどあたりを見回しても、どこにもベッツィーの姿は見当たりません。

やっとのことで大きな扉が開いて、灰色の輸送バスの一隊が入って来ました。私は三番目のバスに押し込められました。座席は全部取りはずされ、窓ガラスにはペンキが塗ってあります。発車する際、恐ろしいほど揺れましたが、少しの隙間もないほど詰めて立っていたので、倒れるようなことはありませんでした。車体がきしんで止まった時、市の郊外のどこかにある貨物駅に着いていてました。

再び私たちは、列を作りました。看守たちは、緊張した甲高い声を張り上げています。私たちは頭を前方に向けたままで、横見をするのを禁じられました。その背後では別のバスが到着して、また、走り去って行く音が聞こえてきます。あたりはまだ明るかったのですが、空腹具合から、夕食の時間はとうに過ぎていることがわかりました。

その時、前方左の今着いたばかりの囚人集団の中に、栗色の髪の束を見つけました。ベッツィーです！　何とかして、そのそばに行きたいと思いました。私は、暗くなるまで二人の居場所が変わらないようにと祈りました。

六月の長い一日は、ゆるやかに暮れていきました。雷が鳴り、雨がぱらついてきました。やっとのことで、無燈火の客車の長い列が、ゆっくりと目の前の線路に入って来ました。それは、がたんと音を立てて止まり、それから少しばかり車輪をきしませ、再び止まりました。しばらくすると、今度はバックし始めました。一時間ないしはそれ以上も、列車は行ったり来たりしていました。

乗車命令が出るころは、あたりは真っ暗になっていました。囚人の列が波打つように前進して行きます。私たちのうしろでは、看守たちが叫んだり、汚い言葉を吐いたりしています。彼らは、こんなに多くの囚人を一度に輸送するというので、きっと神経がいら立っているのでしょう。

私は身をよじって、左のほうに突き進んで行きました。人々の肘や肩に邪魔されつつ、もがきながら前へ進んで行きました。そしてやっとの思いで、列車のステップのところでベッツィーに追いつき、彼女の手をつかむことができたのです。

私たちはいっしょに列車に乗り、混雑した中で二人分の席を見つけ、ともに感謝の涙に暮れました。シュベニンゲンでの四か月は、五十三年間の中で経験した初めての別離でした。ベッツィーさえそばにいてくれれば、どんなことが起こっても耐えられるように思えました。

すし詰めになった列車が線路の上に停止したまま、さらに時間が経過しました。しかし私たちにとって、時間は飛んで行くように感じられました。お互いに話すことが、あまりにも多かったからです。

　ベッツィーは、同房の人たちの一人一人について説明しました。私もまた、部屋の中に入って来たありの友人たちと、彼らが緊急の時に逃げ込む小さな穴について話しました。ベッツィーは相変わらず、自分の持っているものを何でも人に分け与えていました。彼女は、ノーリーがこっそり手渡した聖書を一書ごとにちぎって、周囲の人たちに回し読みをさせていたのです。

　午前二時か三時だったと思いますが、列車はやっとのことで動き始めました。私たちは、顔を窓ガラスにくっつけてみましたが、外に明かりは見えず、その上、雲が月を覆い隠していました。だれもが真っ先に考えていることは、行先はドイツだろうか？　ということでした。

　ある地点で、私たちは塔を見つけました。ベッツィーは、それがデルフトの大聖堂に違いないと言いました。それから一時間ほどして、車輪がレールの上を走る音が変わってきました。鉄橋の上を渡っているのです。でも、それは非常に長いものでした。すでに何分も過ぎているのに、まだ鉄橋の向こう側に着きません。

　私とベッツィーは、お互いに顔を見合わせました。ムールダイク橋です！　だとしたら、私たちは南に向かっていることになります。東のドイツではなく、オランダ南のブラバントに至る方向です。私たちは、その夜二度目の嬉し泣きを経験しました。

　私は、木の座席に頭をもたせかけ、目をつぶって、昔ブラバントへ行った時の汽車の旅を思い浮かべていました。母はあの時、列車が揺れるたびに父の手を強くつかんでいました。それからまた、六月のことでした——ウィレムが最初の説教をした時のこと、牧師館の裏庭のこと、カレルのこと……。

その過ぎ去った六月をしのびつつ、私はすっかり眠り込んでいたようです。目を開けた時は、列車が止まっていたのです。「シュネラー！　アバーシュネル！」と、全員をせき立てる怒鳴り声が、あたりに騒然と響いていました。

不気味なまぶしい光が窓を照らしています。ベッツィーと私は、つまずきながら、ほかの人に続いて通路を進み、ステップを降りました。どうやら列車は、森林の真中で止まったようです。大木には投光照明器が取りつけてあって、銃を水平に構えた兵士たちの並ぶ、広い急造の通路を照らしています。

看守たちの叫びに押し出されるようにして、ベッツィーと私は、銃の列に囲まれた道を歩き出しました。「シュネラー！　くっついて！　遅れるな！　五列縦隊だ！」ベッツィーの呼吸が早くなり、息苦しそうでしたが、それでも看守たちは、もっと速く歩くようにとわめき立てます。

道にできた深い水たまりから、このあたりに激しい降雨のあったことがわかります。

私たちの前で、白髪の女性が水たまりをよけようとして横に出ました。すると兵士が、銃の台尻で、彼女の背中を叩いたのです。私は、ベッツィーの枕カバーを取り、片手で二人分の荷物を持ち、もう一方の腕で、彼女の腕を引っぱってやりました。

悪夢のような行進は、一マイル（約一・六キロ）ないしはそれ以上も続きました。とうとう私たちは、木製の収容宿舎の列を囲んでいる鉄条網の場所に来ました。私たちの入った収容宿舎はベッドがなく、いくつかの長机と、そのそばに背のないベンチが置いてあるだけでした。

ベッツィーと私は、その一つベンチの上に崩れるように倒れ込みました。私の腕の下で、彼女の心臓が不規則に脈打っているのが感じられます。私たちは頭をテーブルの上に載せ、すぐさま深い眠りに落ち込みました。

目が覚めた時、宿舎の窓からは、太陽の光がいっぱいに差し込んでいました。のどは渇き、とても空腹です。前日の朝、シュベニンゲンで早い食事をとってから、何も食べたり、飲んだりしていません。ところが、日中は看守も、その他の役人も施設内には入って来ませんでした。太陽が西の空に低くなったころ、やっと看守が姿を現し、大きな桶に入った、湯気の立つ重湯のようなものを運んで来ました。私たちはそれを貪るように食べました。

こうして、この場所での滞在が始まりました。あとになって、ここは最寄りの小さな村の名前を取って「フュフト」と呼ばれていることがわかりました。このフュフトは、オランダの一般の刑務所のシュベニンゲンと違って、特に政治犯の収容所として、占領軍によって建てられたということでした。

私たちはまだ正式の収容所ではなく、外側にある一種の隔離室に入れられていました。何もしないで、テーブルの長い列の周りにひしめき合って座っている私たちにとって、いちばん大きな問題は、怠けぐせがつくことでした。

シュベニンゲンの廊下を見張っていた、同じ若い女看守たちが、私たちの監視に当たっていました。彼女たちは、私たちが鍵のかかった扉の中にいるかぎりは、幅をきかせていました。ところがここでは、すっかりとまどっている様子でした。彼女たちが威厳を保つ方法は、金切り声を上げ、卑猥な言葉で罵倒し、だれにも同じ罰を申し渡す、それだけでした。その罰とは、宿舎全員の食事を半分にするとか、直立不動の姿勢をとらせて不要な点呼をとるとか、二十四時間いっさいの私語を禁じるとかいったものでした。

ただ、ひとりの看守だけは、おどしたり、声を荒げたりするような真似はしませんでした。それは、シュベニンゲンから来た、あの背が高くて無口な女性看守長でした。彼女は、三日目の朝、夜明け前の点呼の時間にフュフトに姿を現しました。その瞬間、反抗的でだらしなかった囚人の間に、秩序にも似たものが生まれました。冷たい青い目で見まわされると、列はまっすぐになり、両手は身体の両脇にきちんと伸ばされ、ささやきはぴたりと止みました。

私たちは、彼女に「将軍」というあだ名を付けました。ある長い点呼の時、私たちのテーブルにいた身重の女性が床に倒れ、ベンチの端で頭を打ちました。その時も表情を一切変えず、点呼するその声が中断することもありませんでした。

フュフトの外側の宿舎に来てから、二週間がたちました。朝の点呼の時、ほかの何人かの囚人とともに、ベッツィーと私の名前が呼ばれました。みなが解散したあと、将軍は残った者に書類を配り、九時に管理事務所のある兵舎に出頭して、それを提出するようにと申し渡しました。

食事運搬係は、フュフト内の収容所にいる長期刑を受けた囚人でした。彼は朝食を渡す時、私たちを勇気づけるようにほほ笑み、小声で言いました。「あなたがたは自由になったんです。このピンク色の書類は、釈放を意味しているんです。」

ベッツィーと私は、手に持っている紙をいぶかしそうに見つめました。自由ですって？　自由になって、家に帰れるんですって？　ほかの囚人たちが集まって来て、私たちを抱きしめ、喜んでくれました。シュベニンゲンでベッツィーと同じ監房にいた女性たちは、人前をはばからず泣き出しました。これらの愛すべき人たちを、ここに残していくとは何と残酷なことでしょう。「きっと戦争は、すぐ終わりますよ。」私たちは彼女たちに言いました。そして枕カバーをからにし、わずかばかりの所持品を残っている人たちに分配しました。

私たちは、九時になるずっと前から、大きな木造の管理事務所の控え室に立っていました。やっとのことで中の事務所に呼び入れられ、そこで提出した書類が調べられ、スタンプが押されたあと、男の看守に手渡されました。私たちは、その人のあとについて廊下を渡り、別の兵舎に入りました。

一つの部屋から別の部屋へと移り、あちこちの係官に尋問され、指紋を取られ、そしてまた次の机に行くという作業が、何時間も続きました。私たちと同じように審査を受ける囚人は四、五十人もいて、それらの者は、上部が有刺鉄線で覆われ、太い鎖を編んで作られた高いフェンスのそばに列を作りました。

フェンスの向こう側は白樺の森で、頭上にはブラバントの抜けるような青空が広がっています。私たちも、この広大で自由な世界に属していたのです。

私たちの入った次の兵舎には、机がずらりと並んでいて、それぞれに女性事務員が座っていました。一つの机の前で、褐色の封筒を手渡されました。中身をてのひらに開けた瞬間、私はとても信じられない思いで、以前はめていたスイス製の腕時計を見つめました。母の指輪も、紙幣まで出てきました。これらのものには、シュベニンゲンに着いた夜からずっとお目にかかっていません。

お金……何のために返されたのでしょう？　これは、店や路面電車のある世界のものです。私たちは、このお金を持って駅に行くことができます。そして、「ハールレムまでの切符を二枚」と言うことができるのです。

私たちは、両側に有刺鉄線を巻いたバリケードのある道を行進し、広い門を通り、トタン屋根の低い兵舎の並んでいる場所に出ました。ここでまた列を作り、待たされ、一つの机から他の机へと回されました。でも私にとって、収容所とそれに伴う様々な手続とは、すっかり現実味のないものとなっていました。

それから、私たちは高い台の前に立たされました。そこで若い男子事務員が、「私物は全部、Cと書いてある窓口に提出するように」と申し渡しました。

「さっき返してもらったばかりなのに！」

「時計、財布、宝石……。」

私は、意志を持たない機械のように、時計と指輪と紙幣を小さな窓口に差し出しました。制服を着た女性が、それらのものを金属の箱に払い落として、「はい、次！」と言いました。

では、私たちは、釈放されないというのでしょうか。建物の外に出ると、血色のいい顔をした看守が、私たちを二つの縦隊に並ばせ、広々としたグラウンドを行進させました。その端のほうでは、頭をそり、縞の入った作業衣を着た男の囚人たちが溝を掘っていました。

これはいったい、何を意味しているのでしょう。一日中列を作り、待たされたことにどんな意味があったのでしょう。ベッツィーの顔は、疲労のために青白くなっています。彼女は、よろめきながら行進をしました。

別のフェンスを通り抜けると、三方を低いコンクリートの建物に囲まれた庭に出ました。そこには、軍隊用のケープを付けた若い女性が待ち受けていました。

「止まれ、囚人たち！」赤い顔をした監督官が、どなりました。「フロイライン（お嬢さん）、新入りたちに、この建物について説明してやってくれ。」

彼女は、博物館のガイド嬢のような退屈な声で、話し始めました。「この建物は、収容所の規則を守らない囚人たちを入れておく場所です。中の部屋は、体育館のロッカーぐらいの大きさで、多少狭いにしても居心地は上々です。ただし、教育過程を短縮するために、両手は頭の上でしばってておくことにします……。」

身の毛のよだつ前口上が続いている間にも、二人の看守が、人間の形をしたものを建物から運び出していました。犠牲者は男性で、足が動いているので生きていることはわかります。しかし、落ちくぼんだ目は宙を向き、すでに自制心を失っているようでした。

説明役の若い女性は、相変わらずゆっくりした口調で注を加えました。「だれもが、この懲罰房に適応できるわけではなさそうです。」

再び、前に進めと号令をかけられた時、私はベッツィーではなく、自分の気をしっかりさせるために、彼女の腕を強くにぎりました。昔、父が列車の中で言ったことが、もう一度よみがえってきました。このような残忍さは、あまりにも度が過ぎているため、とても負うことはできません。天のお父様、どうか代わりにそれを負ってください。

私たちは監督官のあとについて、両側に収容所が並ぶ粗末な道を進み、何の特色もない灰色の小屋の前で止まりました。ただ立たされ、待たされ続け、良い結果を望み続けた長い一日が、やっと終わろうとしています。何のことはない、私たちはフュフトの本収容所に来たまでなのです。今朝、私たちがあとにした建物とほとんど同じものが、目の前に姿を現しました。ただし、今度は、机と椅子のほかに寝棚が取り付けてありました。でも、まだ私たちには座ってよいとの許可は下りません。女性看守が、目を皿のようにして、私たちの書類をリストと照合しています。

これが最後の待ち時間です。

「ベッツィー、あとどれくらい待たされるのかしら？」私は、思わず泣きごとを言ってしまいました。

「たぶん長い時間でしょうね。ひょっとしたら、何年にもなるかもしれないわ。でも、私たちが生きていくのに、ここ以上の場所があるかしら。」

私は驚いて、彼女の顔をまじまじと見つめました。「あなたは、いったい何のことを言っているの？」

「ここにいる、若い女の人たちのこと。懲罰房のところにいた、あの若い娘のこと。コーリー、もし人に憎しみを教えることができるとしたら、愛することも教えることができるのではないかしら？　たといどれだけ時間がかかろうとも、そのための方法を見つけ出さなくちゃ……。」

彼女は興奮して、声を抑えることを忘れたかのように話し続けました。私は徐々に、彼女が看守たちのことを話しているのだと気づきました。前の机に座っている女性看守をちらりと見ました。灰色の制服と、つばの付いた帽子が目に映りました。ベッツィーはそこに、傷ついた人間性を見ていたのです。

これが初めてのことではありませんが、姉はいったいどんな人種なんだろうと、不思議に思いました。私は彼女のそばで、堅く踏み固められた道を歩いている間、姉はどんな道を歩いて来たのでしょう。

それから二、三日して、ベッツィーと私は作業の割当てのために呼ばれました。女性看守は、ベッツィーの青白い顔と、ひ弱そうな体格を一瞥して、軽蔑の色を浮かべながら、一つの兵舎の中に入るように手で合図しました。そこでは、高齢者や体の弱い人たちが、囚人服を縫いながら一日を過ごしていました。

フュフトの女囚服はブルーの作業衣で、足の横に一本の赤い線が縦に入っています。これは実用的で着心地がよく、捕まった時からずっと私物の服を身につけていた私たちにとって、すてきな着替えとなりました。

私は頑丈そうに見えたのか、体力のいる仕事を割り当てられ、フィリップス工場に行くように命令されました。「工場」といっても、収容所の敷地内にある、もう一つの大きな兵舎にすぎません。朝早い時間帯であるにもかかわらず、屋根板の下のタールは七月の太陽の直射を受けて、あわだち始めています。

私は付添いのあとに付いて、大きな部屋に入りました。そこには、幾千もの小さな無線機部品が散乱している長い厚板の机があって、数百人の男女がその前に座っていました。男と女の二人の監督官がベンチの間の通路をゆっくり歩く中を、囚人たちは前かがみになって作業をしていました。

私は、入口に近いところに席が与えられ、小さなガラス棒の長さを測り、寸法別に積み重ねるという仕事をあてがわれました。それは、単調そのものといった作業でした。屋根からの熱気は、重りのように私の頭を押えつけます。

両側の人と、少なくとも名前と生まれ故郷を知る程度に紹介し合いたいと思いました。ところが、広々とした部屋の中で聞こえるものといえば、金属の部品の触れ合う音と、監督官の長靴のきゅっきゅっきゅっと鳴る音だけです。やがて二人の監督官は、私の座っている向かい側の入口に行きました。

「生産高は、先週もまた上がっている。」男の監督官がドイツ語で、縞の囚人服を着た、背の高い痩せた坊主頭の男に言いました。「この生産向上により、きみは誉められるべきだ。ところが、配線上に欠陥があるという苦情が相変わらずきている。品質管理の面で、いっそうの向上をはかってほしい。」

坊主頭の男は、いかにも申し訳ないという仕草をしました。「ヘール　オフィツィール（監督官殿）、もっと食糧の配給が多いといいのですが……」と、彼はつぶやきました。「食糧が減らされてから、はっきりした変化が出てきました。彼らは作業中、生気がなくなり、仕事に集中するのが困難になってきています……。」この人の声は、ちょっとばかりウィレムの深味のある声に似ていて、教養人らしく、少しオランダ語なまりのドイツ語をしゃべっていました。

「それなら、きみが作業員の目を覚まさせるべきだ！　罰則をもうけて、仕事に集中させるべきだ。前線の兵士たちが、今までの半分の食糧で戦うことができるとしたら、ここにいる怠け者たちは——」

この時、女性監督官にこわい目でにらまれた彼は、話すのを中断し、いったん舌で唇を濡らしました。「今のは、もちろん、もののたとえとして言ったまでだ。前線の将兵の食糧が減ったというわさには何の根拠もない。いいだろう！　とにかく、きみに責任をとらせるぞ！」二人の監督官は、胸を張って建物から出て行きました。

しばらくの間、囚人の職工長は、入口から二人の姿を見守っていました。彼はゆっくりと左手を上げ、急にそれを下ろして腿《もも》のあたりを打ちました。そのとたん、静かだった部屋は、ひっくり返るような騒ぎになりました。

テーブルの下から、便箋や本、毛糸の玉、ビスケットの缶などが出てきます。囚人たちはベンチを離れ、部屋中に小さな輪を作り、話に興じています。数人の人が私の周りに詰めかけて、「あんた、だれ？　どこから来たの？　最近の戦争のニュース、知ってる？」と、矢継ぎ早に尋ねてきました。

約三十分ほど、あちこちのテーブルを回ったのち、職工長は私たちに、まだ一日分の仕事の割当てが残っていると伝えました。それを聞いて、人々はもとの席に戻っていきました。職工長の名はムアマンで、以前カトリック系の男子校の校長であったことがわかりました。

三日目に、彼が私の作業台にやって来ました。私があちこちの兵舎内の工場に行き、組立の全工程を見て回って、自分が担当しているガラス棒の小さな束がどこに使われるかを調べたことが、彼の耳に入ったからです。「あなたは、ここで製造されている物に興味を示した、最初の女性工員です」と彼は言いました。

「この仕事にとても興味があります。私は時計職人です。」

彼は新しい関心をもって、私を見つめました。「それでは、もっと喜んでもらえる仕事を差し上げましょう。」彼は私を、大きな作業室の向こう側に連れて行きました。そこでは、配電盤の最終組立が行われていました。

それは、時計の修理ほど困難ではないにしても、手のこんだ、正確を要する仕事でした。ムアマン氏の言ったとおりでした。私はこの仕事が好きになり、そのため、一日十一時間の労働時間も早く過ぎるようになりました。

ムアマン職工長は、私だけでなくフィリップス工場の全従業員に対して、上司というよりも親切な兄として振舞っていました。私は彼が、監督下にある数百名の作業員の間を絶えず動き回り、相談にのってあげたり、励ましたり、疲れた者には簡単な仕事を見つけ、力の余っている者には難しい仕事をあてがうのを見ました。私たちがフュフトに来て一か月以上経ってはじめて、ベッツィーと私が着いた週、彼の二十歳になる息子がこの収容所内で射殺されたことを知りました。けれども、私たちを気遣うその顔には、このような悲劇のかげりは少しも見えません。最初のころ、彼はよく私の作業台に立ち寄って、仕事ぶりよりむしろ、私の健康に注意を払ってくれました。そのうちに彼の目は、私の前に並んでいる配電盤の列に注がれるようになったのです。

「親愛なる時計工さん。あなたは、いったいだれのために働いているか、ご存じないのですか。この無線機は、ドイツの戦闘機に積み込まれるんですよ。」こう言って彼は手を伸ばし、配電盤の中の電線を強く引いたり、小さな真空管をねじ曲げたりしました。

「さあ、このままで、はんだ付けしなさい。それに、そんなに急いで仕事をしてはいけません。まだお昼だというのに、あなたはもう一日の仕事量を終えている。」

ベッツィーといっしょにいられたら、昼食の時間が一日のうちで最上の時であったことでしょう。ところがフィリップスの働き人たちは六時に作業が終わるまで、工場から出ることは禁じられていたのです。

食事係の囚人たちが、小麦と豆で作った、おいしくはないが栄養のあるおかゆの入った大きな鍋を、重そうに引きずって来ました。最近になって、配給量が減らされたということですが、それでもなお、食事はシュベニンゲンより良く、量も多かったのです。シュベニンゲンでは、一度も昼食にありつくことができませんでした。

食べ終わると、祝福された三十分の自由時間があります。私たちは、フィリップス工場の敷地内を散策して新鮮な空気を吸い、ブラバントの明るい陽光を浴びました。たいていの場合、私は塀沿いの一隅に行き、暖かい地面の上に身体を伸ばして仮眠をとりました。ここでの一日は、朝五時の点呼から始まっていたのです。

収容所近辺の農場から、風にのって夏の甘い匂いが運ばれてきます。私は時たま、カレルと手をつなぎ、田舎道を歩いている夢を見るのでした。

夕方の六時になると、もう一度点呼があります。それが済むと、私たちはそれぞれの居住区に戻ります。ベッツィーはいつも小屋の入口に立って、私を待っていてくれました。毎晩が、あたかも一週間ぶりかのように待ち遠しく思えました。私たちはお互いに話すことが、あまりにも多く胸につかえていたのです。

「私の隣の作業台にいる、あのベルギーの青年と女の子を覚えている？　あの人たちね、今日お昼の時間に婚約したのよ。」

「孫娘がドイツに連れて行かれたというヘルマ夫人ね、今日、いっしょに祈ってちょうだいと言ってたわ。」

ある日のベッツィーのニュースは、私たちに直接関係のあるものでした。「今日、エルメロから来た女の人が裁縫工場に回ってきたの。私が自己紹介すると、その人は、『もう一人の犠牲者ね！』と言ったのよ。」

「それ、どういう意味？」

「コーリー、私たちが捕まった日のこと、覚えている？　一人の男が店に来たでしょう。あなたは病気だったので、私が起こしに行かなければならなかった……」

その日のことを、はっきり覚えています。落ち着きがなく、絶えずきょろきょろしている目、高熱以上に私の胃を刺激した不安を、今でも覚えています。

「エルメロでは、だれもがあの人を知っているらしいのよ。彼は、ドイツ軍が占領した初めの日から、ゲシュタポと組んでいたのですって。さっき言った女性の二人の兄弟がレジスタンスに加わっていることを、彼は密告し、最後には彼女自身とご主人まで、敵に売り渡したんですって。」

そのうち、彼はエルメロにはいられなくなり、ハールレムに流れて来て、ウィレムスとカプティエンとチームを組んだということです。彼の名は、ヤン・ボーゲルです。

私の心の中では、その名をめぐって炎が燃え上がるように思えました。私は、父がだれからも看取られることなく、ひとり病院の廊下で迎えた最期の時のことを考えました。活動を突然停止させられた地下運動のこと、町を歩いて捕まったメアリーのことなどを考えました。そして、もしヤン・ボーゲルが今、目の前に立っていたら、彼を殺すことができると思ったのです。

ベッツィーは、作業衣の下から小さな布のポーチを取り出し、私に差し出しました。しかし、私はかぶりを振りました。ベッツィーが日中、聖書を保管する役でした。彼女には、フィリップス工場にいる私よりも、聖書を読み、その内容についてほかの人に教える機会が多かったからです。

夕方になると、私たちは、寝台の周りに集まって来る人たちのために、こっそりと祈禱会を開くことにしていました。ところがその夜、私は姉に言いました。

「ベッツィー、今日は、あなたが祈禱会を導いてね。私は頭痛がするから。」

実際は、頭痛どころの騒ぎではありませんでした。私たちにあまりにも多くの危害を加えた男に対する激しい感情のために、身体中がずきずきと痛みます。その夜、一睡もできませんでした。

それで次の日は、作業台に向かっていても、周囲の人の会話などいっさい耳に入りませんでした。

その週の終わりには、私の身体も精神状態も、すっかり病んでしまったため、ムアマンさんが私のところに寄って、どこか悪いところでもあるのかと尋ねました。

「悪いところですって？　ええ、大ありです。」こう言って私は、あの朝の出来事をぶちまけました。私は、ムアマンさんにもオランダ中の人にも、ヤン・ボーゲルがどのようにして国家を裏切ったかを知らせようと、躍起になっていたのです。

けれども、私を当惑させたのはベッツィーの態度です。彼女は、私の受けた苦難はことごとく味わったはずなのに、激怒の重荷など少しも負っていない様子でした。

「ベッツィー！」ある暗い夜、私は彼女に八つ当たりしてみました。私が絶えず寝返りを打っているため、彼女も目を覚ましているに違いないと思ったのです。そのころ、混んでいる収容所に毎日新しい人が入れられるため、三人で一つのベッドを使っていました。「ベッツィー、あなたはヤン・ボーゲルについて何も感じないの？　彼のことで、気に病むようなことはないの？」

「コーリー、もちろん気に病んでいるわ。ものすごく。彼の存在がわかった時から、痛みを感じているの。だから、その名前が思い浮かぶたびに、彼のために祈っているのよ。彼は、とても苦しんでいるに違いないわ。」

何百人もの女性の溜息や、いびき、身じろぎで騒がしい薄暗い大きな収容所の部屋の中で、私は長い間、これまでずっと付き合ってきたこの姉が、別世界の人間ではないかという気持ちに駆られていたのです。

彼女は優しく、私自身もヤン・ボーゲルと同じほど罪深いと言っているのではないでしょうか。彼も私も両方とも、すべてを見ておられる神の前に、同じ殺人の罪を犯した者として立っているのではないでしょうか。というのも、私は彼を、心とこの口で殺していたからです。「主イエス様……。」硬すぎるベッドに向かって、私はささやきました。「あなたが、私を赦してくださるようにと祈ります。同時に、私もヤン・ボーゲルを赦します。私は彼に、大きな危害を加えました。今、彼と、彼の家族を祝福してください。……」その夜、裏切った者の名前が明らかになって以来はじめて、私は夢を見ることもなく、翌朝の点呼の笛が鳴るまでぐっすりと眠りました。

フュフトの日々は、良いことと悪いことが不可解に入り混じっていました。朝の点呼はしばしば、残酷といえるほど長いものでした。ほんの些細な規則でも破ると、たとえば、一人の囚人が夕方の点呼の時間に遅れるということであっても、収容所の全員が罰せられるのです。そして、午前四時か、たまには三時半に起こされて、背中が痛み、足がけいれんを起こすまで、直立不動の姿勢で立たされるのです。

一方、夏の空気は、明け方が近づくにつれて暖かくなり、小鳥たちのさえずりで活気にあふれてきます。ベッツィーと私がお互いの手をにぎり合い、畏敬の念を込めて見つめる中を、東の空のピンクと黄金色の朝日が、広大なブラバントの空を次第に染め上げていきます。五時三十分には、黒パンと苦くて熱い「コーヒー」の朝食を取り、それから、それぞれの作業場へと列を組んで行進して行きます。私は、フィリップス工場に行くまでの道のりを、とても楽しみにしていました。

小さな森のそばを通る道の一部は、露の光る世界と、有刺鉄線をぐるぐる巻いて作ったバリケードで隔離されているだけでした。私たちはまた、男性収容所の一画をも通りました。そこに来ると、私たちの集団の多くの者が、縞の入った作業服を着ている坊主頭の一群の中に、自分の夫や息子を見つけ出そうと、全神経をとがらせるのでした。

ここに、フュフトのもう一つの矛盾がありました。私は、再びほかの人たちといっしょになれたことを、毎日どんなに感謝したことでしょう。ところが、独房にいた時には気づかなかったことが出てきました。それは、仲間がいるということは、その仲間の悲しみを分かち合うことだということです。

私たちはみな、夫や息子をこの収容所に送っている女性たちとともに苦しみました。男性たちの懲罰は、女性たちのそれよりもはるかに厳しく、死刑にされることもざらにありました。ほとんど毎日のように、一斉射撃の音が聞こえ、そのたびに苦悩に満ちたささやきが取り交わされるのでした。「今度は、何人殺されたのかしら。だれが殺されたのでしょう?」

作業台で私の隣に座っているフロールという女性は、熱心な共産主義者でした。彼女とご主人は捕まる前に、二人の幼い子どもを友人に預けました。彼女は、その子どものことと結核を病んでいるご主人のことで、一日中思い悩んでいました。夫のフロール氏は、フィリップス工場の隣にある、ロープ製造工場の要員として働いていました。毎日お昼になると、二人はお互いの敷地を隔てている有刺鉄線越しに、短い会話を取り交わしていました。

彼女は、九月には三番目の子どもを出産する予定になっていましたが、朝食のパンを口に入れないで、塀越しにご主人に渡していました。彼女は、お産を間近に控えた母親としては、危険なほどやせ細っていると私は思いました。そこで、私自身の朝食のパンを何度か彼女に持って行ったことがあります。ところが彼女はいつも、それさえもフロール氏のために取っておくという具合でした。

このように、悲しみと思い煩いがあったにもかかわらず――この両方ともないという人は、ここには一人もいませんでした――フィリップス工場には、笑い声もまた起こりました。気取り屋で威張りちらす、監督官である少尉の物まね。目隠し鬼ごっこ。一つのグループから他のグループへと、歌詞を回しながら歌うゲーム――

そのうちに「厚い雲！　厚い雲！」と、だれかが叫びます。これは、窓ぎわのベンチに座っている人から出された警報です。作業所になっている兵舎は、フィリップス工場の広い敷地内の真中にあります。収容所の係官がそこに近づこうとしたら、広場を横切って来るしかありません。警報が出されたら、すぐさま、すべての作業台は人で埋まり、聞こえてくるのは無線機の部品の、がたがたという単調な音だけです。

ある午前中のこと、暗号の言葉がまだ長い作業場を次から次へと中継されている間に、小太りの監督官が、ひょっこり入口から姿を現しました。彼女は、「厚い雲」が自分の容姿に関係があるものと判断して、顔を真っ赤にし、ものすごい形相でにらみつけました。彼女は金切り声を張り上げ、十五分ほどわめきちらしました。あげくのはてに、戸外で過ごすその日の昼休み時間を、取り止めにしてしまいました。このことがあってから、私たちは、もっと無難な「十五」という言葉を、合図として使うことにしました。

「目盛り盤を十五個、組み立てました！」

暑くて長い午後になると、作業員は皆それぞれの思いにふけり、いたずらやおしゃべりはなくなります。私は、テーブルのわきに、九月一日までのカレンダーを刻み込みました。この日付については、公に決まったものは何もありません。ただフロール夫人が、食糧配給券の違反者の刑期は、通常六か月だと言ったのを覚えていたからです。だとしたら、もしこの罪状が私のものであり、しかもシュベニンゲンでの刑期が含まれているとしたら、九月一日は釈放の日となる予定です。

「コーリー……」ベッツィーはある夕方、私が八月も半ばを過ぎたと勝ち誇ったように言うのを聞いて、たしなめました。「はっきりしたことは、何もわからないでしょう。」

釈放されるかどうかが、ベッツィーにとっては問題ではないかのように私には思えました。もう少しで消灯になるという時間に、彼女がベッドの上に座り、かつて食堂の明かりの下でたびたびつくろいものをしていた時のように、私の作業衣のほころびを縫っている姿を見つめました。きちんと座っているそのたたずまいは、松材の床の上に無数に並ぶ鉄製のベッドの代わりに、かつてベッツィーが座っていた背の高い椅子と、その足もとのじゅうたんとを連想させるのでした。

私たちがここに移ってきた最初の週、ベッツィーは自分の作業衣の襟に、余分のホックを縫い付けました。こうすると、のどのところに襟を取り付けることができます。このように、身だしなみに気を使っているのを知った私は、彼女がベイヨイの玄関でお腹を空かせた人たちにスープをごちそうしていた時と同じように、ここフュフトでも一度も神の言葉を聞いたことのない人々に聖書を読んであげることで満足しているのではないかと思えたのです。

一方、私のほうは、日ごとに強く九月一日に心を寄せるようになりました。

ところが突然、その日まで待つ必要はなさそうに思えてきました。アイリーン皇太子の率いる軍団がフランスにいて、ベルギーに移動中であるという噂が立ったからです。この軍団は、五日戦争のあと英国に逃げのびた、オランダ軍の一部です。それが今、失地回復を目指して進撃中であるというのです。

看守たちは、目に見えて緊張してきました。点呼は、苦痛そのものになりました。自分の場所に着くのが遅い老人や病人は、容赦なく殴られました。「赤線挺身隊員」さえ、懲罰のため入所してきました。これらの若い女性たちは、たいてい囚人の中でも、看守たちの特にお気に入りのグループになっていました。ほとんどがアムステルダムから来たこの売春婦たちは、職業がら刑務所入りをするのではありません。彼女たちの行為は、愛国的なものとして賞賛されていましたが、ドイツ人に病気を移したという理由で収容所に送られてきたのです。

彼女たちは、いつもは男性看守をうしろ盾として、大胆で活発な態度を取っていました。ところが今では、定規で測ったようにまっすぐな列を作り、何時間でも直立不動の姿勢を取らされるようになりました。

処刑にあたる射撃分隊の銃声は、いっそうひんぱんに聞こえるようになりました。あるお昼の休み時間に、仕事場に戻る時間を知らせるベルが鳴りました。ところがフロール夫人は、姿を現しませんでした。外の明るい日光に当たっていて、薄暗い工場に目が馴れるまでには、いつも少し時間がかかりました。私はしばらくしてから、彼女の作業台に黒いパンが置かれたままであるのに気づきました。それを与えるご主人が、すでにいなかったのです。

こうして、希望と恐怖の間に宙吊りになったまま、私たちはひたすらに待ちました。噂だけが、私たちのよりどころでした。「皇太子の率いる軍団がオランダの国境線を越えた。その軍隊が壊滅した。いや、ヨーロッパに上陸などしなかったのだ。……」私たちのベッドの周りで小声で祈る小さな祈禱会に、以前は遠巻きにしていた女性たちも今では群がって来て、聖書のしるしや預言を知らせてくれとせがむようになりました。

九月一日の朝、フロール夫人は女の赤ちゃんを産みました。その嬰児は、この世に四時間しか生きられませんでした。

それから数日して、私たちは遠くの爆発音で目を覚ましました。点呼の笛が鳴るずっと前だというのに、収容所中の人が起きて、ベッドの間の暗がりを歩き回っていました。爆撃でしょうか？　大砲の音でしょうか？　きっとオランダの軍隊が、ブラバントに到着したのです。今日、このフュフトまで、進撃してくるのかもしれません！

そのうち看守たちが来て、こわい顔をしておどしましたが少しも効き目がありませんでした。皆の思いは故郷に向けられ、だれもが家に帰ったら真っ先に何をするかを話し合いました。「きっと、植木は全部枯れているわ。」こう言ったのは、ベッツィーです。「でも、ノーリーのところから、差し木用の切り枝がもらえると思うわ。それに窓ガラスも洗って、日の光がいっぱい差し込むようにしようね。」

フィリップス工場では、ムアマン氏が私たちを落ち着かせようと躍起になりました。「あれは爆撃ではありません。もちろん、大砲でもありません。あれは、ドイツ軍による破壊作業です。たぶん、橋を吹っ飛ばしているんでしょう。ということは、彼らは連合軍の攻撃があると判断しているわけですが、まだここは大丈夫と考えているのでしょう。きっと、あと何週間かはここまで来ないと思います。」

これを聞いて、私たちは少しがっかりしました。でも、爆発音がいっそう近づいてくるにつれて、だれもが希望を抑えることはできなくなりました。ところで、爆発音はあまりにも近くで起こるようになったため、耳が痛くなってきました。

「下あごを、うんと落としなさい！」ムアマン氏は、長い作業場を触れ回りました。「口を開けたままにするんです。そうすると、鼓膜が傷つきません。」

昼食は、窓を閉めた屋内で取りました。再び仕事につきましたが、全員が働く気になれないので、ぼんやり作業台に向かって座っていたと言ったほうが近いかもしれません。一時間ほどして、居住区に戻るようにとの指令が出されました。女性たちは突然の緊迫感に駆られて、同じフィリップスで働いている夫や恋人たちと抱き合いました。

ベッツィーは外で私を待っていました。「コーリー、オランダ軍団がやって来たのかしら？

私たちは、自由になったのかしら？」

「いいえ、まだよ。詳しいことはわからないけど。ベッツィー、なぜ私は、こんなにこわがっているのかしら。」

　男性収容所の拡声器からは、点呼の合図が流れています。ここでは、何の命令も出されません。私たちは、何だかわからない物音を聞きながら、目的もなく歩き回っていました。男性用の拡声器からは、名前が次々と呼び上げられています。でも、あまりにも遠いので、聞き取ることはできませんでした。

　待っている女性たちを、突然、狂気じみた恐怖がとらえました。広大な収容所の両側を、死のような静寂が覆いつくしました。拡声器からの声は止みました。私たちは呼吸をすることさえ恐れ、無言のうちに視線を交わし合うのでした。

　その時、銃声があたりの空気をつんざきました。周囲の女性たちは急に泣き出しました。二番目の一斉射撃です。それから三番目。……処刑は、二時間にわたって続けられました。ある人によると、その日、七百人以上の男性囚人が殺されたということです。

　その夜、私たちの部屋の女性たちは、ほとんど眠れませんでした。翌朝の点呼は省かれました。

午前六時ごろ、私物をまとめるようにとの指令が出ました。

　ベッツィーと私は、シュベニンゲンから持って来た枕カバーを取り出しました。その中に歯ぶらし、針、糸、赤十字の小包みに入っていたビタミン剤の小びん、十週間前に隔離収容所を出た時に残しておいた唯一の財産である、ノーリーからのブルーのセーターを入れました。またベッツィーの背中に隠してあった聖書を、私の背中に移しました。彼女はやせ過ぎていて、両肩の間にふくらみができてしまうからです。

私たちは隊伍を組んで、原っぱに行きました。そこでは毛布を配るドイツ兵たちが、トラックのうしろの扉を開けて待っていました。そこを一列になって通る時、ベッツィーと私は、美しい柔らかな二枚の新しい毛布を引き抜きました。私のはブルーの縞のある白、ベッツィーのは赤い縞のある白で、どこかの裕福な家庭の持ち物かと思われました。

正午ごろ、収容所からの撤退が始まりました。私たちは、兵舎の立ち並ぶ単調な道を通り、懲罰監房を越え、有刺鉄線を張り巡らした建物や囲いの迷路を過ぎ、とうとう、あの六月の雨の夜につまずきながら歩いた、森林の間を走る急造の汚い道に出ました。

ベッツィーは、私の腕にしっかりつかまっています。彼女は、ちょっとした道のりを歩く時はいつもそうですが、苦しそうに呼吸をしていました。

「進め！　シュネル！　二倍の速さだ！」

私は、ベッツィーの肩の下に手を回し、最後の四分の一マイルは、半ば抱きかかえるようにして歩きました。やっとのことで道の終点に着き、私たちは、一本の鉄道線路に向かって整列しました。千人以上もの女性が、縦一列に並んで立っています。そのずっと先のほうでは、男の囚人たちの集団も待避線のところに立っています。秋の日差しを浴びて光っている坊主頭の中から、だれがだれと見分けることなど、とても不可能です。

私は初めのうち、列車はまだ着いていないものと思っていました。そのうちに線路の上に載っている貨物列車が、私たちのものだと気づきました。すでに男の人たちは乗車をせかされ、高い側面をよじ登っています。

機関車部分を見ることはできません。見えるのはただ、両側に延々と続いている、車輪が大きくて小柄なヨーロッパ式箱型車両の列だけです。その屋根の上には、ところどころ機関銃がすえ付けてあります。

ドイツ兵たちが線路のそばに来て、一つ一つの車両の前に止まり、勢いよく重い引戸を開けました。私たちの前に、真っ暗な内部がぽっかり口を開けました。女性たちは前進し始めました。

私たちは、毛布と枕カバーをしっかりつかんで、ほかの女性たちといっしょに乗車しました。急いで歩いたため、ベッツィーの胸はまだ不規則に波を打っていました。そのため、車内の端に彼女を連れて行く必要がありました。

初めのうち、暗い車両の中では何も見えませんでした。そのうちに、片すみに積み上げられた平らでないものが見えてきました。それはパンの山で、黒い塊が積み重ねてあるのだとわかりました。察するに、長い旅になるということです――。

狭い車内は混んできました。私たちはとうとう、うしろの壁にくっつきました。車両内は、せいぜい三十人ないし四十人しか、詰め込むことはできません。ところが、ドイツ兵たちは銃口でこづき、暴言を吐きながら、女性囚人たちを奥へ奥へと追い立てるのでした。

真中のあたりで悲鳴が上がりました。それでもなお、詰め込みは続きました。八十名がすし詰めになった時、やっと戸が閉まり、鉄のさし金の下りる音が聞こえてきました。

女性たちは泣きじゃくり、多くの者が気を失いました。ただし、隙間もないほどだったので、立ったままの姿勢で失神していました。

真中にいる人たちは、間違いなく窒息してしまうか、踏みつぶされてしまうかと思われました。そこで皆で協力して、ちょうど競走用の小型そりに乗り込む選手のように、お互いの足を組み合わせて、半分は座り、半分は横になる姿勢を取りました。こうして、全員が床の上に腰を下ろすことができました。

「私が何を感謝しているか、あなたにわかるかしら?」この混乱した集団の中で、ベッツィーの優しい声が私を驚かせました。「私は、今お父さんが天国にいらっしゃることを、とても感謝しているのよ。」

そうです。お父さん。もしあなたがこの列車に乗っていたとしたら、どんなに泣いても泣ききれないことでしょう。

強い陽ざしが停車している列車を直射するため、すし詰めの車内の温度は上がり、空気は臭くなってきました。私のそばでは、だれかが壁の古い木材の釘を上下左右に動かしています。とうとう、釘は抜けました。彼女はその釘の先で、穴の回りを削り、広げていきました。周囲の人たちも、この考えに共鳴しました。しばらくすると、外界の祝福された微風が車内を巡るようになりました。

かなり長い時間がたって、列車は突然ゆっくりと動き出しました。すぐに止まって、また、のろのろと進みました。その日の残された日中も、また夜になってからも、同じように止まったり、動いたり、急にスピードを増したり、徐行運転になったりしていました。

私が空気孔のそばに来る番になった時、月の光の中で点検作業員たちが、曲がりくねったレールを運んでいるのが見えました。線路が破壊されたに違いありません。私は、この情報を伝えました。おそらく、線路の修復は不可能なのでしょう。そして、オランダの解放が実現した時、私たちはまだ、祖国の領内に留まっているかもしれません。

私の手に、ベッツィーの額が熱く感じられました。私は、隣の女性の足の間に割り込んでいましたが、彼女はいっそう身を縮めて窮屈な姿勢を取ってくれました。そのためベッツィーは、私のひざの上に、ほとんど横たわるような格好で、身体を休めることができました。

私も時たま、うしろの親切な女性の肩に頭を載せて、まどろみました。一度は、嵐の吹きすさぶ夢を見ました。タンテ・ヤンスの通りに面した窓を、あられが激しく打つ音が聞こえてきました。目を覚ますと、実際にあられが降っていました。それが車両の側面をたたく音が、聞こえてきました。

だれもが目を覚まし、話し始めました。また、あられがひとしきり降りました。ところが今度は、屋根の上の機銃が、けたたましく鳴り出したのです。

「銃撃よ！」　だれかが叫びました。「この列車は、攻撃されているんだわ！」

再び、小石のようなものが壁を打つ音が聞こえ、またもや機銃が応答しました。オランダ軍は、とうとう私たちに追いついたのでしょうか。発射音は止みました。一時間ほど、列車は身じろぎもしないで止まっていました。それから、ゆっくりと這うように進んで行きました。

明け方になって、だれかが国境のエメリッヒを通過していると、大声で知らせました。

私たちは、とうとうドイツに来てしまったのです。

一三　ラーフェンスブリュック

さらに二日二晩、信じられないほどの長い時間が経過して、私たちは、いっそう奥深く恐怖の地へと運ばれていきました。時たま、パンの塊が手から手へと渡っていきます。最も基本的な衛生設備すら取りつけられていないので、車内の空気は澱み、ほとんどの人が食べ物ものどに通らないほどになってきました。

それから、身体がつぶされる思いと汚物の悪臭以上に、次第に恐ろしい現象が起こってきました。それは、水を飲みたいという強迫観念が頭をもたげてきたからです。

列車が止まった時、二度か三度、戸がほんの少し開けられ、手おけ一杯分の水が運び込まれました。ところが、私たちは動物になり下がっていたので、計画的に全員で協力したりすることなどできなくなっていました。そのため、戸の近くにいる人たちだけで、その水をすべて飲んでしまったのです。

とうとう四日目の朝、列車は止まり、今度は戸がいっぱいに開けられました。私たちは、赤ん坊のように這いつくばり、出口のほうに行き、やっとのことで地上に降りました。眼前には、青々とした湖がほほ笑みかけています。はるか向こうには、すずかけの木々の間に、教会の白い尖塔がそびえ立っています。

まだ余力のある囚人たちは、湖から水を汲み、バケツで運びました。私たちは、ひび割れ、ふくれ上がった唇をつけて、貪るようにその水を飲みました。

列車は、初めの時より短くなっています。男性囚人たちの乗っていた車両は、姿を消していました。ごく少数の兵士たち――中には、十五にもなっていないような少年兵もいました――が、千人の女性囚人を監視するために来ていました。それ以上は必要ではなかったのです。私たちは、ほとんど歩けないくらいに衰弱していて、抵抗することなど思いもよりませんでした。

しばらくして彼らは、私たちに隊列を組ませて前進させました。道は、一マイルほど湖の岸に沿って進み、そこから小高い丘の登り口に続いていました。私は、ベッツィーが頂上まで上りきれるかと心配でした。でも、木々や青空を見て気力を回復させたらしく、私が支えるように彼女も私を支えてくれるようになりました。

途中で、多くのその土地の人たちとすれ違いました。歩いている者もいれば、馬の引く荷馬車に乗っている者もいました。特に、さくらんぼ色の頬をした見るからに健康そうな子どもたちが、私の目を楽しませてくれました。彼らは、目をぱっちり開いて関心を示し、私の注目に応えてくれました。ところが、大人たちは私たちを見ないばかりか、近づくと、顔をそむけることに気づきました。

私たちは丘の頂上から、青々としたドイツの風景に入り混じる、大きな傷あとのようなものを見ました。それは、ところどころに監視塔があり、コンクリート壁で囲まれた灰色の低い建物が群がる町でした。その真中には四角い煙突が立っていて、青い空に薄い灰色の煙を吐き出しているのです。

「ラーフェンスブリュック！」

この言葉がのろいのささやきとなって、列から列へと伝わっていきました。

ここが、ハールレムにいたころから知らされていた、かの悪名高い、女性囚人を抹殺するといわれる強制収容所です。ずんぐりしたコンクリートの建物、明るい陽光の中に消えていく、あの煙――それは、見ないことにしましょう。

ベッツィーと私がつまずきながら丘から下りる時、肩甲骨の間で聖書が踊っているのが感じられました。神からの、良き知らせ《グッド・ニュース》です。それは、ほんとうに神がこの世界に対して語られたものなのでしょうか。

私たちは、壁の上部の高電圧鉄条網を警告するためのどくろの標識が見えるところまで接近しました。巨大な鉄の扉が左右に開かれました。私たちはその間を通って、中に入りました。前方には、すすけた灰色の建物の群が延々と続いています。

壁の中側には、腰の高さくらいの水槽が一列に並べられてました。私たちはそれに水をはり、蛇口から流れ落ちる水の下に、手や腕、足、頭まで突っ込んで、列車に閉じ込められていた時の汚物を洗い流しました。濃紺の制服を着た女性看守の一隊が走って来て、女性囚人たちを引っぱり、大声を張り上げながら、堅くて短い鞭を振り回しました。

彼女らは追い払うようにして、私たちを収容所への道へと駆り立てて行きました。この収容所は、私たちがこれまでいたところよりも、はるかに無気味なものに思われました。

フュフトでは列を組んで歩いている時には、少なくとも原っぱや森が見えました。ところがここでは、どの方角に行っても同じコンクリートの障壁にぶつかります。収容所全体が、上に電線を張り巡らした高い壁で囲まれていて、広大な人工の谷間に納まっているといった感じです。

とうとう止まりました。目の前には、わらをばらまいた一エーカー（約四千平方メートル）ばかりの地面があって、その上には屋根があるだけで、四方はがらあきの巨大なキャンバス生地のテントが張られています。ベッツィーと私は端のほうに場所を見つけ、ぐったりと座り込みました。

そのとたん、立ち上がりました。

シラミです！　わらは文字どおり、シラミの巣になっていたのです。私たちはしばらく毛布や枕カバーを、できるだけ床から離すようにして持ち上げたまま、立っていました。でも、そのうちに観念して、小さくて白いものがうごめくわらの上に毛布を広げて座りました。

囚人たちのある者は、フュフトからはさみを持ってきていました。巨大なテントの下のあちこちで、女性たちはお互いに髪を切り始めました。そのうちに、私たちにもはさみが渡されました。このような場所で長い髪をしていることは非常識ですから、もちろん私たちもほかの人と同じようにすべきです。でも私は、ベッツィーのふさふさした栗色の束を切り落とす時、思わず泣いてしまいました。

夕方近くなって、テントの端のほうが騒々しくなりました。看守の一隊がなだれ込んで来て、女性囚人たちを外に追い出しているのです。私たちは、われ先にと立ち上がり、下に敷いていた毛布をひったくるようにして取りました。テントの向こう、およそ百ヤード（約九十メートル）ばかりのところまで来ると、看守たちの追い立ては止みました。

私たちは、どうしたらいいのかわからず立ったままでいました。テントを追われたのは、新しい囚人グループが到着したためなのか、あるいはほかに何か理由があるのか、だれにもわからずじまいでした。

囚人たちは、石炭の燃えかすを敷き詰めた固い地面の上に毛布を広げ始めました。ベッツィーも私も、自分たちが立っているこの場で一夜を過ごすことになるのだとわかってきました。そこで、まず私の毛布を地面に敷き、寄り添って身体を伸ばし、その上にベッツィーの毛布をかけました。

「夜は暗く、ふるさと遠く離れて……」ベッツィーの美しいソプラノが、周囲の人々の耳に響きます。「主よ、われをみちびきたまえや……」

真夜中ごろ、雷鳴と打ちつける雨の音に目が覚めました。どしゃ降りになってきたのです。毛布はびしょ濡れになり、私たちの下には水たまりができました。朝になると、あたり一帯は広大な湿地になっていました。しかも、手も顔も着ているものも、石炭の燃えがらで真っ黒になっていたのです。

毛布の水を絞り終わらないうちに、コーヒーを出すから整列するようにとの命令が出されました。それは、とてもコーヒーといった代物ではなく、色だけが似ている、薄い飲みものでした。しかし私たちは、二列になって足を引きずりながら、急ごしらえの野外炊飯所の前でそれを受け取った時、どんなにありがたいと思ったことでしょう。

そのほかにも、囚人の一人一人に黒パンが一枚ずつ渡されました。そのあとは、午後遅くなって、かぶらのスープを一ひしゃく分と、ゆでた小さなじゃがいも一個を配られるまでは、何一つ出されませんでした。

その間は、昨夜と同様水びたしの広場に、気をつけの姿勢で立たされたままでした。私たちは、巨大な収容所の一方の端にいました。外側の壁のすぐ近くにいたので、上を走っている三重の高圧線が見えるほどでした。

このようにして丸二日が過ぎました。二日目の夜、立っている場所に、再びごろ寝することになりました。今度は、雨は降りませんでしたが、地面も毛布もまだ湿ったままでした。

ベッツィーが咳をしはじめました。私は、枕カバーの中からブルーのセーターを取り出しました。それを彼女の身体に巻きつけ、数滴のビタミン水溶液を飲ませました。でも、次の日の朝になると、ベッツィーは腸けいれんのために激しく苦しみました。その日、彼女は何度も、私たちの列の先頭にいる気短な女性看守に、衛生設備の役を果たす溝に行く許可をもらわなければなりませんでした。

三日目の夜になって空の下で再び寝る準備をしていると、新たに到着した囚人たちを収容するために兵舎に来るようにとの命令が出されました。私たちは十分ほど行進をして、所定の建物に着きました。廊下をひしめきながら小刻みに歩いて、大きな部屋に出ました。そして、天井から吊り下げられた電燈の下に、何ともみじめな光景を見たのです。

女性たちは一人ずつ、何人かの監督官のいる机の前に出て、毛布や枕カバー、そのほか持っている物を全部置いて行くので、うず高い山ができていました。その少し先の机のところでは、衣類を一つ残らず脱いで、第二の山に放り上げ、裸のまま、じろじろと見つめる男性看守たちの前を通ってシャワー室へと入って行くのです。シャワーを終えて出て来た女性たちは、一枚の薄い囚人服と靴だけを支給され、それ以外の物はあてがわれませんでした。

でも、ベッツィーにはセーターが必要です。また、ビタミン剤も必要なのです。とりわけ、私たちは聖書を手放すわけにはいきません。それがなければ、このような場所でどうして生きていくことができるでしょう。とはいうものの、それを隠してくれる作業衣がなければ、多くの監視の目を逃れることはできません。

もうすぐ、第一の机の前に出ようとしていました。私は、必死の思いで枕カバーの中を手探りしてビタミン液の小ビンを取り出し、それをこぶしの中に握り締めました。ほかの物はしぶしぶ、見るまに高くなっていく山の上に落としました。

「愛する神様！」と私は祈りました。「あなたは私たちに、この貴重な聖書を与えてくださいました。あなたは今までこれを、数々の検問所を通る時も検問を受ける時にも、人目に付かないところに隠しておいてくださいました。また、これを非常に多くの人のために用いてくださいました――」

ベッツィーが、私のほうに倒れ込みそうになる気配を感じました。驚いて彼女を見つめると、その顔は蒼白で唇は硬直しています。たまたま一人の看守が通りかかりました。私はドイツ語で、「どうぞトイレの場所を教えてください」と頼みました。すると彼は、ほとんど振り向きもしないで、顎でシャワー室のほうを示しました。

ベッツィーと私は恐る恐る列の外に出て、上のほうに蛇口がいくつも並んでいる、湿った臭いのする大きな部屋に入っていきました。部屋の中はがらんとしていて、裸で震えている五十人の女性たちが入って来るのを待っていました。

入口を監視している男性看守に言いました。「お願いです。トイレはどこにあるのか、教えていただけないでしょうか。」

彼も私を見ずに、「排水口を使え！」と怒鳴り声で答えました。そして私たちが中に入ると、彼はドアを勢いよく閉めました。

私たちは、数分後には何も身に着けずに戻ってくるこの部屋に、二人きりで立っていました。私たちが着ることになっている囚人服が、ドアのすぐそばに積み重ねてあります。一見して、普通の物と変わらない服の前とうしろが大きくXの文字で切り取られ、そこだけ色の違う布がはり付けてあります。

その時、それ以外の物が目に入りました。いちばん隅に積み重ねられた、古い木製のベンチです。それらは、白かびでぬるぬるしており、おまけにゴキブリが這っていました。でも私にとっては、天国の家具のように見えたのです。

「セーター！　セーターを脱いで！」こう私は言い、一方では、自分の首にかけられた紐をつまみ上げていました。ベッツィーがセーターを渡すと、すばやく聖書とビタミンのびんをそれでくるみ、この貴重な包みをベンチのうしろに押し込みました。

十分のちに、この部屋にほかの人たちが追われるようにして入って来た時には、私たちはもう哀れな者ではなく、満たされている者となっていました。神は、ラーフェンスブリュックでさえ私たちを気遣ってくださるという新しい証拠を見て、豊かな気分に浸っていたのです。

氷のような水が流れ落ちて来る間中、それがシラミに食われた皮膚を柔らかにしてくれるのを感じながら、蛇口の下に立っていました。それから、しずくを滴らせながら囚人服の山の周りに集まり、持ち上げて眺めたり、ほかの人に回したりしながら、自分に合うサイズを捜しました。

私はベッツィーのために、袖の長い、ゆったりしたのを見つけてあげました。これなら、ブルーのセーターを中に着込んでも、うまく隠しおおせそうです。次に自分のものを捜して、急いで身に付け、ベンチのある所に行き、すばやくえりの部分に小さな包みを押し込みました。

けれども、背中に不自然なふくらみができてしまいました。そこで、できるだけ包みを平らにならし、さらに下のほうに押し込み、腰まわりに入れるようにしました。ところが、木綿の薄い服であるため、とても人目につかないように細工することなどできません。その間中、これは私の仕事ではなく神の仕事だから別に心配しなくてもいいという、とても信じられないような考えが湧いていました。私のすることはただ、まっすぐに歩いて行くことだけです。

シャワー室のドアを出る時、男性看守たちが、女性囚人一人一人の前、うしろ、横のすみずみまで手でさわりました。私の前にいる女性は三度も調べられています。うしろでは、ベッツィーが調べられていますが。ところが、私だけにはだれも手を触れません。

建物の出口には、二番目の試練が待っていました。女性看守たちが一列になって、またもや囚人の一人一人をチェックしています。そこに行くと、私は歩く速度を落としました。ところが、指揮を取っている四人監督は、私の肩を乱暴に押しました。「さっさと行くんだ！　おまえは、ほかの者のじゃまになっているぞ！」

こうしてベッツィーと私は、早朝に、ただ聖書だけでなく、聖書が物語っている神の力についての新しい知識をたずさえて八号棟バラックに着きました。私たちに割り当てられたベッドでは、すでに三人の女性囚人が就寝中でした。

彼女たちはできるだけ、私たちのために空間を作ってくれましたが、マットレスは傾いて、私は何度も床の上にすべり落ちました。とうとう五人は肩とひじをうまく動かして、わき腹を下にして横たわることになりました。ここの毛布は、私たちが手放したものと比べると、実にお粗末で、すり切れて糸が出た代物です。でも、お互いが身体をくっつけ合わせているため、少なくとも体温で温かくなっていました。

ベッツィーは、長袖の下にブルーのセーターを着込み、私とほかの人たちの間に入っています。彼女の震えは次第に納まり、やがて熟睡しました。私は彼女より少しあとまで目を覚ましていて、サーチライトの長い光がうしろの壁を照らすのを見つめ、塀の周辺をパトロールしている兵士たちの掛け声を遠く聞いていました。

ラーフェンスブリュックの朝の点呼は、フュフトより三十分も早かったのです。午前四時三十分になると、真っ暗な夜明け前の冷え込みの中に立ち、横に十人、縦に十人の百名ずつの隊列を作って、直立不動の姿勢を取らされます。時には、このような状態がずいぶん長い時間続いて、やっとのことで収容所の中に入ると、またもや笛が鳴り、「全員、外へ！　点呼のやり直し！」と号令がかかることもありました。

八号棟は隔離された敷地内にありました。私たちの隣には、新来者への警告のためと思われる懲罰房がありました。

そこからは一日中、そして夜中でもたびたび地獄のうめきが聞こえてきました。それは、怒りとか、人間の感情を表す声ではなく、規則的なリズムで振り下ろされる強打と、間断のない悲鳴という、この世のものとは思えない残忍な音でした。私たちが十列になって並んでいる時、下ろした両手は震えどおしでした。何とかして、その手で耳をふさぎ、不気味な物音が聞こえないようにしようと念じていたものです。

解散になったとたん、私たちはお互いのかかとを踏むようにして、八号棟になだれ込みました。あの恐怖の世界から少しでも遠ざかりたかったのです。

懲罰房の仕打は、次第に苛酷になってきました。四つの壁で仕切られた囲いの中でさえ、悲鳴はあまりにも大きく響き、実体の見えない苦しみがあまりにも増えてきました。毎日、何かが理性のわくをはずれていき、何かが重くなり過ぎて、手に負えなくなりました。「主イエス様、このことを負ってください！」　私は、懸命に祈るようになりました。

さまざまなものが理解できなくなってくるにつれ、一つのことだけは、いっそうはっきりしてきました。それは、なぜ私たち二人がここにいるのかという理由です。なぜ、ほかの人たちが苦しむのか、そのことは私たちには示されませんでした。私たちにとっては、朝から消燈まで、点呼のために整列していない時はいつでも、聖書が、いっそう広がりゆく助けと希望の輪の中心となっていたのです。

私たちは、真冬に暖を求める人々のように聖書の周りに集まり、その発散する光と温かさに向かって心を開きました。周囲の闇が深くなればなるほど、神の言葉はいっそう明るくなり、真実味を増し、美しく燃えるようになりました。

「だれが、私たちをキリストの愛から引き離すのですか。苦難ですか、苦悩ですか、迫害ですか、飢えですか、裸ですか、危険ですか、剣ですか。……しかし、これらすべてにおいても、私たちを愛してくださった方によって、私たちは圧倒的な勝利者です。」

（ローマ人への手紙八章三五、三七）

こうベッツィーが読む時、周りに集まっている人たちの顔に次々と光が射すのを、私は見守っていました。圧倒的な勝利者となる――。これは単なる願望ではなく、事実なのです。貧しく、虐げられ、飢えている私たちは、そのことを時々刻々と体験しました。私たちは、すでに勝利者以上の者であって、「やがてそうなる」のではありません。現に、そうなっているのです！

ラーフェンスブリュックの生活は、互いに入り混じることのない、二つの別々の次元の上に築かれていました。一つは、目に見える外側の生活で、それは日増しに身の毛のよだつものとなっていきました。もう一つは、神とともに生きる生活で、それは真実から真実へ、栄光から栄光へと日増しに輝いていきました。

時たま震える手で、聖書を小さな袋から取り出したものです。それが私にとって、あまりにも神秘なものとなっていたからです。まるで今書かれたばかりのもののように、全く新しいものとなってきました。時として、まだインキが乾いていないのではないかと、新鮮な驚きを込めて見つめたものです。

それまでも、いつも聖書は信じてきました。ところが今聖書を読むことは、信じることとは関係のないものとなってきました。聖書に書かれていることは私にとって、地獄と天国、人の行為と神の行為などについての事象そのものの描写であると思えてきたのです。イエス様が捕えられる話で、どのように兵士たちが彼を平手打ちにし、笑い者にし、鞭で叩いたかを、これまで何度読んだことでしょう。ところが今や、その出来事が実際に血肉をもって描写されるのです。

金曜日――それは健康診断のある日で、屈辱を受ける時でした。私たちが待たされる病院の廊下には暖房設備などはなく、秋の冷え込みが壁に染み込んでいました。ところが、両腕で身体を包むことさえ許されていないのです。ニヤニヤして眺めている看守の集団の前を、列を作ってゆっくり進む間中、直立の姿勢で、手はわきに下ろしていなければなりませんでした。

やせ細った足と、飢えのためにふくれ上がった腹を眺めることに、いったいどんな楽しみがあるというのか想像もできませんでした。一かけらの愛も気遣いも加えられない身体ほど、醜悪な見物があるでしょうか。

また、なぜ着ているものを全部脱ぐ必要があるのか、私には理解することができませんでした。やっとのことで診察室に行くと、一人の医師が喉の中をのぞき、歯科医らしい人が歯を調べ、真中にいる三番目の人物が指を見ます。それだけのことで、私たちは再び列を組んで長い冷たい廊下を渡り、出口でX印の付いた服を拾い上げるのです。

廊下で震えながら待たされている朝のこと、聖書のある場面が、私にとって急にいのちあるものとなりました。イエス様は、裸のまま十字架につけられたのです。

知りませんでした。考えも及びませんでした。聖書や、彫られた十字架像には、少なくとも一枚の腰布が付けてあります。ところがそれは芸術家の尊敬の現れであることが、突然わかってきたのです。実際には、あの金曜日の朝、敬意の念の一かけらさえなかったのです。今、私たちの周囲の人たちの顔に浮かぶ表情以外のものは、なかったはずです。

「ベッツィー、あの人たちはイエス様の衣まではぎ取ってしまったのね。」

私は、前にいるベッツィーの耳もとに口を寄せました。彼女の肩甲骨は、青い斑点のある皮膚の下で、するどく突き出ています。

私の前で、低い驚きの声が聞こえました。「ほんと、そうだったのね、コーリー。でも私は、一度もイエス様に感謝しなかった。……」

太陽は、毎日少しずつ遅く昇り、刺すような寒さの時間が次第に長くなってきました。だれもがほかの人に、中央の収容所に移れば事態は好転すると言い聞かせていました。一人に一枚ずつ毛布が配られるとか、自分一人のベッドが与えられるとか、めいめいが、いちばん欲しいと思うものを心に描いたのです。私にとって必要なものは、ベッツィーの咳を薬で治してくれる診療所でした。「今度の収容所には専属の看護師がついている。」こう、何度も口にしていたので、すっかりそのつもりになってしまいました。私は、毎朝ベッツィーの黒パンにビタミン液を一滴ずつ落とすことにしていましたが、小さなびんなので、どれだけ長持ちすることでしょう。「だれかがくしゃみをするたびに、姉さんは分けてあげるんだから、すぐになくなってしまうわ」と、私は彼女によく言ったものです。

定住用の収容所への引越しは、十月の第二週と決まりました。私たちは十列になって、石炭の燃えかすを敷いた広い通りを行進し、それから建物が立ち並ぶ、少し狭い道に入りました。縦隊は何度か止まり、そのつど番号が読み上げられました。ここラーフェンスブリュックでは、名前は通用しなかったのです。

「囚人六六七二九号、囚人六六七三〇号！」　とうとうベッツィーと私の番号が呼ばれました。私たち二人は、十二名ぐらいのほかの人たちとともに列の外に出て、第二十八号棟の、灰色の長い正面をまじまじと見ました。窓ガラスの半分は割れているようで、ぼろぎれでふさいでありました。

中央の扉を入ると広い部屋があって、そこでは二百名ないしはそれ以上の女性たちが、前かがみになって編み棒を動かしています。テーブルの上には、仕上がったグレーの靴下が積み上げてありました。

両側にそれぞれドアがあって、どちらもいっそう大きな部屋へと続いています。これは、私たちが今までに見た中では最大規模の居住区でした。ベッツィーと私は案内役の囚人のあとに付いて、右のドアから入りました。布が窓ガラスの代用となっているため、広々とした部屋は、たそがれにも似た薄明かりとなっていました。

嗅覚でまずわかったことは、そこが不潔な場所だということでした。寝具類は汚れきって腐臭を発散していました。暗がりに目が馴れてくると、個人用のベッドなど一つも見当たりません。大きな正方形の棚を三段重ねにしたものが並んでいて、ところどころに狭い通路が付いています。私たちは案内役の囚人に付いて、一列になって歩きました。通路は、二人が並ぶほどの幅はありませんでした。どこを向いても、背丈以上に寝棚がせり上がっているので、閉所恐怖症に悩まされながら前に進みました。恐ろしいほど広い部屋に、ほとんど人はいませんでした。住人たちはさまざまな作業要員となって、出払っているに違いありません。案内役の女性囚人は、やっとのことで、中央の大きなブロックの二段目を指さしました。

そこに行くために最下段の棚に足をかけて、二段目にもぐり込み、わらを敷いた「ます目」を、三つ先まで這っていかなければなりません。私たちにあてがわれた一画には、いったい何人が寝るのでしょう。

上の段とくっつき過ぎているため、座ることはできません。そこで仰向けになりましたが、わらから発散する異臭のために吐き気を催しそうになりました。私たちといっしょに来た女性たちが、それぞれの場所を捜している物音が聞こえてきます。

突然、私は起き上がって、頭を上の段にぶつけました。何かが足を刺したのです。

「のみだわ！」と私は叫びました。「ベッツィー、ここにはのみが、うじゃうじゃいるわ！」

私たちは姿勢を低くし、頭をもう一度ぶつけないように注意しながら、二段目の棚の上を這って通路に下りました。それから、陽の当たっているところに出ました。

「ほら、ここ！　ここにも！　ベッツィー、こんな場所に人間が住めると思うの!?」　私は不満をぶちまけ、わめきました。

「教えてください。どのようにしたらいいのか、教えてください。」ベッツィーがあまりにも自然と言うので、彼女が祈っているのにすぐに気づくことができませんでした。ベッツィーにとって、祈りと日常の生活の境界線が、このところいっそう薄れてきたようです。

「コーリー！」　彼女は興奮して言いました。「神様は、私たちに答えてくださったわ。いつでもそうであるように、私たちが求める前に神様は答えておられたのよ。今朝読んだ聖書の箇所、どこだったかしら？　あそこを、もう一度読んでちょうだいな。」

私は、薄暗く長い通路を見回し、看守がいないのを確かめてから、聖書を袋から引き出しました。「テサロニケ人への手紙第一だったわ」と、私は答えました。シュベニンゲンを出てから、私たちは新約聖書を二度通して読み、今では三度目に入っていたのです。

私は、薄暗い光の中でページを繰りました。

「ここだわ。『小心な者を励まし、弱い者の世話をし、すべての人に対して寛容でありなさい。

だれも、悪に対して悪を返さないように気をつけ、互いの間で、またすべての人に対して、いつも善を行うよう努めなさい』」(五章一四、一五節)。この箇所は特に、ラーフェンスブリュックに宛てて書いてあるように思えました。

「もっと読んで。それだけじゃなかったわ。」「そうだったわね。ええと……『いつも善を行うよう務めなさい。いつも喜んでいなさい。絶えず祈りなさい。すべてのことにおいて感謝しなさい。これが、キリスト・イエスにあって神があなたがたに望んでおられることです――』」(同一五～一八節)。

「そこよ、コーリー。それが神様のお答えよ。『すべてのことにおいて感謝しなさい。』私たちは、このことをすべきだったわ。たった今、この新しい部屋について、一つ一つ感謝していきましょうよ。」

私はあきれ顔で彼女を見つめ、それから、暗くて、すえた臭いのする部屋を見渡しました。

「たとえば、どんなことを感謝するの？」

「たとえば、私たちがここでいっしょになれたこと。」

私は唇をかみました。「ほんとうに、そうでした、主イエス様。」

「たとえば、あなたが手に持っているもの。」

私は、聖書を見下ろしました。「そうだったわ。愛する主よ、私たちがここに入る時、検問がなかったことを感謝します。この書を通してあなたとお会いするこの部屋の人たちを覚えて、感謝いたします。」

今度はベッツィーが口をはさみました。「この部屋が、とても混んでいることを感謝します。お互いが非常にくっついていますから、今まで以上の人が、あなたのお言葉を聞くことができます。」彼女は、期待を込めて私を見つめ、「コーリー」と先を促しました。

「そうでした。人々が押し込められ、ぎゅうぎゅう詰めになり、息が詰まりそうになっていることを感謝します。」

ベッツィーは穏やかな口調で、さらに続けました。「のみを感謝します。それから……」

えっ、のみですって？　いくらなんでも、これは度が過ぎます。「ベッツィー、のみのことで私に感謝させるのは、たとい神様でもおできにならないわ。」

「すべてのことにおいて感謝しなさい。」彼女は、聖書を引用しました。「気持ちのいい環境について感謝しなさい、とは書いてないでしょう？　のみは、神様が私たちを置かれたこの場所の一部なのよ。」

こうして私たちは、積み重ねられた寝棚の間の通路に立って、のみのために感謝の祈りをささげました。でも、今度だけはベッツィーが間違っていると、私は思うのでした。

午後六時を過ぎてまもなく、二十八号棟の女性囚人たちが強いられた長時間の労働に疲れ、汗にまみれ、汚れきって帰ってきました。同じ寝棚の一人から聞いたところによると、この建物は四百人を収容するように設計されているということです。ところが、今では千四百人がここに居住しています。しかもオランダだけでなく、ポーランド、フランス、ベルギー、オーストリアの強制収容所が閉鎖され、ドイツの中央部へ移転するようになったので、毎週人員が増えています。

四人が定員だという私たちのます目は、九人で共同に使うことになりました。ベッツィーと私のために空間を開けなければならないと知って、中には文句を言う者もいました。

この部屋全体の住人のために、トイレはたった八つあるだけで、汚物があふれて鼻を突くのです。しかもそこに行くには、同じ寝棚の同僚の上だけでなく、いちばん近くの通路に出るまでにほかの人たちの上も、這って踏み越えて行かなければなりません。その際いつも、すでにたわんでいる薄い板に重みがかかりすぎて、下段にいる人たちの上に墜落する危険性があります。最初の夜、そのような現象が何度か起こりました。そのため、部屋のあちこちで板の裂ける音と、押しつぶされそうな悲鳴が聞こえてきました。

板がしっかりと支えている時でさえ、上に寝ている人たちがちょっとでも動こうものなら、ほこりとわらくずが雨のように降ってきます。それに続いて、いっせいに罵声が湧き起こります。八号棟は、ほとんどがオランダ人で占められていました。ところが、ここには共通した言語すらありません。心身ともにすり減らして、満足な食事を与えられていない人たちは、絶えず激高しては罵り合うのでした。

窓のいちばん近くに寝ている女性が、寒いので閉めると、けたたましい怒号が飛び交いました。開けろという要求が口々に出されます。その窓に面した長い寝棚の列から、口汚ないののしり声が、次から次へと沸き起こってきました。やがて取っ組み合いの音、平手打ちをくらわす音、そしてすすり泣きが聞こえてきました。

ふと暗がりの中で、ベッツィーが私の手を握るのを感じました。彼女は、声を出して祈り出しました。「主イエス様、この部屋にあなたの平安を送り込んでください。今まで、ここでは祈りなど、ほとんどなされませんでした。ここの壁ですら、そのことをよく知っています。でも、主よ、あなたがいらっしゃるところには、争いの霊など住み着くことはできません……」

変化は徐々にではありましたが、はっきりと現れてきました。怒り狂った声は、一つ一つ消えていきます。

「あんたと取引しようよ。」強いスカンジナビアなまりのドイツ語が、聞こえてきました。「ここは暖かいから、ここで寝たらどう？　私は窓のそばの、あんたの場所に移るから。」

「そして、あんたのシラミを持って来て、ここのシラミの仲間入りさせなさいよ。」「ありがとう、でもいいわ。」こう答える相手の声には、含み笑いがともっていました。

「いい考えがあるわ。」こう言った三番目の声には、聞き取りにくいフランスなまりがありました。「窓を半分開けることにしようよ。そしたら、私たちは半分だけ凍え、あんたたちは半分だけ息苦しくなるから。」

これを聞いて、くすくす笑いのさざなみが広がっていきました。私は、すえたわらの上に横になったまま、もう一つ感謝のできる材料のあることを知りました。それは、ベッツィーが二十八号棟に来たということです。

＊　＊

ここでの点呼は、八号棟の時と同じように午前四時半から始まりました。四時になると、笛が鳴ります。住人たちは、衣服や髪から、わらを払い落とす暇さえ惜しんで、中央の部屋に殺到しては、パンとコーヒーをもらい受けます。あとで来た者たちには何も残されていません。

人員の数を調べる作業は、病院に通じる広いラゲストラス広場で行われます。そこで私たちは、ほかの収容所から来た、当時三万五千とも言われた人たちと合流し、街燈のほのかな明かりの下に整列します。両側に延々と伸びるその列は、すべて視界に入らないほど大勢です。そのうち、石炭の燃えがらを敷いた冷たい地面の上に立つ足は、寒さで感覚を失ってくるのでした。

点呼のあとで作業員たちが呼び出されます。ベッツィーと私は、初めの数週間というもの、シーメンス工場の仕事に割り当てられました。この、製鋼所と鉄道のターミナルの入り組んだ巨大な工場は、収容所から一マイル半離れた場所にありました。

数千人からなる「シーメンス部隊」は、高電圧鉄条網の下にある鉄の扉を通り抜け、草や木が生え、水平線の見える世界へと行進して行きます。小さな湖のへりに沿って歩くころには、太陽が昇ります。晩秋の平原を染めあげる黄金の色は、私たちの心を引き上げてくれました。

ところが、シーメンスでの労働は悲惨の一語に尽きました。ベッツィーと私は、重い手押車を引込線のところまで押して行き、貨車から大きな金属の板を下ろして積み込み、それを工場の門まで運んで行くことになっていました。苛酷な作業は、十一時間も続きます。でも、少なくともお昼には、ゆでたじゃがいも一個と薄いスープにありつけるという特権がありました。収容所の中で働いている者には、昼食は出されなかったのです。

帰る時には、はれ上がって痛む足を上げることは、ほとんどできないまでになっていました。私たちを監視する兵士たちは、どなったり、のろいの言葉を吐いたりしますが、足を引きずりながらの一歩一歩では、ほんのわずかしか進めません。私はこの時も、以前のように土地の人たちが目をそむけて通るのに気づきました。

居住区に帰ってからは、中央の部屋でかぶらのスープをもらうために再び列を作ります。並んで待たされることに、際限がないとでもいうのでしょうか。これが済むと、ベッツィーと私は人に押され合いながら、できるだけ急いで居住区の裏に行きます。そこで私たちは、礼拝のための「集会」を開くことにしていたのです。

私たちの寝棚の近くには、聖書を読むのに十分な明かりがありませんでした。しかしここには小さな電球があって、壁の上にぼんやりした黄色の円を投げかけています。しかもここには、今までいちばん多くの人たちが集まって来るのでした。

そのころ第二十八号棟で開かれていた集会は、ほかでは見られないものでした。一回の集まりの中に、ローマ・カトリックのグループによるラテン語の「マリア賛歌」があり、ルーテル派の人たちによる低い声の賛美歌合唱があり、またギリシャ正教の女性たちによる声を押し殺した詠唱もあるといった具合でした。集まって来る人たちの数は回を追うごとに増え、そのため近くの寝棚はぎっしりと詰まって、端から落ちそうになり、とうとう三段重ねの高い構造物はきしんで、揺れるまでになりました。

最後にベッツィーか私が聖書を開きます。オランダ語の聖書がわかるのはオランダ人だけであったため、まずドイツ語に翻訳します。すると、いのちを与える言葉がフランス語、ポーランド語、ロシア語、チェコスロバキア語、それから再びオランダ語となって、通路を伝わっていくのが聞こえてきます。電燈の下での夕べのひと時は、ちょっとした天国の前味の時でした。

私は、ハールレムのころを思い浮かべました。そこでは一つ一つの教会が、鉄の柵と教理というバリケードの奥深くに納まっています。私はまた、暗黒の中でこそ神の真理は最も明るく輝く、ということをあらためて知らされました。

初めのうち、ベッツィーと私は、この集会をおびえながら招集しました。ところが日がたつにつれ、また近くに看守が寄って来ないことも手伝って、次第に大胆になってきました。そのうち、参加者が非常に多くなってきたので、夜の点呼のあとに二度目の集会を開くようになりました。

ラゲストラス広場では、私たち女性囚人は徹底した監視のもとにありました。暖かそうなウールのケープを着た看守が、絶えず私たちの前を行き来していたのです。収容所の中央の部屋でも、同じことが言えました。六名ほどの看守、ないしは囚人監督が、いつもたむろしていました。ところが、広々としたこの二十八号棟には、ほとんど監視の目が光っていなかったのです。でもどうしてなのかは、わからずじまいでした。

不思議といえば、もう一つ常識では考えられないことが起こっていました。ビタミン剤のびんからは、相変わらずビタミン液が出ていたのです。それは非常に小さなびんです。一日に何滴も落とすので、そのようなことはありえないはずでした。今ではベッツィーのほかに、私たちの寝棚にいる人たちも、その恩恵にあずかるようになっていたのです。

ビタミン剤を大事に取っておきたいというのが、私の本音でした。このところベッツィーが、めっきり衰弱してきたからです。しかし、ほかの人たちも病気です。目は高熱に燃え、手は悪寒のため震えている人に「ノー」と言うことは、とてもできません。私はこのビタミン剤を、いちばん弱っている人たちのために取っておこうとしました。でも、そのように限定された人の数は、すぐに十五人、二十人、二十五人……となっていくのでした。

ところが、小さなびんを傾けるたびに、先のとがったガラスのスポイトの先端に一滴ずつ出てきます。そんなことは絶対にありえません！　電燈にかざしてみて、あとどれだけ残っているか調べてみようとするのですが、容器になっている濃い褐色のガラスはずいぶん厚いので、中をすかしてみることはできません。

「聖書の中に一人の女性が出てきます。その人の油の入った壺は、決して空っぽになることがありませんでした。」ベッツィーはそう言って、列王記の中からエリヤに部屋を提供したツァレファテの貧しいやもめの話を始めました。「エリヤを通して言われた主の言葉のとおり、かめの粉は尽きず、壺の油はなくならなかった」（I列王一七章一六節）。

聖書の至るところに、すばらしい出来事の起こった記事が書いてあります。そのようなことが、千年以上も前に可能であったと信じることと、それが今の自分に現実に起こるのを目撃することとは全く別のことです。ところがこの不思議な現象は、今日も、次の日も、その翌日も続いたので、ついには見物者の小グループが、日ごとにパンの上に一滴ずつ落ちてくるのを、こわいものでも見るような気持ちで見守るようになりました。

夜になると、上のマットレスからわらくずが雨のように降ってくる中で、私たちに気前よく与えられる補給の不思議について詮索しようとしました。私はベッツィーに小声で言いました。「あの針先のようなちっちゃな穴から出てくるのは、実際には、目に見えないような水滴の分子かもしれないわ。それが、空気に触れると、とたんに膨張するのよ。」

暗がりの中で、彼女の笑い声が聞こえます。「コーリー、そんなに無理して説明するものじゃないわ。私たちを愛しておられる天のお父様からの、嬉しい驚きとして受け止めればいいのよ。」

ある日、夕食を受け取る列の中に、ミエンが割り込んで来て私たちと並びました。「あんたがたのために持って来た物を、見てちょうだい！」

このミエンというのは、私たちがフュフトで会った若くてかわいらしいオランダの女性です。彼女は病院の雑役にまわされていましたが、たびたび医務室から物をくすねて来て、二十八号棟に持ち帰るのでした。その中には、壊れた窓ガラスの目ばりをする新聞紙とか、看護師の食器皿に手つかずになっていた一片のパンなどがありました。私たちは、彼女が運んで来た小さな布袋の中をのぞき込みました。

「まあ、ビタミン剤だわ！」こう私は叫び、あわてて近くにいる囚人監督のほうを盗み見ました。「これは酵母化合物よ。」私は声を落として言いました。

「そうよ！」ミエンは、ひそひそ声で答えました。「大きなビンがいくつかあったの。そのどれからも、同じ分量だけ取ったのよ。」

私たちは、突然のプレゼントに有頂点になり、かぶの薄いスープを一息で飲んでしまいました。私は寝棚に戻ると、わらの中からビンを取り出しました。「まず、こっちのほうから片付けましょうよ。」ところがその晩、どんなに長い間ビンを逆さにしていても、またどんなに振ってみても、ついに一滴も出てきませんでした。

＊　＊

十一月一日に、四人それぞれに外套が支給されました。ベッツィーと私のはロシア製で、前にはどうも毛皮がついていたもののようです。えりと袖口の部分に、何かを引きちぎったあとの糸くずが付いていていました。

シーメンス工場行きは中止になりました。その原因について、最近ほとんど毎晩のように聞こえてくる爆撃の一つに見舞われたのではないかと推測しました。

ベッツィーと私は、収容所の壁付近の、でこぼこした地面をならす仕事に駆り出されました。これもまた厳しい労働でした。土をすくい上げようとして前かがみになると、時たま、心臓がけいれんを起こすようなこともありました。夜になると、足が痛みのために引きつります。

しかし、いちばん気にかかることはベッツィーの体力です。夜間に激しい雨が降ったある朝のこと、作業現場の地面は水浸しで、土は水分を含んで重くなっていました。ベッツィーは、それまでにも、一度に多くの土をすくい上げることはできませんでした。その日は、シャベルに載せられた分量はほんのわずかで、しかも土を捨てる低い地面に行く間、何度もつまずく始末でした。

「シュネラー（急げ）！」女性看守はどなりました。「おまえは、もっと速く歩けないのか！」

私は、黒い石炭がらにシャベルを突き刺しながら、どうしてこの人たちは、こんなにどなるのだろうといぶかりました。どうして普通の人間のように、話すことができないのでしょう？　私は、ゆっくり姿勢を起こしました。流れる汗は背中のあたりで乾いていきます。

このような狂気じみた大声をはじめて聞いた場所を、思い浮かべました。ベイヨイの、タンテ・ヤンスの部屋です。貝殻の形をしたスピーカーから流れる音、それはベッツィーがあわてて消したあとでも、あたりに響いていた金切り声でした。

「怠け者め！　ものぐさの豚野郎！」

看守は、ベッツィーのシャベルを奪い取ると、掘る仕事をしているあちこちのグループへと走りまわって、ベッツィーがやっとの思いですくい上げた一握りの黒い土を見せました。

「さあ、この男爵夫人様が運んでいるものを、よく見てみろ！　きっとこのお方は、ものすごい勢いで働いてくださるでしょうよ！」

それを聞いて、ほかの看守や一部の女性囚人たちさえ笑いました。すっかり気をよくしたその看守は、よろめきながら歩くベッツィーの真似をしました。男の看守が、その日の作業を監督していましたが、女性看守というものは男性がそばにいるといつも調子にのるものです。

笑い声が高まるにつれて、私の心の中に殺意を秘めた怒りがこみ上げてきました。相手の女性看守は若く、十分な栄養をとっています。ベッツィーが年を取っていて、しかも飢えているということはベッツィー自身のせいなのでしょうか？　ところが驚いたことに、ベッツィーも笑っているではありませんか。

「あなたは、私の真似がお上手ですね」と彼女は認めました。「でも、一握りの土をよろけながら運ぶのを大目に見てくださらないと、私は、仕事を全部止める羽目になってしまいますよ。」

看守の丸々とした顔は、真っ赤になりました。「仕事を止める、止めないの権限はだれが持っているか、ここではっきりさせてやる！」　彼女は、ベルトに差していた革の鞭を抜き取り、それで、ベッツィーの胸部と首を力いっぱいに叩きました。すっかり自制心を失った私は、シャベルを握り締め、彼女をめがけて走っていました。

だれにも気づかれないうちに、ベッツィーは私の前に立ちはだかり、振り上げた私の腕を下ろして、「コーリー！」と制止しました。「コーリー、作業を続けましょう！」　彼女は、私のシャベルを引ったくって、それを土に刺しました。

看守は蔑んだ目つきで、ベッツィーのシャベルを私たちのほうに投げました。それを拾い上げた私は、まだぼう然としていました。ベッツィーのえりもとには、赤いしみが付いています。首のあたりのみみず腫れは、みるみる腫れあがっていきます。

ベッツィーは、私の視線がどこに向けられているかを知ると、やせ細った手で鞭のあとを隠しました。「コーリー、ここを見てはいけないわ。イエス様だけを見てちょうだい。」彼女は手を下ろしましたが、その手には血が付いていました。

十一月の中旬になると冷たい雨が降り始め、一日中どしゃ降りの日々が続きました。そのため、建物の中の壁にも、湿気により水滴が付着するようになりました。そうなると、ラゲストラス広場は乾くはずがありません。雨が上がった時でも、道には深い水たまりができていました。

整列する時、水たまりをよけることは許されません。そのため、くるぶしのあたりまで水につかることがよくありました。夜になると、部屋の中は、腐ってきた靴の皮で悪臭を放つのでした。

ベッツィーの咳に血が混じるようになりました。そこで私は診察を受けさせるため、彼女を病院に連れて行きました。ところが、熱が三八・九度であったため、入院は許可されませんでした。四〇度以上の熱でしか入院が認められなかったからです。

各収容所に看護師が一人ずついて診療所があるという私の空想は、無惨にも打ち砕かれていました。病院に付属している何もない大部屋に、収容所の病人は全部集まってくるのです。しかも屋内に入るまでに、雨の中で何時間も立って待つということが、たびたびありました。

私は、病気で苦しんでいる女性たちでいっぱいの、この陰気な場所が嫌でなりませんでした。でも、ベッツィーの容態が悪化してきたので、何度もそこに引き返さなければなりませんでした。ベッツィーは私と違って、この部屋に拒絶反応を示しませんでした。彼女にとってここは、ほかの場所と同じように、イエス様について話す絶好のところだったのです。ベッツィーはどこにいても、働いている時でも、食事のために並んでいる時でも、居住区にいる時でも、周囲の人たちにイエス様が近くにおられることと、人々の心の中に入ろうとひたすら願っておられることを話して聞かせるのでした。

彼女の肉体が弱まるにつれて、信仰は一層大胆になってきました。それは、「コーリー、診察を受けるために並ぶ場所は、とっても大切なところよ！　そこにいる人たちの中には、もう一歩で天国という人たちがいるわ」という言葉でも表されているのでした。

ある夜、ベッツィーの熱はとうとう入院が認められる四〇度を超えました。いつものように長い間待たされて、やっと看護師が姿を現し、彼女とほかに六人の女性たちを奥へ連れて行きました。私も病室の入口までついて行き、ゆっくりと居住区に戻って来ました。

居住区の入口に立って見渡す時、私はいつも蟻塚を連想します。中には、長い作業に疲れてぐっすり寝込んでいる人たちもいますが、ほとんどの人は、ざわざわと動いています。トイレで順番を待つ人もあり、自分や隣の人のシラミをつぶす者もいます。私は身をよじらせ、混雑した通路を縫いながら、祈り会がちょうど終わったばかりの部屋のいちばん隅に行きました。ベッツィーと私が病院に行っている夜は、聖書をウイルマカ夫人に渡すことにしていました。彼女はハーグ出身の敬虔なカトリック信者で、オランダ語をドイツ語、フランス語、ラテン語、ギリシャ語に訳し直せるという才能の持ち主でした。女性たちは私の周りに群がって来て、「どうでしたか？どれぐらい入院することになったんですか？」などと、口々にベッツィーのことを聞きました。

消燈の合図の笛が鳴ると、人々はいっせいに寝棚に上り始めました。私も中段の層に身体を差し入れ、這いながら、すでに横になっている人たちを越えて行きました。ベッツィーがこの部屋に来てから、なんと大きな変化が生じたことでしょう。以前は、このちょっとした時間帯に、取っ組み合いが起こり、罵声が飛び交っていました。ところが、今夜は大きな居住区のあちこちから、「ごめんなさい」「申し訳ありません」「ちっとも痛くなかったわ」といったささやき声が、ざわめきとなって聞こえてくるのです。

私は、暗がりの中で自分の区画を見つけ出し、真中あたりにもぐり込みました。入口から、サーチライトの光が部屋全体を掃くように照らし、何か動くものがあると、そこに静止します。だれかのひじが、私の背中にぶつかりました。別の人の足は、私の目と鼻の先にあります。こんなにすし詰めの場所で、みじめで徹底した孤独感に浸ることなどできるものでしょうか。

一四　ブルーのセーター

早朝のラゲストラスに、冷たいもやが、しっとりと立ち込めていました。ベッツィーが外に立たなくてすむことを私は感謝しました。

一日中、ラーフェンスブリュックは、厚い霧で覆われていました。物音が消え、太陽が一度も顔をのぞかせないという何とも不気味な日です。私は、じゃがいもを運搬する仕事に出ていました。これから先の凍りつく天候に備えて、じゃがいもを詰めたかごを長い溝に入れ、その上を土で覆うという作業です。

私は、このきつい肉体労働に回されたことを喜びました。骨の中の湿気を追い出してくれそうな気がしましたし、それに看守が見ていないすきに、時たま生のじゃがいもをかじるという恩典があったからです。

翌日も、白濁色の霧の覆いは、相変わらず収容所を包んでいました。ベッツィーがいない寂しさは、これ以上がまんできないまでになっていたので、点呼が終わるとすぐ私は思いきった行動に出ました。

ミエンは、玄関の警備員のいるところを通らないで病院の中にもぐり込む方法を教えてくれました。彼女の説明によると、病院の裏にあるトイレには大きな窓があり、しかも窓枠が非常に曲がっているため、しっかり閉まらないということでした。入院患者を見舞うことは許可されなかったので、縁故関係の者たちは、よくそこから中に入るのだそうです。

濃い霧のおかげで人に見られることなく、簡単に問題の窓に近づくことができました。私は、そこから忍び込みました。とたんに刺激の強い臭気に襲われ、手で鼻を覆いました。ふたもドアもない便器が、壁に沿って続いていて、あふれているのです。

思わず扉のほうに駆け出しましたが、途中で足が釘付けになりました。反対側の壁には、裸の死体が十二体ばかり、仰向けになって並んでいます。目が開いたままのものもあって、まばたきもせず天井をにらみつけているように思えました。

恐怖のため、足が鉛のように重くなり、そこに立ちすくんでしまいました。その時、二人の男が扉を開けて、シーツにくるんだものを運んで来ました。この二人は、私に見向きもしませんでした。きっと私を患者だと思ったのでしょう。

私は、彼らをよけて、広間に入りました。そこで少しの間立っていましたが、胃袋は、先ほど見た光景のため縮まっています。しばらくして、左のほうへと、あてどなく進んで行きました。

この病院は、広間とドアの迷路になっていました。トイレに引き返すにはどう行ったらいいのか、すでにわからなくなっています。作業場に帰り着く前に、もしじゃがいも要員が去っていたら、どうなるのでしょう？　その時、見覚えのある廊下に出ました。

ほとんど駆け足で、扉から扉へと進みました。とうとうベッツィーと別れた場所に出ました。病院の職員は見当たりません。簡易ベッドの並ぶ通路を、一人一人の患者の顔を食い入るように見ながら、歩いて行きました。

「コーリー！」

ベッツィーは窓に近い寝台に、上半身を起こして座っていました。彼女は以前より健康そうです。目は輝いていて、こけた頬にほんの少し赤味がさしています。彼女の話によると、まだ看護師も医師も診察してくれないということでした。でも、じっと横になっていて、一日中屋内にいることが、すでに良い変化を与えているのでした。

それから三日のちに、ベッツィーは二十八号棟に帰って来ました。彼女は相変わらず、検査も受けていなければ、薬も服用していないということでした。額に手を当ててみると、まだ熱っぽいのがわかります。でもベッツィーが再び帰って来たという喜びが、彼女の健康に対する心配を払いのけてしまいました。

彼女にとっていちばんすてきなことは、入院したために、これからずっと「縫物部隊」に加われるようになったことです。私たちが最初の日に見かけたこれらの女性たちは、真中の部屋のテーブルの周りに座っていました。この作業は、最も虚弱な囚人のために取っておかれたものですが、今では人があふれて、居住区にまで進出するようになっていました。

寝棚のある部屋で働く人たちは、テーブルで働いている人たちと比べて、お話にならないほど監視されていませんでした。そのためベッツィーは、一日の大半を周囲の人たちへの奉仕に専念するようになりました。

編み物をする彼女の手さばきは驚くほど速く、そのため割り当てられた量の靴下は、お昼にならないうちに仕上げられていました。彼女は、共同で使う聖書を保管していましたが、毎日かなりの時間を割いてあちこちと動き回り、声を出して作業員たちに読んで聞かせるのでした。

ある夕方、私は壁の外でたきぎを拾い集める仕事を終えて、遅くなって居住区に戻りました。淡い雪が積っていて、部屋ごとに置いてある小さなストーブにくべる木切れや小枝を捜すのは困難でした。ベッツィーは、いつものように食事の列にいっしょに並ぶため、帰りを待っていてくれました。彼女の目は光っています。

「何だか、とてもご機嫌ね」と、私は言いました。

「今まで、私たちの居住区のほうには、どうしてあんなに監視がないのか、わからなかったでしょう？　でも、その理由がわかったのよ。」

その日の午後、彼女のグループで、靴下のサイズが混ざってしまい、わからなくなったそうです。そこで外にいる作業監督に、来て指示を与えてくれるように頼みました。

「でもね、その監督は、いっこうに来ようとしないの。彼女だけでなく、看守も扉よりも中に入ろうとしないのよ。どうしてか、わかる？」

ベッツィーの声は、勝ち誇った響きを抑えることができませんでした。「のみのせいよ！『あそこは、のみが這い回っているからな』って、監督さんが言っていたわ！」

私の思いは、この場所に最初に来た時に舞い戻っていました。私は、祈りのために垂れたベッツィーの頭を思い出しました。彼女が、私の毛ぎらいしている生き物のことで、神に感謝していたのを思い浮かべました。

＊　＊

ベッツィーは、戸外での重労働を免れることができました。しかし、相変わらず一日に二度の点呼には出なければなりません。十二月に入って気温が急に下がってくると、この戸外整列は厳しい耐久テストとなり、多くの人が生き延びることができませんでした。

どの街燈の周りにも、かさ状の霧氷がきらきら輝いているある暗い早朝、私たちの二列前にいる知的障がいのある女の子が、突然粗相してしまいました。

看守が飛んで来て、太い草の鞭を振ると、その子は苦痛と恐怖のため悲鳴を上げました。このような障がいのある人が打たれるのは、何とも残忍なことです。ところがその女性監督は、なおも鞭で打ち続けます。

私たちは、この看守に「蛇」というあだ名を付けていました。彼女が、ぴかぴかした服を着ていたからです。彼女が手を振り上げる時、長いウールのケープの下に隠れたその服は、街燈の光を反射して光りました。悲鳴を上げ続けていた女の子が、とうとう石炭殻を敷いた地面の上に倒れて鞭打ちがやんだ時、私はほっとしました。

「蛇」の姿が遠ざかった時、私はベッツィーにささやきました。「あのような人たちのために、どうしてあげたらいいかしら？　もちろん、あとになってからのことよ。ホームを造り、いろいろ面倒を見て、大事にしてあげたいものだわ。」

「コーリー、私は毎日、そうすることができるように祈っているわ。この人たちに、愛のほうが強いということを教えてあげられるようになって。」

午後の遅い時間、たきぎを集めている時になってはじめて、私は気づきました。私が考えていたのは、知的障がいのある人たちのことであり、ベッツィーが考えていたのは、そのような人を迫害する者のことだったのです。

数日たって、私の属している作業隊の全員が、身体検査のために病院へ行くように命令されました。私は着ているものをぬぎ、ドアを入ったところにある衣服の山の上に落とし、裸の女性の列に加わりました。驚いたことに前のほうでは一人の医師が、本格的な検査をするために熱意を込めて、聴診器を動かしています。

「いったい何が始まるのかしら?」すぐ前の女性に小声で聞いてみました。

「輸送隊に向いているかどうか、決めるんですって。」彼女は頭を動かさないで、ひそひそ声で応答しました。「弾薬運搬だということよ。」

輸送隊ですって! でも、それは困ります。私は、ここから出るわけにはいきません。愛する神様、どうか私が、ベッツィーから引き離されないようにお守りください。

ところが、恐怖は次第につのっていきました。私は、心臓、肺、頭部、のどと、次々にテストをパスして、依然として列の中に残っているのです。多くの人が、途中で振り落とされました。でも、残った人たちも、決して健康そうには思えません。ふくれ上がった胃、洗濯板のような胸、骨と皮だけの細長い足——なんとドイツは、人力を必要としていることでしょう。

私は、汚れた白衣を着た女医の前で止まりました。彼女は、壁にはった検眼表が正面に来るように、私の向きを変えさせました。彼女の冷たい手の感触が、裸の肩に触れました。

「あんたの読める、いちばん下のところを読んでみなさい。」

「困ったわ。どの字も読めそうもない(主よ、お許しください!)。いちばん上の字だけ。あの大きなE。」いちばん上の文字は、実はFでした。

その女医は、その時はじめて私をまともに見ました。「あんたは、もっと見えるはずだ！　不合格になりたいの？」

ラーフェンスブリュックでは、弾薬運搬は一つの特権と考えられていました。工場内での食べ物も居住条件も、収容所よりずっといいという話でした。

「そうなんです。ドクター！　このラーフェンスブリュックに、私の姉がいます。しかも、彼女は健康状態が思わしくありません。ですから、そのそばを離れたくないんです。」

彼女はテーブルの席に座って、一枚の紙切れに何かを書いて渡しました。「明日、めがねの検査をするから、ここにもう一度来るんだよ。」

列に戻った私は、二つに折った小さな青色の紙を開いてみました。「囚人六六七三〇号は、明日朝六時三十分、眼鏡検査のために出頭すること」とあります。六時三十分というと、輸送隊の自動車が要員を詰み込む時間です。

次の日、大型トラックの列がエンジンをとどろかせながら、ラゲストラスに入って来ました。その時、私は病院の廊下に立って、目を調べてもらう順番を待っていました。

主任の若い人は、きっと資格のある眼科医だったのだと思います。しかし、彼のところに置いてあるものといえば、めがねの入った箱だけでした。その中には、金縁の遠近両用から、プラスチックの子ども用のものまでありました。私にあったものがないとわかると、作業に戻るように言い渡されました。

私は輸送隊員として選別されていたため、ほかには仕事の割当てがありません。どうしたらいいのかわからないまま、第二十八号棟に帰り、真中の部屋に行きました。作業監督は、編み物要員の頭越しに私を見て、声をかけました。

「おまえの番号は?」私が答えると、彼女は黒表紙のノートに書き込みました。「糸の玉と型紙を持っていきなさい。それに、この部屋にはもう割り込めないから、どっかの寝棚に場所を捜すんだ。」彼女はこう言うと、テーブルの上に積まれた靴下に、視線を戻すのでした。

私は目をぱちくりさせて、部屋の真中に立っていました。それから、ダーク・グレーの毛糸をつかむと居住区の中に駆け込みました。こうして、ラーフェンスブリュック時代で最も親しみのある楽しい日々が始まったのです。

ベッツィーと私は肩を並べて、神の遣わされたノミのいる聖所で、神の言葉をもって部屋中の人全員に奉仕しました。私たちが死の床のそばに座ると、そこは天国への門となりました。私たちは、何もかも失った女性たちが希望に輝き、精神的に豊かになっていくのを見ました。

第二十八号棟の編み手たちは、ラーフェンスブリュックという巨大な病んだ身体にとって、祈りの心臓部となりました。私たちは、収容所内の全員のために――ベッツィーの勧めによって、囚人だけでなく看守たちのためにも――とりなしの祈りをささげました。私たちは、かつて母が動かない身体という檻の中でしていたように、コンクリートの壁を越えて、ドイツ、ヨーロッパ、全世界の癒やしのために祈りました。

祈っていると、神は私たちに、戦争が終わったあとの世界について語りかけてくださいました。それは、常識では考えられない経験でした。合図の笛と拡声器だけが決断を迫るこの場所で、神は私たちに、将来何をすべきかを示してくださったのです。

ベッツィーはいつも、彼女自身と私に対する神の答えについて、ずいぶんはっきりしたものを感じていました。それによると、やがて私たちは大きな家を所有すべきだというのです。それは、ベイヨイよりずっと大きなもので、強制収容所で痛手を受けた人たちが、普通の世界に精神的に復帰できるまで生活するための家です。

「コーリー、それは、とてもすてきな家よ！　床は全部、象嵌《ぞうがん》細工でできていて、壁には彫像があって、ゆったりしたらせん階段が付いているのよ。おまけに庭もあるの！　家の周りが全部庭で、そこにいる人たちは花を植えられるの。コーリー、花の世話をしていると、人の心はとても和んでくるわね。」

このように語りかけるベッツィーを、私は驚きの目をもって見つめました。彼女はいつも、実際に見ているものを描写するような口ぶりで話しました。彼女にとっては、広いゆったりしたらせん階段や、花の咲き乱れる庭が現実であって、この窮屈で汚ない収容所が夢であるかのようでした。

しかし、それは夢ではありませんでした。それは、身体がきしむほどの、終わりの見えない現実でした。積み重ねられた悲惨が、ややもすると打ち負かされてしまいそうな点呼の間は、それはいつも現実となって私に迫りました。

ある朝、第二十八号棟の三人の女性囚人が、少しでも寒気に触れまいとして数分ほど屋内でぐずぐずしていました。次の週いっぱい、部屋の全員が一時間余分に整列するという罰をくらいました。私たちが午前三時半に寝棚から追い出される時には、ラゲストラスの街燈はまだ灯っていません。

この点呼前の余分な整列時間に、ある朝私たちは、それまではとても信じられなかったようなことを見ました。長い通りのはるか先に、自動車のヘッドライトが点々と浮き上がり、その光が雪の上を揺れ動いています。後部に平たい簡易ベッドを積んだトラックが近づいて来て、私たちの前を通る時、次々と半どけの雪をはねました。このトラックの列は、病院の正面玄関のそばに止まりました。

扉が開いて、看護師が姿を現しました。彼女は、階段を下りるたびに足の曲がる老婆を横から支えていました。この看護師は彼女をいたわるようにして、トラックのうしろに乗せました。年老いた人や病人たちが、ぞろぞろ出て来ました。それぞれが看護師や病院の付添人の腕に寄りかかっています。最後に、担架を運ぶ看護兵たちが出て来ました。

私たちの目は、この光景の一部始終を見つめていました。ところが、頭では信じることを拒んでいました。病室の混雑ぶりが一定に達すると、いちばん病気の重い人たちが、大きな四角い煙突の近くにあるれんが造りの建物に移されるということは、もちろんわかっていました。しかし、今私たちの目の前にいる年老いた女性たちがその対象だとは、とても考えられないことでした。

その看護師たちの親切な振舞いには、合点がいきませんでした。すぐ目の前のトラックに同乗している看護師は、気遣いと思いやりさえ込めて、身体をかがめて患者を見つめています。たった今、彼女の心の中には、どんな思いが横切っているのでしょうか。

その間にも、寒さは一段と厳しくなっていきました。ある夜、点呼の時間に、ラゲストラスに整列するはるか先の一団が、足踏みを始めました。そのリズムをほかの者たちが聞くと、それはいっそう高くなっていきました。

看守たちは、これを止めようとはしませんでした。そのため、ついには通り全体の女性四人たちが、その場での足踏み行進を始めました。破れた靴で凍った地面を蹴り、感覚を失ったつま先と足の血行を促すのです。それ以来、何千人もの人たちが、長くて暗い通りで足踏みをして、点呼に伴う音を奏でるようになりました。

寒さが厳しくなるにつれて、強制収容所では特殊な誘惑が勢力を増してきました。自分のことだけしか考えないという誘惑です。それは、巧妙な形をとって姿を現しました。私は、点呼の時に列の真中に割り込むと、いくらか風から遮られるということをいち早く発見していました。

これが自己中心だということは、知っていました。ベッツィーと私が真中に立つと、ほかの人たちは、端に立たなければならなくなります。

ここで、ほかの人の名前を借用するのは、なんと易しいことでしょう。私は、ベッツィーのためを思うからこそ、このようにしているのです。私たちには大切な使命があり、そのため、健康には注意しなければなりません。ポーランドは、オランダより寒いということです。ですから、たぶんポーランドの女性たちは、私たちほど寒さを感じないのかもしれません。

利己心には、旺盛な生命力があります。酵母化合物の入ったミエンの袋が、どんどん減っていくのを見た私は、消燈になってほかの人が見ていない時や、人々がもらいに来ない時間を見計らって、わらの下からこっそりそれをくすねるようになりました。ベッツィーの健康のほうが、ほかの人たちより、いっそう重要ではないでしょうか。（神様、あなたは、彼女がほかの人たちのために多くのことができるのをご存じです。戦争が終わったあとの、あの家を忘れないでください。）

このような態度は、正しくないにせよ、そんなに悪いものではないように思えます。毎日ラーフェンスブリュックに見られるような、虐待、殺人、その他の大きな不正ほど悪くはないはずです。でも、このように、きわだった邪悪を並べ立てて、自分の隠れた罪など何でもないと思うようになることは、サタンの大きな策略にはまったことになります。

この症状が全体に広がっていきました。十二月の第二週になると、第二十八号棟の住民全部に、余分の毛布が配給されました。次の日、チェコスロバキアから引き揚げて来た人たちが、大勢到着しました。その中の一人が、私たちの寝棚割り当てられましたが、毛布は一枚も持っていません。ベッツィーは、私たちの分を一枚あげるようにと促しました。そこで私は、その晩、彼女に毛布を一枚貸すことにしました。あげたわけではありません。その毛布への権利を、心の中で留保していたのです。

私の奉仕から、喜びと力がわずかながら減ったのは、偶然だったのでしょうか。私の祈りは、機械的な繰り返しになっていきました。聖書を読むことすら億劫になり、いのちのないものになりました。ベッツィーは、私の代わりを務めようとしましたが、咳のために声を出して読むのは不可能でした。

こうして私は、形式だけになってしまった礼拝と、聖書の説き明かしを、苦闘しながら続けていました。霧雨にけぶる薄ら寒いある日の午後、聖書を読むだけの明るさが窓から漏れている時、

「肉体のとげ」というパウロの記事に差しかかりました。

三度にわたって、彼は自分の弱さを取り除いてくださいと神に嘆願しています。ところが、そのたびに神は、「わたしによりたのむのです」と言われました。ついにパウロは、自らの弱さそのものこそ、実は感謝すべきものであると結論しています。(この言葉が、聖書のページから飛び出して来るように思えました。)それは、パウロが、自分の奉仕に伴う不思議や奇蹟は、そのどれもが彼自身の徳から出たものではないことに気づいたからです。すべてがキリストの力によるのであって、パウロの力によるものではなかったのです。

確かに、そのとおりです。

この真理は、太陽光のように第二十八号棟の暗がりを隈なく照らしました。私の犯していたそもそもの罪は、寒いから列の真中に割り込んで行くことではありません。本質的な罪は、人を助け、人を変える力が、自分から出ていると考えたところにあったのです。人々に変化を及ぼしたのは、もちろん私の完全さによるのではなく、キリストの完全さによるのです。

冬の短い一日は、早くも暮れようとしています。私は、パウロの書いたこの箇所を、手放すことができなくなっていました。そこで聖書を閉じ、群がり集まっている女性たちに、私自身のいつわらない姿を打ち明けました。自己中心の態度、出し惜しみする心、愛の不足などを告白したのです。その夜、私が司会する礼拝に、本物の喜びが戻ってきました。

点呼のたびに、風は皮膚をいっそう刺すように思えてきました。ミエンは、あらゆる機会を見つけては、病院の職員室から新聞紙をくすねてきました。私たちはそれを、衣服の下に入れました。そのため、ベッツィーが下に着ているノーリーのブルーのセーターは、新聞のインクで黒くなりました。

寒さは、ベッツィーの足に悪い影響を及ぼしているようでした。朝になって、時々足をまったく動かせないことがありました。そんな時には、私ともう一人でベッツィーを運んで行く必要がありました。彼女はそのころ、子どもくらいの重さしかなかったので、そうすることは困難ではありませんでした。

ほかの人たちには、血液の循環をよくするために足踏みをすることはできても、彼女はそれを真似ることさえできなくなりました。居住区に帰って来ると、彼女の手足をさするのですが、私の手に伝わってくるものは冷え冷えとした感触だけでした。

クリスマスまで、あと一週間という日のことでした。ベッツィーは、起き上がったものの足も手も動かすことができません。私は混雑してきた通路をすり抜けて、真中の部屋に飛んで行きました。たまたま、「蛇」が当直でした。

「お願いです。ベッツィーが病気です。どうか入院できるようにしてやってください！」

「気をつけの姿勢をとれ。おまえの番号は。」

「囚人六六六七三〇号。お願いです。私の姉が病気です！」

「囚人は全員、点呼に出るんだ。彼女が病気だというなら、自分で病院の受付待ちをしたらい い。」

私たちの上の寝棚にいるオランダの女性、マルク・デ・グラフに手伝ってもらい、二人の手を組み合わせて、その上にベッツィーを載せ、外に運び出しました。ラゲストラスでは、足踏みのリズムがすでに始まっています。

私たちはベッツィーを病院の前まで運んで行き、思わず立ち止まりました。受付待ちの人たちが長い列を作り、建物の端まで伸びて、角で急に消えているのが街燈の明かりでわかります。しかも、黒ずんだ雪の上には、三つの身体が倒れたままになっています。

マルクと私は、ひと言も言わずに回れ右をして、私たちの荷物をラゲストラスに運びました。点呼のあとで、私たちはベッツィーを寝かせました。彼女は何かを言おうとしていますが、たどたどしく不明瞭で、容易に聞き取ることができません。

「収容所、コーリー……強制収容所。でも……私たちには……責任がある……」

彼女の口もとに耳を近づけました。この収容所はドイツにあるけれども、それはもう刑務所ではないと説明しました。憎しみと力という哲学によってねじ曲げられた人たちが、別の方法を学び取るために来るホームだというのです。しかも、コンクリートの壁はなく、有刺鉄線もなく、各バラックの窓辺には、植木箱さえあるというのです。

「ものが成長していくのを見ることは……彼らにとって、すてきなことだわ。花を見て、人々は愛することを知るようになるから……」

彼女の言う「人々」とはだれのことか、私はもう気づいていました。ドイツ人たちのことです。その日の朝、居住区のドアの向こうに立っていた「蛇」のことを、私は思い出しました。「おまえの番号は？　囚人は全員、点呼に出るんだ。」

私は、ベッツィーのしなびた顔をのぞき込みました。「ベッツィー、オランダに大きな家を持つのじゃなくて、ドイツのこの収容所を私たちの家にするの？」

「とんでもない！」　彼女は驚いたようでした。

「私たちは、まず家を持つべきよ。それは、もうすっかり準備ができて、私たちを待っているわ……高い高い窓もあるし。外から太陽の光が、いっぱい入ってくる――」

激しい咳こみが、彼女を襲いました。やっとのことで納まると、わらの上には黒ずんだ血痕が付いていました。それから彼女は、夜となく昼となく、断続的に眠るようになりました。しかも、オランダやドイツでの私たちの働きについて新しいことが示されると、興奮して何度も目を覚ますのでした。

「コーリー、収容所は灰色だわ。でも、緑色に塗り変えましょう。春の若草のような、明るい黄緑にね。」

「ベッツィー、私たちはいっしょでしょう？　これからの仕事をいっしょにするんでしょう？きっと、そうだわね。」

「そうよ、コーリー。あなたと私は、いつもいっしょ……いつも、いっしょ。」

次の朝もサイレンが鳴ると、マルクと私はベッツィーを居住区から運び出しました。「蛇」が、通りに面した入口に立っています。壊れ物のようなベッツィーを外に出そうとすると、彼女は私たちの前に立ちはだかりました。

「それを寝棚に戻しておくんだ。」

「でも、囚人は全員、点呼に——」

「連れて帰るんだ！」

私たちは、どうしたことかといぶかりながら、ベッツィーをもとの場所に置きました。みぞれが、窓ガラスをたたきつけています。第二十八号棟の空気が、あの残忍な看守にさえ影響を及ぼしてしまったのでしょうか。

点呼が済むとすぐ、私は居住区に走って帰りました。なんと私たちの寝棚のそばに、「蛇」が立っています。そばには、病院から来た二人の看護兵が担架を下ろしているところです。「蛇」は私が近づくのを見て、気まずそうな顔をして背筋を正し、「囚人を入院させる準備、完了！」

とどなるように言うのでした。

私は、この女性看守をしげしげと見つめました。この人は、衰弱しきったベッツィーが病院の受付待ちしなくてもいいようにと、のみやシラミをいとわずに来てくれたのでしょうか。私が担架のあとについて行くのを、彼女は止めませんでした。編み物要員のグループが、ちょうど大きな部屋に入るところでした。私たちが通り過ぎる時、ポーランドの友人がひざまずき、十字を切りました。外に出ると、みぞれが地面をたたきつけています。私は担架のそばに寄って、みぞれからベッツィーを守りました。私たちは、受付を待っている病人の列を過ぎ、玄関を通って、大きな病室に入って行きました。看護兵たちは、床の上に担架を下ろしました。私は、ベッツィーの声を聞こうとして、しゃがみ込んで耳を傾けました。

「私たちがここで学んだことを、人々に知らせなくっちゃ……。私たちは、イエス様がおられないほどの深い穴はないということを、ぜひ知らせなくっちゃ。コーリー、私たちはここにいたんだから、あの人たちは、きっと私たちの言うことを聞いてくれるわ。」

私は、やせ細った彼女の身体を見つめました。

「でも、ベッツィー。いつになったら、それが起こるの？」

「今よ。もうすぐよ！　コーリー、一月一日には、私たちは釈放されるのよ！」

看護師が、私を見つけました。そこで、病室の入口のところに戻り、ベッツィーが窓ぎわの狭い簡易ベッドに寝かせられるのを見ていました。私は、走って病室の外側に出ました。やっとベッツィーが外にいる私に気づいてくれたので、笑顔や声にならない言葉を交わすことができました。そのうち警備員が来て、どなりながら私をどかせました。

正午近くなって、私は編物を下に置き、真中の部屋に行きました。「囚人六六七三〇号。病人の見舞の許可を願います。」私は、直立不動の姿勢を取っていました。

「蛇」は私を見上げると、ぞんざいに許可証を書いてくれました。外は依然としてみぞれが降っています。病室の入口に行ってみましたが、こわい顔をした看護師が、許可証があるのにもかかわらず中に入れてくれません。そこでやむなく外を回って、前のようにベッツィーのそばの窓のところに行きました。さっきの看護師が部屋を出るのを待って、窓ガラスを静かに叩いてみました。

ベッツィーは目を開けました。彼女はゆっくり頭を回しました。

「だいじょうぶ?」私は、唇の動きで言葉を伝えました。

彼女は、うなずきました。

「ゆっくり休んでね。」私は言葉を続けました。

彼女も唇を動かして、返事をしました。でも、何を言っているのかわかりません。彼女は、もう一度口を聞きました。私は、ベッツィーの頭と同じ高さまで身をかがめました。青ざめた唇は、もう一度開きます。

「……することが、たくさんある……」

「蛇」は、その日の午後も夕方も非番でした。ほかの看守たちに、何度も頼み込んでみましたが、持ち場を離れる許可は二度ともらえませんでした。翌朝、念入りな点呼が終わるとすぐ、許可があろうがなかろうがかまわないという気持ちで、病院へ向かいました。

窓のところに行き、目を皿のようにして中をのぞき込みました。看護師が、私とベッツィーのちょうど中間に立っています。すばやく身を隠し、一分ほど待ってから、またのぞいてみました。二人目の看護師が来ていて、最初の看護師ともども私が見たがっている場所に立っています。彼らは、ベッドの頭のほうに行き、それから、うしろのほうに下がりました。何があるのだろうと、私は好奇心をもって見つめました。そこにあったのは、古い象牙色の彫刻です。その像は、衣類をまとっていませんでした。象牙色の肋骨が一本一本はっきり見えます。羊皮紙のような頬を通して、歯並びが浮き出ています。

それがベッツィーであることは、すぐにわかりました。

二人の看護師は、シーツの両端をつかみました。彼女たちはそれを持ち上げて、部屋の外に運び出しました。そのとたん、それまで凍りついていた私の心臓は再び動悸を打ち始めたのです。

ベッツィー！　あなたは、することがたくさんあると言ったではありませんか。それなのに、そんなはずは――

看護師たちは、彼女をどこに運んで行くのでしょう。どこに行ったのでしょう。私は窓のそばを離れ、建物に沿って走り出しました。呼吸するたびに、胸が締めつけられるように痛みます。その時、トイレのある部屋を思い浮かべました。建物の裏にある、あの窓――あそこにあるものは……。

足が無意識に、建物の裏に私を運んで行きました。窓敷居に手を掛けたまま、立ち止まりました。もし、彼女がここにいたとしたら。もし、ベッツィーが、ここの床の上に転がっているとしたら――。

私は、その場所から再び歩き始めました。長い間、あてどなく歩いていました。胸には、先ほどの痛みが、まだ残っています。知らぬまに一歩一歩と、あのトイレの窓のところに引き返していました。でも、中に入ってはいけません。中を見てはいけません。ベッツィーがそこにいるはずは、ありえないのです。

さらに、歩き回りました。不思議なことに、何人かの警備員に会ったのに、だれも私を止めたり、尋問したりしませんでした。

「コーリー!」

振り返ってみると、ミエンが走って近づいて来ます。

「コーリー、あちこち捜したのよ！　早く来て！」

彼女は私の腕をつかみ、病院の裏へと引っぱって行きました。

彼女がどこに行こうとしているかがわかると、私は腕を強く振り払いました。「ミエン、わかっているのよ。もう、わかっているのよ！」

彼女には、その声が聞こえないようでした。再び私の腕をつかんで、トイレの窓のところに連れて行き、私を中に押し込みました。悪臭を放つ部屋には、一人の看護師が立っています。警戒してあとずさりしましたが、うしろにはミエンが控えています。

「この方は妹さんです。」ミエンが看護師に説明しました。

私は、横を向きました。隅の壁に沿って並んでいる遺体を、絶対に見たくないからです。ミエンは私の肩を抱き、そこへ連れて行きました。やがて私たちは、胸が張り裂けるような、遺体の列のそばに立っていました。

「コーリー、彼女を見てごらん！」

私は、ベッツィーの顔を見つめました。主イエス様――あなたは、何をされたのですか？　ああ、主よ、あなたは何を言おうとしておられるのですか。あなたは、何を私に与えようとしておられるのですか。

ベッツィーは、まるで眠っているように目を閉じ、顔はすっかり若返って横たわっていました。

心配ごとのしわ、悲しみのしわ、飢えと病気からくる深いくぼみは、跡形もなく消えています。

私の前にいるのは、幸福で平和そのもののハールレムのベッツィーです。すっかり元気そうになり、自由になっています。そこにいるのは、喜びと健康にはち切れそうな、天国のベッツィーでした。髪でさえ、まるで天使が面倒をみてくれたかのように、乱れもなく整っています。

私は、いぶかしそうにミエンを振り返りました。看護師が、音を立てずにドアのところに行き、私たちのために開けてくれました。「ホールを通って外に出るのよ。」彼女は、優しく言いました。もう一度、姉の輝いている顔を見ました。それから、ミエンといっしょに部屋を出ました。廊下には衣服が積み重ねてあり、いちばん上には、ノーリーのブルーのセーターが載っていました。

私は、それを拾い上げようとして、しゃがみました。セーターは、すっかりすり切れていて、新聞紙のインクで汚れています。しかしそれは、触れることのできるベッツィーとの唯一のつながりです。

ミエンが私の手をとどめました。「ここにあるものに触れちゃだめ！　黒いシラミが付いているから。全部、焼き捨てることになっているのよ。」

こうして、私は、目に見える姉との最後の結びつきと別れることになりました。でも、それでよかったのです。なぜなら、私とベッツィーを結びつけるものは、天国の希望となったからです。

一五　三つの幻

　ベッツィーの顔に浮かんでいた美しさが、それからの日々を支えてくれました。私は、ベッツィーを愛していた女性たちを一人ずつ回って、彼女の平安と喜びを説明しました。

　彼女が死んでから二日たった朝、点呼で人員の数が調べられたのち、ほかの居住区の人たちは解散しました。第二十八号棟の人員だけは隊列を組んだまま残され、まっすぐ前方を見つめていました。拡声器が鳴って、囚人が一人いないと告げました。見つかるまで部屋の全員は、フゲストラスに立っているようにというのです。だるくなった足から冷気を追い出すため、左足、右足、左足、右足と、足踏みが際限なく続いていきます。

　太陽が昇ってきました。弱々しい冬の陽ざしは、空気を暖めてはくれません。自分の足を見下ろしてみました。すねのあたりもくるぶしも、すっかり腫れあがって、グロテスクな形になっています。昼ごろになると、足から感覚がなくなってしまいました。ベッツィー、あなたは今、なんと幸せなところにいるのでしょう。寒さも飢えもありません。あなたとイエス様のお顔の間には、何もさえぎるものはありません。

やっと午後になって、解散していいという通達が出されました。あとになって、いなくなった囚人は上の寝棚で死んでいたことがわかりました。

次の朝のことでした。点呼中、拡声器から、「コルネリア・テン・ブーム！」という声が流れてきたのです。

少しの間、私はぼんやり立っていました。長い間、囚人六六七三〇号で通っていたので、自分の名前が呼ばれても、すぐには反応できなかったのです。自分だとわかると、前に出て行きました。「列の前に立て！」

いったい、何が始まろうとしているのでしょう？　なぜ、私一人だけ呼び出されたのでしょう？　だれかが、聖書のことで密告したのでしょうか。

点呼は延々と続いていきました。私の立っているところから、ラゲストラスのほとんど全体が見渡せます。幾万という囚人たちが、視界の中に整列していて、彼女たちの吐く息は、夜の冷気に当たって白くたなびいています。

解散を告げるサイレンが鳴り響きました。看守は、付いてくるように合図をしました。私は、彼女の長靴の歩幅に付いていこうと、半どけの雪をはね上げながら、あとを追いました。私の足は前日の長い整列のため、まだ痛々しく腫れていました。私の靴は、わずかばかりの紐で、かろうじて結んでありました。

私は看守のあとに続いて、病院とは反対側にあるラゲストラスの管理事務所に、足を引きずりながら入りました。すでに何人かの囚人が、大きな机の前に並んで立っています。そこに座っている将校が書類に判を押して、目の前にいる女性に渡しました。

「エントラッセン！」

こう、彼は宣告しました。

エントラッセン――釈放ですって！　では、この女の人は、自由の身となったのでしょうか。そうすると、ここにいる全員が……。

彼が別の名前を呼ぶと、ほかの囚人が机に近づきました。サイン、それから、押される判。

そして、「エントラッセン！」　とうとう、「コルネリア・テン・ブーム」と読み上げられました。私は机の前に出て、不動の姿勢を取りました。将校はペンを走らせ、判を押し、次の瞬間には、その書類が私の手に渡っていました。私の名前と生年月日の書いてある紙切れで、いちばん上のところに、黒い大きな字で「釈放証明書」と印刷してあります。

軽い目まいを覚えながら、ほかの囚人のあとに付いて、左手のドアを通って行きました。そこには、また机があって、そこでドイツ領内からオランダ国境までの鉄道パスを受け取りました。

この事務所を出ると、看守は廊下を渡って行った別の部屋を指さしました。そこでは、私の前にいた囚人たちが、着ているものを頭の先から脱ぎ、うしろの壁に沿って並んでいるところでした。

「衣服は、ここ。」笑顔の模範囚が、私に声をかけ、「釈放のための身体検査です」と説明しました。

私は、聖書ごと衣服を頭の先から脱ぎ、それを丸めて積んである衣服のいちばん下に押し入れました。ほかの者と並んで立つと、裸の背中に、木の壁の粗い感触が伝わりました。

「釈放」という言葉自体が、刑務所での手続きを幾倍も嫌悪に満ちたものにしたことを考えると不思議な気がします。ベッツィーと私は、このようにして何度立たされたことでしょう。でも、自由になるのだという考えが、私の心を駆き立てました。しかし、今度の身体検査に伴う恥ずかしさは、今までのどれよりも大きなものとなりました。

そのうちに、顔にそばかすのある、軍服を着た若い医師が姿を現しました。彼は、軽蔑の色をあらわにしながら、並んでいる女性囚人たちを一瞥しました。

私たちは一人一人、身体をかがめたり、うしろ向きになったり、指を広げたりさせられました。軍医は、私のところに来ると足をじろじろ見つめました。それから唇をすぼめ、さげすみを込めて言いました。

「水腫、入院。」

軍医は出て行きました。私は、検査にパスしなかったもう一人の女性といっしょに、衣服のところに駆け戻り、模範囚のあとについて建物の外に出ました。すでに外は明るくなっていて、どんよりした灰色の空から、雪が舞い落ちてきます。私たちは居住区の建物の立ち並ぶ通りを越え、ラゲストラスのほうに進んで行きました。

「そうすると……私たちは、釈放されるわけじゃないのね。」

「あなたの足の腫れが引いたら、すぐ出られると思うわ。」模範囚が言いました。「あなたの場合は、健康が回復しないと、出られないわ。」

彼女は、もう一人の女性囚人を見つめて言いました。その女性の皮膚と目は、黒ずんで黄色くなっています。

受付待ちの人たちが、病院の周りに並んでいました。でも私たちは、まっすぐ玄関を通り、いちばんうしろの病室に入りました。そこには、お粗末な二段ベッドがぎっしり詰まっています。

私は、上段の寝棚をあてがわれました。隣には、身体中に膿疱の吹き出た女性が横たわっていました。でも、壁のそばであったので、腫れた足を上げておくことができるという、ちょっとした利点はありました。今は、足の腫れを引かせて、検査にパスするというのがいちばん大切なことなのです。

自由への望みが、かえってラーフェンスブリュックに新たな残忍さを投げかけたのか、それとも、ここがまだ依然として最大限に野蛮な場所であるのか、私にはわかりませんでした。とにかく、ここでの人々の苦しみは想像を絶するものでした。

私の周りには、ここに来る途中で爆撃を受けた囚人列車の生存者がいました。彼女たちは、手足をもぎとられ、恐ろしいほどの苦痛にあえいでいました。彼女たちがうめき声を発するたびに、二人の看護師はあざけり、その苦しむ声の真似をしてみせるのでした。

患者同士の間にも、冷たい無関心が見られました。このことは、強制収容所での最も致命的な病気です。しかもそれが、私自身にも伝染していくのを感じました。

感情を大切にしていたら、とても生き延びることはできません。身体の麻痺した人や、意識を失った人が、狭いベッドから絶えず転がり落ちました。私が来た初めの夜に、四人の女性が上の寝棚から落ち、床の上で死んでいました。自分のことだけを考えていたほうが、よさそうです。ほかの人のことは見ないようにし、考えないことです。

でも、物音だけは、聞くまいとしても聞こえてきます。患者たちは一晩中、私の知らないドイツ語を叫んでいました。「シーバー！」何度も何度も、いらだった「シーバー！」という言葉が、耳に入ってきます。

やっとのことで、彼らが求めているのは病人用便器だとわかりました。この部屋にいるほとんどの女性にとって、隣にある汚ないトイレに行くということは、とても考えられないことでした。

そのうち、私は足を下ろすのをしぶりながらも、ベッドから這い下りて用を足そうとしました。ところが、ほかの患者たちの反応は胸を刺すものがありました。「あんた、だれ？　よくも平気な顔で、この便器が使えるわね。」残忍と、人の気持ちに対する無感覚が、当たり前のことであって、普通の礼儀正しさは、それこそ不思議な感じがするようでした。冬の夜明けが、窓から忍び込んできます。その日がクリスマスであることを、私は思い出しました。


私は毎朝、病院の前にある診療室に行きました。そこから、外のラゲストラスでの足踏みが聞こえてきます。私は、いつも決まって、「足部の水腫」という診断を受けました。

この診療室に通う患者の多くは、私のように釈放通知を受けた人たちでした。中には、何か月も前に、囚人でなくなっている人たちもいます。そのような人の釈放証明書と鉄道パスは、何度も開いたり、たたんだりするので、ぼろぼろになっていました。

もしベッツィーが、生きていたとしたらどうなっていたでしょう。私たちは、いっしょに刑期明けになっていたはずです。でもベッツィーは、どんなことがあっても身体検査にパスできるはずはありません。その彼女が、今もし私といっしょにここにいたとしたら、どんなことになるでしょう。もし私だけが検査にパスして、彼女は――。

神の国には、「もし」という言葉などありません。ベッツィーが、柔らかな声でそう言うのを、私は聞くことができました。神の時間どりは完全です。神のみこころは、私たちの隠れ家です。主イエス様、どうかこの私を、絶えずあなたのみこころの中に置いてください。みこころの外に出て、途方に暮れてしまうことのないよう、お守りください。

私は、聖書をゆずってあげる人を捜していました。オランダであったなら、そのような人は、幾人でも容易に見つけることができます。病室には、オランダ語の聖書を読めるオランダ人が、それほど多くはいませんでした。やっとのことで、ユトレヒトから来たという、感謝の気持ちを抱いている若い女性の衣服の下に、聖書をすべり込ませることができました。

この病室に来てから六日目の夜、二つの病人用便器が突然なくなるというミステリーが起こりました。中央の通路沿いの寝棚の上には、二人のハンガリー出身のロマがいて、彼女たちのつぶやきは、部屋のざわめきの大きな原因になっていました。

私は、彼女たちのそばを通らないことにしていました。その中の一人の足は壊疽《えそ》になっていて、しかも、そばを通る人の顔の前に、その腐った足を突き出すからです。

だれかが、この二人が便器を持っていると大声を張り上げました。わざわざトイレまで行かなくてもすむようにと、毛布の下に隠しておいたのです。私は、彼女たちのところに行き、二人がドイツ語を理解するかどうかもわからないまま、便器を出してくれるように嘆願しました。

突然、暗がりの中で、何か濡れて臭いものが私の顔に巻き付きました。問題の女性が、足から包帯をほどき、私めがけて投げつけたのです。私はすすり泣きながら、廊下を通り、トイレの壁に付いている蛇口の下に立って、何度も何度も顔を洗いました。もう二度と、あの通路には行くまい！　あんな便器のことなど、もうどうでもいい！　もう、がまんができません。

でも、もちろん私は、さっきのところに引き返して行きました。過去の経験を通して、がまんできることと、できないことについて多くのことを学んできています。例の女性たちは、私が決意を固めて自分たちに近づくのを見ました。そのとたん、二つの便器が音を立てて床の上に落ちました。

翌朝、診療所の当直の医師が、私の釈放証明書の健康欄に、合格の判を押してくれました。それまでは、非常にゆっくりしたテンポで動いていた出来事が、目の回るような速さで動き出しました。

収容所の外側の門の近くにある衣料品倉庫で、衣服の配給を受けました。下着類にウールのスカート、うっとりするような美しい絹のブラウス、頑丈でほとんど新品同様の靴、帽子、それからオーバーコートです。そして、ラーフェンスブリュックでは一度も病気になったことはなく、事故に遭ったこともなく、ここでの待遇はよかったと書かれた書類を渡され、私は、それに署名させられたのです。

　ほかの建物で、一日分のパンと三日分の食糧配給券をもらいました。また、以前はめていた時計、オランダの紙幣、それに母の指輪も返してもらいました。それから、十人か十二人ほどの集団といっしょに正門のすぐ前に立ちました。

　鉄の扉が重々しく開きました。女性看守のあとに付いて、私たちは行進して行きました。やがて、小高い丘を登りました。岸から岸まで凍っている湖が、眼下に見えてきます。冬の太陽の下で、松の木や遠くの教会の尖塔が輝いています。まるで昔風のクリスマス・カードを見ているようで自由への一歩一歩であることが、とても信じられませんでした。私たちは、シーメンス工場に行く途中ではないでしょうか？　今晩は、収容所に帰るような気さえします。でも、丘の頂上で、私たちは左に曲がりました。小さな町の中心に向かっています。

　きつい新調の靴のため、足が腫れていくのが感じられます。しかし、唇をかみしめて、歩調を合わせました。看守がうしろを向き、さげすんだ顔で指さし、「水腫だ！　収容所に連れ戻せ！」と言いはしないかと、びくびくしていました。

　小さな駅に着くと、看守は回れ右をして、うしろを振り向きもせずに帰って行きました。どうやら私たちは、全員がベルリンまでいっしょに旅行するようです。そこからは、それぞれの故郷を目ざして、別行動を取るのです。私たちは、冷たい鉄製のベンチに座って長い間待ちました。

どうしたことか、現実感がありません。でも、ただ一つ、馴染みのある感覚がありました。それは、空腹感です。もらったパンには、できるだけ手をつけまいと考えていました。でも、がまんできなくなって、コートのポケットに手を突っ込みました。

包みがなくなっています。ベンチから飛び上がり、下をのぞいてみました。それから来た道を少しばかり戻ってみました。落としてしまったのか、それとも盗まれてしまったのか、とにかく、パンは紛失しています。それとともに、食糧配給券もなくなっていました。

やっとのことで、汽車が駅に入って来ました。期待に胸をはずませ、われ先に乗ろうとすると、軍人専用列車だとわかりました。午後も遅くなって、私たちは郵便列車に乗ることが許されました。ところが二つ目の駅で、食糧品を積み込むことになったため、降ろされてしまいました。

それから先の旅は、私の記憶から薄れています。爆撃で破壊された大きな終着駅ベルリンに着いた時は、夜の十二時を回っていました。

一九四五年の元日です。ベッツィーは、自分と私がその日、自由の身になっていると言いましたが、まさしくそのとおりになりました。

爆撃で穴だらけの駅の構内を、どうしたらいいのかもわからずに、おびえながらさまよっていると、割れた明かり窓から雪が舞い落ちてきました。ウールゼン行きの汽車を捜すということは、わかっています。ところが、長い間、命令によってのみ行動してきたので、自分の力で考える能力が失われているのです。

そのうち、見知らぬ人が、遠くのプラットホームを指さしてくれました。靴がきついので、一歩一歩が苦痛そのものです。やっとのことで、そのホームにたどり着いてみると、案内板にはウールゼンではなく、正反対の方角にあるポーランドの町オルズステンと出ていました。長いコンクリート道を、もう一度引き返して行かなければなりません。

私の前では、屋根のない駅で働くため真っ赤な頬をした年配の男性が、爆撃で散乱した石のかけらを鉄の熊手で集めていました。その人に尋ねると、彼は私の腕を取って、正しいプラットホームに連れて行ってくれました。「実は、一度オランダに行ったことがあるんです。」彼は、追想にふけるような声で言いました。「わしの家内が、まだ生きていたころですがね。わしたちは、すぐ海の見えるところにいたんですよ。」

列車が止まっていたので、私は乗車しました。ほかの乗客が来るまでには、まだかなり時間があります。でも、また迷ったらいけないと思って、どんなことがあっても下車すまいと心に決めました。

その列車が出るころには、空腹のため、目まいがしてきました。ベルリンを出た最初の駅で、ほかの乗客のあとについて駅のスタンドに行きました。私は、お金を入れる箱のうしろにいる女性に、オランダのギルダー銀貨を見せて、食糧配給券をなくしたことを打ち明けました。

「よく使う手さ！　警官を呼ばないうちに、とっとと消え失せるんだ！」

汽車の旅は、際限なく続きました。時には何マイルという区間を、這うような速度で徐行運転します。ある部分のレールが爆弾で吹き飛んでおり、ずいぶん遠回りすることもあり、何度も列車を乗り継ぎました。空襲を恐れて、駅に全然止まらないことが、たびたびありました。ひっそりした田舎で、貨物の積み下ろしをしたり、乗客の乗り降りがありました。

その間にも、かつては美しかったドイツの国土が窓の外をゆっくりと流れていきます。黒く焦げた森、廃墟になった村に立つ無惨な教会の骨組……特にブレーメンの風景は、涙を誘いました。見渡すかぎり荒廃した町跡に、一人の老婆が、れんがの山をつついているのが印象的でした。

ウールゼンでは、長い列車待ちの時間がありました。夜も遅かったので、駅にはだれもいません。人気のないコーヒー・スタンドで、うつらうつらしていると頭がひとりでに垂れてきて、とうとう目の前の小さなテーブルの上に突っ伏してしまいました。

耳もとで怒鳴る声がして、危うく床の上に転がり落ちそうになりました。

「ここは、休憩所じゃないんだぞ！」　駅員が金切り声を上げました。「われわれのテーブルを、ベッド代わりにしてはいかん！」

列車は来たり、来なかったりしました。私は何度も、乗ったり降りたりしました。やがて、税関事務所の前に、ほかの人に混ざって並んでいました。小さな駅舎には、ニューベルスチャンスと駅名が書いてありました。

建物をあとにすると、青い帽子をかぶり、青い仕事着を着た労働者が近寄って来て、声をかけてくれました。「その足では、とても歩けないでしょう。さあ、私の腕につかまりなさい。」

彼は、オランダ語を話しました。

私は彼にすがって、足を引きずりながら線路をまたぎ、すでに機関車が煙を吐いている別の列車に乗り換えました。私は今、オランダにいるのです。

列車は、がたんと動き出しました。雪で覆われた平原が、車窓をすべっていきます。故国です。依然として占領下のオランダで、ところどころにドイツ兵が線路沿いに立っていました。でも、故国であることに変わりはありません。

この列車は、国境からそんなに離れていないグロニンゲンという町までしか行きませんでした。それから先のレールは破壊されていて、政府関係者以外の旅行は禁止されていました。私は、最後の力を振り絞り、やっとの思いで駅の近くの病院にたどり着きました。

目の覚めるような白衣を着た看護師が、私を小さな事務所に案内してくれました。これまでのことをかいつまんで話すと、彼女は部屋を出て行きました。二、三分してから、紅茶と焼きたてのパンを載せたお盆を手に、戻って来ました。

「バターは塗らないでおきましたよ」と、彼女は言いました。「あなたは、栄養失調にかかっています。だから、食べる物に注意しないと。」口に付けた熱い紅茶の中に、思わず涙がこぼれ落ちました。ここには、私のことを気にかけてくれる人がいるのです。その病院には、空いているベッドはないけれども、職員の一人が外出中なので、その人の部屋を使ってもいいと彼女は言ってくれました。「今、お風呂にお湯をはっているところです。」

私は彼女のあとに付いて、楽しい夢を見ているような気持ちで、きれいに輝く廊下を通って行きました。大きな浴室の、まばゆいほど白い湯槽からは、湯気がもうもうと立ち込めています。私の生涯で、この時のお風呂ほど心地よく感じたものはありません。

私は、あごのあたりまで浸かりました。温かいお湯は、かさぶたで覆われた皮膚を、なめらかにしていくように思えました。「あと五分だけ！」　看護師がドアをノックするたびに、私は哀願するのでした。

やっとのことで彼女からナイトガウンを受け取り、彼女のあとに付いて、ベッドの用意されている部屋に行きました。シーツがあります。まっ白なシーツに覆われていました。

私は、十分にこのシーツを手で触ることができませんでした。看護師が、はれ上がった足の下に、枕のような物を押し込んだからです。私は何とかして、少しでも長く目を覚ましていたいと思いました。清潔な場所に、しかも人の思いやりを受けて横たわっていることは、この上ない喜びでした。そのため、すぐに寝込んでしまうのは、あまりにももったいないと思えたのです。

グロニンゲンの病院には十日間いました。その間に、力がよみがえってくるのが感じられました。食事はたいてい看護師たちの食堂で、彼女たちといっしょに取りました。銀の食器とガラスのコップが、長いテーブルの上に置かれているのを見た最初の時、警戒して後ずさりしたほどでした。

「あら、パーティーだったんですね？ 私は、自分の部屋に食事を運んで行きます。」私にはまだ、人々と笑ったり、社会的なおしゃべりに加わったりするだけの、心のゆとりがなかったのです。

そばの若い女性は、私のために椅子を引きながら笑いこけました。「パーティーじゃありません。ただの夕食です。しかも、ごらんのとおり、貧相な食事です。」

席に着いた私は、しきりにまばたきをしながら、ナイフやフォークやテーブルクロスを見つめました。かつてはこの私も、毎日このようにして食事をしたことがあるというのでしょうか。文明国の料理をはじめて見る人のように、私はほかの人たちが、パンやチーズを回し、ゆっくりとコーヒーをかき混ぜる優雅な仕草を真似るのでした。

私にとって切実な願いは、ウィレムとノーリーのところに行くことでした。でも、旅行が禁止されている現状では、どのようにしたら、この計画が実現できるのでしょうか。

電話も、かつてないほどの制約を受けていました。でも、病院の交換台にいる女の子が、やっとのことで、ヒルフェルスムの交換手を呼び出すことができました。そのため、ベッツィーの死と私の釈放のニュースを先方に伝えることができました。

滞在二週目の半ばごろ、病院の責任者たちが私のために、南に向かう食糧トラックに便乗できるよう、手はずを整えてくれました。私たちは夜間、しかもヘッドライトを付けずに非合法の旅に出ました。この食糧はもともとドイツに向けて発送されたものですが、途中でほかの目的のために転用されることになったのです。

灰色にかすむ早朝、トラックは、ウィレムの経営する、れんが造りの大きな養護ホームに横づけされました。扉を叩くと、背の高い肩幅の広い少女が出て来て、私が帰って来たというニュースを知らせようと廊下を駆けて行きました。

すぐさま姿を現したティンと二人の姪を、私は抱きしめました。少し遅れてウィレムが杖にすがりながら廊下を歩いて来ました。私たちは長い間、抱き合いました。その間に私は、ベッツィーの病気と死について詳しく話しました。

ウィレムは、ゆっくり言いました。「私は、キックの場合にも、これと同じことが言えたらどんなにいいかと思っている。あれには、ベッツィーと父といっしょにいるほうがずっといい。」

この家族は、背の高いブロンドの息子がドイツに移送されて以来、どんな情報も耳にしていないのです。

燈火管制下の町を自転車でピックウィクのところに行く時、キックが肩に私の手を載せて導いて行ったことを、ふと思い出しました。また、彼の根気のある指導を思い出しました。

「コーリーおばさん、あなたは食糧配給券を持っていないいんだよ！　ユダヤ人は、一人もいないんだよ。」キック！　若くて勇敢な人は、年老いて何事にものろい者と同じように、傷つきやすいものでしょうか。

私はヒルフェルスムで二週間を過ごし、この目が伝えた第一印象に自分を馴らそうと努力しました。ウィレムの死期が近づいていたのです。ただ彼は、それに気づかない様子で、ホームの廊下を杖をつきながら歩いては、自分が面倒を見ている病人たちに慰めと助言とを与えていました。

そのころホームには、五十人以上の患者がいました。そのなかで、どうしても合点のいかないことがありました。介護スタッフには若い女の子が多く、看護助手、台所の手伝い、秘書役などがたくさんいるのです。何日かあとで、この「女の子たち」の大半は、実は男の子だとわかりました。彼らは、かつてないほど情け容赦のない強制労働の徴用から、身を隠していたのです。

ウィレムのところにいても、何となく落ち着けなかったので、ハールレムに帰ることに決めました。そこには、もちろんノーリーがいます。でも、私に帰ってくるようにとしきりに呼びかけていたものは、ベイヨイであり、その家屋の中にある何ものかでありました。

ここでもまた、問題は、どうしたらそこに行けるかということでした。ウィレムは、養護ホームの仕事のために公用の自動車を持っていました。でもその行動範囲は、ヒルフェルスムを中心に、ごく限られた範囲だけです。しかし彼は、何度も中継電話で交渉した末、やっと旅の手はずが整ったことを知らせてくれました。

町を出ると、通路はひっそりと静まり返っていました。ハールレムの迎えの車が待っているという約束の地点に着くまでに、たった二台の車とすれ違っただけでした。

前方に、道のそばの雪の上に駐車している、黒塗りの長いリムジンが見えてきました。公用ナンバーが付いていて、うしろの窓にはカーテンが垂れ下がっています。

急いでウィレムにさようならを言い、教えられたとおり、リムジンの後部座席にすばやくもぐり込みました。カーテンで仕切られた暗がりの中でも、私のそばに座っている不格好な巨体がだれであるのか、すぐにわかりました。

「ハーマン！」　私は叫びました。

「親愛なるコルネリアよ。」彼は大きな手で、私の手をしっかりと握り締めました。「神様は、再びあなたに会うことをお許しになった。」

私が最後にピックウィクを見かけたのはハーグで、二人の兵士の間に座って囚人バスに乗っていた姿です。髪をそり落とした彼の頭には、傷があり、血が流れていました。その彼が今、その時のことは取るに足りないことだと言わんばかりに、私の同情を払いのけているのです。

彼は以前のように、ハールレムでの出来事を一部始終耳に入れているようでした。運転手が、行き先も告げられないまま、猫の子一匹も通らない道を飛ばしている間中、彼は私の知りたがっていたことを一つ一つ詳しく説明してくれました。

私たちがかくまっていたユダヤ人は、メアリ・イタリーを除いて全員無事でした。メアリーは、路上で捕まったのち、ポーランドに送られたということです。私たちの組織は、相変わらず活動していました。もっとも、若者たちの多くは隠れているという話でした。

彼は、ベイヨイのたたずまいが変わっていることを、あらかじめ覚悟しておいたほうがいいと忠告しました。警官による警備が解かれたのち、家を失った幾組かの家族が、そこに住み着いたということです。もっとも、店の上の部屋は、今のところ人が住んでいないはずだと、彼は付け足しました。

ベイヨイに、まだ人の出入りが許されていなかったころ、シュベニンゲンから帰って来た忠実なトゥースは、時計の仕事を早々と始めました。隣の眼鏡店の主人ブーカース氏は、店の一隅を彼女に使わせました。そこを根拠地にして彼女は注文を取り、それを自宅で働いている修理工に回していたのです。

ぼんやりした明かりに目が馴れてくると、隣にいる友人の顔がはっきりしてきました。いびつな彼の頭には、余分のこぶが一つ、二つ付いているようです。歯は欠けています。でも、激しく打たれたことで、彼の優しさと持前のみにくさには、ほとんど影響を及ぼしていないようでした。

やがてリムジンは、ハールレムの狭い通りを縫うように走っていました。スパールネ川に掛かる橋を渡ります。聖バボ教会の影を落とすグローテ市場を越え、バルテルヨリス通りに差しかかります。車がまだ止まらないうちに、私は飛び降りて横道を走り、裏口玄関から入って、ノーリーの腕の中に飛び込みました。

彼女と娘たちは、午前中いっぱいベイヨイに来ていて、私の帰宅に備えて掃除をしたり、窓を洗ったり、シーツに風を当てたりしてくれていました。ノーリーの肩越しに見えるのは、店のうしろ側の入口に立っている泣き笑い顔のトゥースです。笑っているのは、私が帰って来たからです。泣いているのは、彼女が今までに愛する気持ちになれた、ただ二人の人、父とベッツィーが永久に戻って来ないからです。

私たちはいっしょに家の中や店の中を回り、あちこちを眺めたり、手でさすったりしました。「ベッツィーが、ここのコップをどのように並べたか、覚えている?」「メタが、パイプをここに置いたままにしていたといって、ウーシーを叱った時のこと覚えている?。」

私は、食堂の外の踊り場に立ち、柱時計のなめらかな木目を撫でてみました。ことに父が立ち、そのうしろにカプティエンがいた情景が、ありありと浮かんできます。

「この時計が、止まるようなことがあってはいかん……」

私は、ガラスのふたを開き、腕時計に合わせて長針と短針を動かしました。それから、ゆっくり重りを巻き上げました。

私は、家に帰って来たのです。ここでの生活が、この柱時計のように再び始まったのです。


午前中は、作業場で時計を修理して、お昼になると、ほとんどといっていいくらい、タイヤのない自転車をがたがたいわせながら、ボス・エン・ホーベン通りへと向かうのでした。

ところが……不思議なことですが、まだ家に帰ったという実感が湧いてこないのです。私は依然として、何かを待っています。依然として、何かを捜しているのです。何日間か、路地や近くの運河の土手をうろついて、マヘル・シャラル・ハシュバズの名前を呼んでみました。

三軒先の野菜商の老婦人の話では、この猫は、私たちが捕まった夜に彼女の家の玄関先で鳴くので、中に入れてやったということです。近所の子どもたちは同盟を結んで、何か月間か「おじいちゃんの猫」に食べ物を運んで来たそうです。彼らは、残飯バケツから食べ残しを持って来たり、たまには母親の目を盗んで、自分たちのお皿に盛られたわずかなごちそうまで持って来たりしました。そのため、ハシュバズの毛並は相変わらずつやつやして、よく肥えていたそうです。

ところが十二月の半ばのある夜、野菜商の老婦人が呼んでも、彼は姿を現しませんでした。それ以来、ずっと見かけないということです。そこで私は、捜してみることにしました。しかし私の心は、重く沈んでいました。オランダ中が飢えている寒い冬のことです。どんなに呼んでも、一匹の猫はおろか、犬でさえ出て来ませんでした。

私は、猫以上のものを失っていました。ベイヨイには、その部屋を満たす人たちが必要でした。ハーグで父がゲシュタポの隊長に言った言葉を思い出しました。「わしは、困っている人を、喜んで家に迎え入れる。」

ハールレムの町では、知的障がいを持つ人ほど困っている人たちはないと思えました。ナチによる占領の開始とともに、彼らは家族によって隠し部屋に隔離されてしまいました。彼らの学校や訓練センターは閉鎖され、彼らは生きる価値がないと決めつけた政府によって、突き放されてしまいました。

やがて、知的障がい者のグループがベイヨイに住むようになりました。彼らは依然として通りに出ることはできませんでしたが、ここには少なくとも新しい環境があり、店にある物を教材として、簡単な授業を受けることができます。

それでもなお、私の精神状態は落ち着きませんでした。私は家におり、仕事があり、忙しくしています。でも、実際にそうだと言えるでしょうか？　よく私は、作業台に着いて仕事を始めようとするのですが、一時間ばかり宙を見つめているようなことがありました。トゥースが見つけてくれた修理工たちは、父によって訓練された人たちだけあって技術は抜群でした。次第に、私が店の中で過ごす時間は少なくなってきました。私が捜しているもの、ないし人は、そこには見当たらなかったのです。

店だけではなく、二階、三階についても同じことが言えました。私は、面倒を見てあげているおとなしい人たちが、とても好きでした。でもこの家自体は、もはやホームではなくなっているのです。ベッツィーのために、どの窓にも草花の鉢を置きました。しかし、水をやるのを忘れたため、みな枯れてしまいました。

私は、地下組織のことを忘れてしまったので、こんなに空虚なのかもしれません。国際グループがある願いをもって私に近づいた時、一も二もなく引き受けてしまいました。彼らは、ハールレム監房の囚人のために、にせの釈放証明書を用意していました。その書類を持って、警察署内の角を曲がり、お馴じみになっている木のドアを通って行くことほど、私にとって簡単なことがあるでしょうか。

ところが、私のうしろで扉が閉まると、動悸が激しくなってきました。ひょっとしたら、再び外に出られないのではないでしょうか？　ひょっとしたら、罠にかけられているのではないでしょうか？　明るいオレンジ色の髪の毛をした若い警部が、受付の机から離れて、応待に出て来ました。「何か、ご用がおありでしょうか。」

それはロルフでした。なぜ彼は、私にこんな堅苦しい態度を取っているのでしょう。私には、逮捕状が出ているのでしょうか。私は、監房に入れられるのでしょうか。「ロルフ！　あなたは、私を忘れてしまったんですか。」

彼は、記憶を呼び覚ますかのように、私をじっと見つめました。そして、なめらかな口調で言いました。「もちろん、忘れてはいません。あなたは時計店のマダムです。しばらくの間、収容されていたと聞いていましたが……」

私は口を開けたまま、彼を見ました。ロルフは何もかも知っていながら、こんな不可解な態度を取っているのです。その時、私は今どこにいるかを思い出しました。警察署の中央ロビーで、数名のドイツ兵の目が光っている場所です。

そうだというのに、私は以前同じ組織に属していた一人の警官を、名前を呼んであいさつしました。しかも、地下運動の基本ルールを無視して、かつての特別な関係を認めるようなことを言ってしまったのです。あわてて唇を濡らし、言葉じりを濁しました。なんと、うかつだったことでしょう。

ロルフは、震える私の手から偽造書類を受け取り、ちらりと見ました。「これは、署長と軍司令部の検閲が必要です。これを持参して明日の午後四時、もう一度来ていただけませんか？　署長は、それまでは会議に出ていて不在ですので。」

ロルフは、それ以上何も言いませんでした。「明日の午後」という言葉を聞いて、私はドアをめがけて走りました。外の歩道に立ってやっと、ひざの震えが止まりました。もし私が、自分には大胆さも聡明さもないという証拠を必要としている時があったとしたら、それはまさしくこの時でした。

かつて私が示した勇気や熟練は、神からの純粋な贈り物でした。私は、ある一定の仕事をするのに必要な才能のすべてを、神から借り受けていたにすぎないのです。今ではそのような能力が、私から失われていました。それによって、このような仕事がもはや神の望んでおられるものでないことがはっきりとわかりました。

私はへりくだった心で、こっそりベイヨイに引き返しました。路地に差しかかった瞬間のことです。私の捜しているものが何であったのか突然わかってきました。

それは、ほかでもないベッツィーでした。

病院の窓のところに駆けて行き、彼女が永久にラーフェンスブリュックを去ったと知った時から、毎日、昼となく夜となく、ベッツィーを失った寂しさが、私にまとわり付いていたのです。ここハールレムで、またこの時計店で、さらに彼女が愛していたこの家で、私が再び見つけようと懸命になっていたものは、ベッツィーだったのです。

ところが彼女は今、ここにいないのです。その時、ベッツィーが死んでからはじめて、彼女の言葉がよみがえってきました。「コーリー、私たちは、人々に伝えなければ。私たちが学んだことを、知らせなければ……」

その週から、私は語り始めました。もしこのことが、私への神の新しい仕事であるとしたら、神は私のために、勇気と語るための言葉を用意していてくださるはずです。私は、鉄の輪だけの自転車で、ハールレムの通りや郊外に出て行き、絶望よりも喜びのほうが深く浸透するというメッセージを伝えました。

それは、一九四五年の陰鬱な春、人々にぜひ聞かせてあげたい喜びのおとずれでした。「ハールレムの花嫁」と呼ばれていた桜の木は、もはや芳香をあたりに漂わせてはいませんでした。切り倒された残りの根元だけが、たきぎにしてくべるには大きすぎるというので、そのままになっていました。

チューリップの花も、農園を色鮮やかに覆うじゅうたんになってはいませんでした。球根は全部、食用に供されてしまったのです。どの家庭にも、何らかの悲劇がつきまとっていました。日々に絶望感がつのってくる中で、私は教会や集会を回り、ベッツィーと私がラーフェンスブリュックで学んだ真理を伝えたのです。

私は、どの集会でも決まって、ベッツィーの第一の幻について話しました。それは、心の傷ついた人たちが、再び何も恐れずに生きることを学ぶための、オランダにあるはずのホームのことでした。ある集まりで、このことを話すと、ほっそりした上流階級の女性が近づいて来ました。その人とは顔見知りでした。ベイレンズ・デ・ハーン夫人で、ブルーメンダールの郊外にある彼女の家は、オランダで最も美しい邸宅の一つだという評判でした。

それを実際に見たことはありません。その邸宅を囲んでいる、途方もなく大きな公園の端にある木立を、いつか見たことがあるだけです。この上品な身なりをした貴婦人が、まだバルテルヨリス通りの小さな古い家に住んでいるのかと尋ねたので、私はすっかり驚いてしまいました。

「どうして、それを……。まだ、そこにいますが。でも……」

「私の母が、よくお宅のことを話してくれました。母はたびたび、あなたのおばさんに会いに行ったんです。たしか、慈善事業をしておられた方だと聞きましたが……」

突然、いろいろなことが思い出されてきました。ベイヨイの裏口玄関を開けると、サテンの絹ずれの音と、帽子に付いた大きな羽の、さわさわという音が入ってきます。それから、長いガウンと羽毛で飾られた帽子が、狭い階段の両側をこすって上ります。タンテ・ヤンスは、自分の部屋の入口の前に、冷ややかな目付きになったり恭しい態度になったりしながら立っていたのでした。

「私は、やもめですよ。」ベイレンズ・デ・ハーン夫人は言いました。

「でも私には、レジスタンスに加わっている五人の息子がいます。四人はまだ生きていて、元気です。五番目の息子は、ドイツに連れ去られてから、音信不通になっています。たった今、あなたのお話を聞いている時、『ヤンは、まもなく帰って来る。あなたは感謝を込めて、ベッツィー・テン・ブームの幻の成就のために、あなたの家を開放する』という声が、ずっと耳もとで聞こえていたのです。」

それから二週間後に、一人の少年が、香水のにおいのする封筒を裏口玄関に届けました。開封してみると、傾斜した字体で、「ヤンは帰って来ました」と、たった一行だけ書いてありました。

ベイレンズ・デ・ハーン夫人は、わざわざ自分の敷地の入口まで出て来て、私を迎えてくれました。私たちは肩を並べて、頭上で枝が交差している古い樫の並木道を歩きました。最後の曲り角を曲がると、見渡すかぎりの芝生の中心に、部屋数が五十六という大邸宅があります。年配の庭師が二人、花壇の手入れをしていました。「庭を解放しましょうね。」ベイレンズ・デ・ハーン夫人が言いました。「でも、形のいいものにしておこうと考えましたもので。収容所生活をしていた人たちにとって、ものを栽培することは、精神のいい治療法になるとは思いませんか？」

私は返事をしませんでした。私は、切妻屋根と、鉛の窓わくのある窓を、食い入るように見つめていました。それは、とても高い窓だったのです。

「ひょっとしたら――」私ののどは、乾いていました。「家の中は、象嵌細工の床になっていて、中央ホールには、大きな天井桟敷がありませんか。そして――壁には、浅浮彫りの像が彫ってないでしょうか?」

ベイレンズ・デ・ハーン夫人は、びっくりしたような顔つきで私を見つめました。「それじゃ、あなたは、ここにいらしたことがあるのね? 記憶がありませんけど。」

「いいえ、来たことはありません」と、私は答えました。「ある人から、聞いたんです。」私は口ごもりました。自分でも理解できないことを、どう説明したらいいものでしょう。

「ここに来たことのある人から、お聞きになったというわけね。」彼女は、私の当惑ぶりがわからないまま、こう話を結びました。

「そうなんです。ここに来たことのある人から、聞いたんです。」

＊　＊

五月の第二週、連合軍はオランダを取り戻しました。オランダの国旗がどの窓にもひるがえり、自由になったラジオは、昼も夜も「ウィルヘルムス」を流しました。カナダ軍が、国境線に沿って積み上げていた食糧を、大急ぎで各都市に運んできました。

六月一日、第一陣として何百人という人が、ブルーメンダールの美しい邸宅に到着しました。彼らは、極端に無口であったり、際限なく自分たちの損失を話したり、引っ込み思案であったり、けんか腰であったり、態度はさまざまでしたが、その一人一人は人間性を完全に破壊されていたのです。全員が収容所にいた人たちではありません。ある者は、オランダの国内で二、三年、あるいは四年間も、屋根裏部屋や人目につかない押入れに隠れていた人たちもいます。

最初に来た集団の中には、同じ通りで時計商を営んでいたカン夫人がいました。ご主人は、地下運動関係の隠れ家で亡くなりました。彼女は腰の曲がった白髪の老婦人となって、たった一人で私たちのところに来ましたが、物音がするたびに、飛び上がるほど怯えていました。

ほかにも、多くの人がブルーメンダールに来ました。彼らは、爆撃や家族との離別、あるいは戦争の数かぎりない後遺症によって身も心も傷ついていました。一九四七年になると、私たちは、インドネシアで日本軍の捕虜になっていた人たちを受け入れ始めました。

これらのことは、どれ一つとして人間の計画によって運ばれたのではありません。でもここは、ドイツで収容所生活を送った人々にとって、この上なく申し分のない環境であることがわかってきました。彼らには、自分たちの特別な苦悩をいつまでも肌身から離さないという傾向がありました。でも、ブルーメンダールに来てからは、苦しんだのは自分たちだけではないことを知るようになったのです。

これらの人たちにとって、心を癒やす鍵は、だれの場合にも同じであることがわかりました。だれにも、赦さなければならない加害者がいます。それは、自分のことを密告した隣人であったり、血も涙もない看守や残忍なことをするのが好きな兵士であったりします。

ところが不思議なことに、彼らにとって最も赦すことの困難な相手は、ドイツ人や日本人ではなく、敵方に協力した同胞のオランダ人だったのです。かつての国家社会主義者たちが、丸坊主になり、人目を忍んで通りを歩く姿を、私はしばしば見かけました。以前は敵国の協力者であったこれらの人たちは、今はすっかり気の毒な状態になっています。家やアパートから追い出され、仕事を見つけることはできず、町中では罵声を浴びせられるといった具合です。

初めのうちは、これらの人たちもブルーメンダールに招き、被害者たちといっしょに生活させることによって、双方の間に新しい感情が芽生えるようにすべきではないかと考えました。ところが、このような加害者を目の前にすると、ほかの人たちは拒絶反応を起こすことが、あまりにも早く証明されてしまったのです。

私は、両方をいっしょにするという計画を二度試してみました。しかし、いずれの場合にも、すさまじい喧嘩に終わってしまいました。そこで、知的障がいを持つ人たちのためのホームや学校が、国内のあちこちで再開されると、すぐベイヨイを、以前の国家社会主義者たちのために開放することにしました。

このように、戦後しばらくの間は、実験と失敗と学びが繰り返されたのです。戦争犠牲者の面倒を見ているところには無料で出張奉仕をしてくれる医師、精神科医、栄養士たちは、時たま私たちのルーズな経営方針を見て、あからさまに驚きを示しました。朝と夕方の礼拝に、人々は入ったり、出たりします。テーブル・マナーは、お話にならないほど粗野で、ある男は毎朝三時になると、ハールレムに向かって歩いて行くといった具合です。私としてみれば、合図の笛を鳴らしてみたり、叱ったり、門番を置いたり、外出禁止の時間帯を決めたりすることなど、とても考えられないことでした。

予想どおりに、彼らは自分たちの時が来ると、自分たちの方法で、心の奥深くにある苦痛を解決するようになりました。そのような現象は、ほとんどの場合、ベッツィーがあらかじめ指摘していたように庭に出ている時に起こりました。

草花が咲き、野菜が育ってくると、過去の苦い経験より、むしろ明日の天気について話す機会が多くなってきました。彼らの心の地平線が広がるのを見計らって、私は彼らに、ベイヨイに住んでいる、一人の訪問者もなく一通の手紙も来ない人たちについて語りました。

国家社会主義者のことに触れても、自分が正しいんだという立場からくる怒りが爆発しなくなった時、その人の心の癒やしは、そんなに遠いことではないと言えます。ある日、そのようになった一人が、「あなたが話しておられる人たちのことだが、ここで収穫したにんじんをあげたら、受け取ってくれるだろうか？」と言いました。私はその時、奇蹟が起こったことを知りました。

＊　＊

私は講演を続けました。ブルーメンダールのホームは寄付金で運営されており、またベッツィーの物語を聞きたいという声が、次第に高まってきたからでもあります。私は、オランダ全国、ヨーロッパの各地、またアメリカへと旅をしました。

でも、人の心が最も飢えている場所は、ドイツでした。ドイツは、すっかり荒廃していて、都市は灰と瓦礫の山になっていました。でも、最も恐ろしいことは、人の心が灰になっていたことです。ドイツ国内に一歩足を踏み入れると、国全体にのしかかっている無気味な重みが、ひしひしと感じられるのでした。

ミュンヘンの教会で話した時、ラーフェンスブリュック収容所で、シャワー室の入口に立っていた以前のドイツ兵に会いました。彼は、私が出所してから出会った、収容所関係の最初の人でした。突然、私の目の前に、部屋いっぱいに群がる男たちの嘲笑、衣類の山、苦痛のために白くなったベッツィーの顔が浮かんできました。

会堂内の人が減ってくると、彼は私に近づいて来ましたが、その顔は輝いていました。彼は、深々と頭を垂れて言いました。「あなたのお話が聞けて、とても感謝しています。あなたが言われたように、イエス様が私の罪を洗い流してくださったことを思うと嬉しくてたまりません。」

彼は握手を求めて、勢いよく手を差し延ばしました。ところが、赦してあげるようにと口が酸っぱくなるほどブルーメンダールの人たちに語ってきた私の手は、どうしても前に出ないのです。怒り狂って、復讐したいという気持ちさえ、湧き上がってきました。私は、それが罪であることを知りました。イエス・キリストは、この人のためにも死んでくださったのです。私は、それ以上のことを求めているのでしょうか。主イエス様、私は祈りました。私を赦し、私がこの人を赦してあげられるように助けてください。

私は、無理に笑おうとしました。手を差し延べようと懸命になりました。ところが、できないのです。一片の温かみ、ないしは愛のかけらさえ、心の中に感じることができませんでした。そこで、再び声を出さずに祈りました。イエス様、私はこの人を赦すことができません。どうか、あなたの赦しを、私に与えてください。

彼の手を取った時、とても信じられないことが起こりました。私の肩から腕、それから手先にかけて電流が走り、彼に伝わっていくように思えたのです。私の心の中には、この見知らぬ人への愛があふれ、思わず圧倒されそうになりました。

こうして私は、世の人々の癒やしの原因となるものは、私たち自身の善意でないのはもちろん、私たち自身の赦しでもなく、イエス様の善意であり、赦しであることを発見しました。主が私たちに、敵を愛せよと言われる時、その命令に添えて、愛そのものをも与えてくださるのです。

まさに多くの愛が必要でした。戦後のドイツにとって最も困窮していたものは、家でした。九百万もの人たちに、住む家がなかったと言われています。そのような人たちは、積み上げられた石の中や半壊のビルや捨てられた軍用トラックの中に住んでいました。

ある教会のグループに招かれて、廃屋になった工場に住み着く百世帯の家族に話すことになりました。プライバシーをかろうじて守るために、シーツや毛布をぶら下げて各家庭の仕切りができていました。けれどもそれが、赤ん坊の泣き声、ラジオのがなり立てる音、家族喧嘩の怒鳴り声など、音をさえぎるわけにはいきません。

ここにいる人たちに、神の実在を話して、私だけが町の郊外にある教会専用の宿泊所の閑静な部屋に引き揚げることができるでしょうか？　できるはずはありません。私は、これらの人たちにメッセージを伝える前に、まず彼らの間で生活すべきです。

そうして工場に住んでいる時のことでした。ある救済団体の理事長が会いに来ました。その人は、私がオランダで行っている人々の回復のための働きを聞いているが、ドイツでも同じことをしてもらえないだろうかと言うのです。私は、そのようなことをする専門の訓練を受けていない、と答えようとしました。ところが、彼の次の言葉が、私を沈黙させてしまったのです。

「私たちは、もうその仕事のための場所を見つけているんです。それは、政府から払い下げになったばかりの、以前の強制収容所です。」

私たちは、その収容所の下検分をするために、ダルムシュタットまで車を飛ばしました。巻き付けられた有刺鉄線は錆びてなお、まだ周囲を取り巻いていました。私は、灰色がかった淡褐色の兵舎の間にある、石炭の燃えがらを敷き詰めた道を、ゆっくり歩いて行きました。きしむ扉を押し開け、金属製の簡易ベッドの列の間に足を踏み入れました。

「植木箱をね――」と、私は言いました。

「どの窓にも置きましょうよ。もちろん、有刺鉄線は除かねばなりません。それから、ペンキで壁を塗り替える必要があります。緑のペンキです。若草のような明るい黄緑です。春になって、新しいいのちが芽生える時の色です……」

それから……

一九四六年、コーリーは、ドイツ・ルーテル教会の委員会の人たちとともに、ホームならびに新生の場として、ダルムシュタットに施設を開きました。それは一九六〇年まで用いられていましたが、繁栄する新しいドイツのビル建設地として場所を譲ることになりました。

ブルーメンダールのホームは、一九五〇年までは、かつて収容所に入れられていた人々や、その他の戦争犠牲者のために開放されていました。それ以後は、一般の人たちの中で休息を必要とし、面倒をみてもらう必要のある人たちをも受け入れるようになりました。それは今でも装いを新たに存続しており、ヨーロッパ各地の患者たちを収容しています。一九六七年以降は、オランダ改革派教会の手によって運営されるようになりました。

ウィレムは、一九四六年の十二月、脊椎カリエスで亡くなりました。彼の絶筆となった『旧約聖書における犠牲の研究』は、痛みが激しくて机に向かうことができなくなったため、立ったままの姿勢で書かれました。

　ウィレムは死ぬ直前に、目を開いてティンに言いました。「キックといっしょになれるから、すばらしい。とても、すばらしい。」一九五三年になってはじめて、家族の者たちは、この二十歳になる息子が、一九四四年にベルゲン・ベルゼンの強制収容所で死んだことを確実な情報によって知りました。現在では、このキックに敬意を表そうと、ヒルフェルスムには「テン・ブーム通り」ができています。

　ピーター・ヴァン・ブールデンは、戦時中の経験をもとに、音楽の天分を神への奉仕にささげました。彼は、多くの敬虔な歌を作曲しましたが、その中には、詩篇や箴言に音符を付けたものもあります。現在、彼と妻、それに五人の子どもたちは、神の愛のメッセージを伝える家族のコーラス・グループとなって、ヨーロッパ全土、および近東地方を旅行しています。

　一九五九年、コーリーは、今は東ドイツにあるラーフェンスブリュックへの訪問団に加わり、ベッツィーと、そこで死んだ九万六千人の女性たちを偲びました。そこに行った時、コーリーは、自分の釈放が実は事務上の「ミス」の結果であることを知りました。彼女が出所して一週間のちに、年配の女性たちは全員、ガス室に連れて行かれたのです。

　現在、八十歳に近いというコーリーは、「人々に伝えなくては」というベッツィーの確信に満ちた言葉どおりに、依然として疲れを知らない旅を続けています。彼女は、鉄のカーテンの内外を含む六十一か国で働き、また教えました。

話す相手がだれであろうと、ビクトリア湖畔のアフリカの学生であろうと、キューバの砂糖きび畑の農夫であろうと、英国の刑務所の囚人であろうと、あるいはウズベキスタンの工場労務者であろうと、彼女はラーフェンスブリュックで直接に学んだことを伝えます。それは、主イエスは損失を栄光に変えることがおできになる、という真理です。

＊　＊

ジョンと私も何度かコーリーの講演ツアーに同行しました。旅に同行することが、彼女から話を聞くための時間を確保する唯一の方法だったからです。オーストリアかハンガリーのホテルで、予定外の夜を過ごすことになったにもかかわらず、コーリーに過去を思い起こしてもらうのは困難なことでした。コーリーは過去の出来事について質問されることよりも、翌朝の地元の牧師たちとの朝食会や、これから開かれる若者たちの集会のことを気にかけていたからです。

「ああ、あの十代の子たちは、自分が神に愛されていることを知ったら、どんなに喜ぶかしら！」

そんなコーリーからすばらしい話を聞けたのは、彼女がチャパクアにある私たちの家に滞在した時のことです。わが家の子どもたちは、コーリーが来てくれることをとても喜んでいました。一人一人を、教会の最高指導者や市長と同じくらい重要な存在として扱うコーリーを、子どもたちは心から慕っていました。

さらに、コーリーは抽象的な神学の概念をシンプルに、かつ具体的に伝える方法に長けていました。十三歳になる娘のリズと私が、コーリーの荷ほどきを手伝っていた時のことです。リズがスーツケースの底から、不揃いな縫い目で、糸の色もばらばらでほつれている、いかにも素人っぽい刺繍が施された一枚の畳まれた布を取り出しました。

「何を作っているの？」リズは当惑しながら尋ねました。

「ああ、それは私のじゃないわ。これは、最も偉大な織り手の作品よ。」コーリーは答えました。リズは怪訝そうな顔で、もつれ合った乱雑な刺繍を見つめました。

コーリーはリズの手から、その哀れな作品を受け取り、「見て、リズ。これが、私たちの狭い視野から見た人生の姿なのよ。でもね――」

そう言うと、大きく布を広げてひっくり返し、赤、紫、金で刺繍された見事な王冠の刺繍を見せました。

「人生の糸を神にゆだねる時、神はこんなふうにご覧になるのよ！」

一九八〇年代半ば、健康を害したコーリーは宣教の旅に終止符を打ちました。友人たちはコーリーのために、カリフォルニア州に〝引退後〟の家を提供しましたが、コーリーは寝たきりになり、最後の五年間は言葉を発することができなくても、神を証しすることをやめませんでした。

コーリーを励ましに訪れた人たちは、その静かな寝室を後にする時には不思議なほど気持ちが新たにされ、逆に力づけられているのでした。

一九八三年四月十五日、九十一歳の誕生日の夜、コーリーがいつも使っていた言葉を借りれば、ついに「家に帰った」のです。

コーリーの冒険を追ってきた読者のために、そして何よりも私自身のために、彼女の訃報に触れた際の様子を以下に書き留めます。

カリフォルニアから電話がかかってきた時、私はコーリーのために喜ぼうとした。彼女は長いこと、「家に帰る」ことを心待ちにしていたからだ。しかし、この地上から見れば、死とは「別れ」を意味する。

喪失感を感じながら家の中を歩き回り、コーリーが長年にわたって私たちにくれた贈り物ひとつひとつに触れた。アンティークの真鍮のやかん。小さな四角い額縁。さらに小さな丸い額縁。私たちの友人が話してくれた大きな真実を思い起こさせる、小さな品の数々……。

やかんは私に、「優先順位」を教えてくれた。

ある朝、市場に向かう途中の廃品置き場で、へこんですすだらけのそれを見つけたのはベッツィーだった。彼女は買うはずだった肉の代金で、そのやかんを買った。

「ベッツィー！」時計店から二階に上がってきたコーリーが叫んだ。

「あの古いやかんをどうするの？　見て、水が漏れてくるのよ！」

「いいえ、水を入れるために使うものではないわ」とベッツィーは毅然と答えた。

「じゃあ、何に使うの？」

「〝何のため〟でもないわ。コーリー、汚れを落とすまで待って！　この注ぎ口に朝日が反射しているのが見える？　それから……」ベッツィーは急いで付け足した。

「塊の肉の代わりにシチュー用の肉を買ってきたの。そっちのほうがお父さんには嚙みやすいし、私、今日はあまりお腹が空いていないの。ああ、コーリー。このやかんは、私たちが今夜の夕食に何を食べたか忘れてしまった後も、ずっと輝き続けるわよ！」

そして、そのとおりになった。それは、ナチスに追われてベイヨイに避難してきた人々のために輝き続けた。コーリーが強制収容所からひとりで戻った時も、ロシア、中国、ベトナムへの精力的な旅から帰って来た時も輝いていた。このやかんが語る「たましいを養うものは、体を養うものと同じくらい大切だ」というメッセージは、今もわが家で輝き続けている。

四角い額縁の中には、六芒星の形に切られた黄色い布が入っている。星を横切る四つの黒い文字は、オランダ語でユダヤ人を意味する「Jood」である。

私がオランダでコーリーの物語を取材していた時、コーリーは私をマイアー・モセル（ナチスから逃れる間、「エウセビオス（通称・ウーシー）」と名乗っていた）の家に連れて行ってくれた。お茶を飲みながら、コーリーとウーシーは思い出話に花を咲かせた。

「パイプは持っていくけど灰皿を忘れるから、私が追いかけなきゃならないのよ」と、コーリーは〝退避訓練〟を思い出しながら言った。

ウーシーはカップを置くと、部屋を横切って大きなアンティークの食器棚に向かった。そして、一番下の引き出しを開け、テーブルクロスの山の中から、星形の黄色い布切れを取り出した。「なぜこんなものを取っておいたのだろうと、ずっと考えていた。コーリー、今日、きみにあげるためだったんだ。」

その日の午後、私たちはウーシーの星を入れるための額縁を選んだ。それは何年もコーリーの家の壁に掛けられていたが、今は私たちの家に掛けられている。十字架のようにほろ苦いシンボルだ。この星は、私にこう語りかける。

「私たちの人生で耐え難いものは何であれ、愛はそれを美しさに変えることができる。」

では、小さな丸い額縁は？　そこには肌着に使われるような、何の変哲もない白い綿の布が入れられている。実際それは、ゲシュタポの襲撃を受けた時にコーリーが着ていた肌着の一部である。

逮捕後、最初に収容されたシェベニンゲンの刑務所で独房に閉じ込められ時、先が見えない単調な生活はコーリーの勇気を少しずつ蝕んでいった。ノーリーからこっそりと差し入れてもらった針と糸は、すぐに使い切ってしまった。そこでコーリーは肌着のことを思い出した。その裾をほどいて糸にし、肌着に動物、家、人の顔の刺繍を施したのだった。

丸い額縁の中にある布には花が刺繍されており、その上品な茎には、縁《ふち》が優雅にカールした六枚の葉が付いている。よく見ないと、どのような花かわからない（糸と布は同じ色だからだ）。この肌着は、たとえ親しい友人のものであっても、コーリーが私たちにくれたものの中で最も安価なものだろう。けれども、彼女がいなくなった今、はっきりと語りかけてくる。

この白い綿の布は、私たちが最も乏しさを感じている時——友人を失った時、夢が破れた時、人生を美しくするものが何も残っていないように思える時——こそ、神はこう言っておられると教えてくれる。

「あなたは、自分が思っているよりも富んでいるのだ」と。

二〇〇五年九月　ニューヨーク、チャパクアにて

エリザベス・シェリル

1970 年代のある一定の時期、オランダのハールレムにあるテン・ブーム家は博物館として公開されていた。この写真は、隠れ場所の前に立つコーリー。
見学者が隠れ場所の内部を見ることができるように、レンガの壁には穴があけられている。元々の入り口は棚の下の段だった。
1988 年以降、コーリー・テン・ブームの家は、再び博物館となっている。

解　説――なぜ、神は私たちの苦しみを許されるのか？

悪が増大し、この世が闇で包まれたように見える時、私たちはどのように生きればよいのでしょうか。苦難が私たちに襲いかかり、逃げることもできずに悪に翻弄される時に、私たちは、はたして真理に立ち続けることができるのでしょうか。

『わたしの隠れ場』は、第二次世界大戦という暗闇の中で、コーリー・テン・ブームとその家族がどのように神の光を見出したかを描いた物語です。しかし、この本は単なる歴史の証言ではなく、今日の私たちにも鋭い問いを投げかけます。私たちが絶望しそうになる時、神の摂理を信じられるのか？　赦しは本当に可能なのか？　苦しみの中で感謝することができるのか？　これらの問いに対する答えを、この本の中に見出すことができるのです。

この本の著者であるコーリー・テン・ブームは、一八九二年にオランダのハールレムで生まれました。彼女の家族はハールレムで百年以上も時計店を経営し、父も彼女も腕の良い時計職人でしたが、それ以上に、彼女の父親が信仰の柱として立つことで、彼ら家族はハールレムの、ひいては彼らを知る世界中の人々の祝福の泉となったのです。彼らにとって、聖書の言葉は単なる言葉だけにとどまらず、具体的な行動へと突き動かす力そのものでした。

一九四〇年、ナチス・ドイツがオランダに侵攻し、オランダにおいてもユダヤ人迫害が始まりました。テン・ブーム家はユダヤ人を匿《かくま》うことを決意します。彼らの家は文字どおり「隠れ場」となり、多くのユダヤ人の命を救いました。しかし、一九四四年、家族はユダヤ人を匿った罪で逮捕され、コーリーと姉のベッツィーはまずオランダのシュベニンゲン刑務所、次にドイツのラーフェンスブリュック強制収容所へ送られました。極限状況の中で、姉のベッツィーはすべてのことに神の計画があると信じ続けました。それは、苦しみのただ中にあっても神が置かれた場所に光と美しさ、喜びを見出し、神の計画を信じる信仰でした。そして、ベッツィーの死後、奇跡的に生き延びたコーリーは、戦後、赦しと和解のメッセージを世界に伝え続けました。

本書が投げかける最大の問いの一つは、「なぜ、神は私たちの苦しみを許されるのか?」というものです。私たちは日常のささいな不具合や痛み、苦しみにあった時、すぐにそれを取り除いてくださるように神に祈り求めることがよくあります。しかし、聖書が示す神は、単に私たちを目の前の困難から救い出してくださる方ではありません。それらの困難の中にあっても神が共におられるという確信を与えてくださる方です。

収容所での壮絶な状況の中でも、ベッツィーとコーリーは愛を実践し続けました。彼女たちは、絶望のどん底で、聖書の言葉にすがりつき、同じ囚人たちのみならず看守にさえも愛を示し、キリストの愛を証しし続けます。するとそこに賛美が生まれ、礼拝が生まれ、人々が変えられていくのです。暗闇の中でこそ、神のことばが輝きを増し、魂が揺り動かされ、平安で満たされていく様子を垣間見ることができるのです。

戦後、人々の心を蝕み続けたのは、かつての敵への怒りと復讐心でした。ある集会でコーリーはナチスの看守だった男性と再会しました。彼は目の前のコーリーを迫害したことを覚えておらず、「神が私の罪を赦してくださったことを知り感謝します」とコーリーに告げ、握手を求めました。その瞬間、彼女の心には怒りと激しい葛藤が生じました。しかし、彼女は祈りによって気づきます。赦しとは感情ではなく、十字架を通して与えられる神の力による選択なのだと。「しかし、私たちがまだ罪人であったとき、キリストが私たちのために死なれたことによって、神は私たちに対するご自分の愛を明らかにしておられます」（ローマ五・八）。キリストの赦しを受けた者には、他者を赦す道が備えられているのです。コーリーは、自らの弱さを認めながらも、神の力に頼って赦しの道に踏み出したのです。この場面は、まさに福音が現実の人生にどのように適用されるのかを示しています。

この本には、多くの「神の介入」としか思えない出来事が描かれています。たとえば、収容所内で奇跡的に聖書を持ち込むことができたことや、ノミの発生によって看守が部屋に入ろうとせず、バラックの礼拝が守られたことなど。偶然に見えるこれらの出来事は、実は驚くべき神の配材によるものだったのです。私たちはしばしば、神が沈黙しているように感じることがあります。しかし、『わたしの隠れ場』は、神がどこでも、どんな時も働いておられることを教えてくれるのです。

私たちは過去の戦争の歴史を振り返る時、「あの時代は特別に悪い時代だっただけだ」と他人事のように考えてしまいます。しかし、聖書の光に照らされた時に、自分自身が想像以上に罪に染まっていることがあらわにされるのです。そして、私たちは知るようになります。神は、私の想像以上に私のことを、そして、私たちが「敵」だとみなしている人々のことを愛しておられることを。この福音が私たちの人生に息づき始めるならば、コーリーの人生に起こったことが私たちの人生にもそれぞれの形で実現するのではないでしょうか。

『わたしの隠れ場』は、ただの戦争体験記ではありません。神の御言葉がどれほど強力なものかを証しする書です。悪がこの世に増大し、闇が光を覆い隠そうとする時に、私たちはこの証しによって信仰の目を回復させることができるでしょう。苦しみの中でこそ、神の御業は最も輝きます。キリストの言葉は私たちを自由にします。そして、御霊は常に私たちを助けてくださいます。この本を読むことを通して、私たちもまた「隠れ場」である神の愛に気づくことができるのです。

日本長老教会・おゆみ野キリスト教会牧師　出立哲也

コーリー・テン・ブーム（Corrie ten Boom）

1892年、オランダのハールレムで生まれる。
1944年、ナチス占領下のオランダでユダヤ人を匿った罪で逮捕された後、強制収容所へ送られる。戦後、宣教師となり、32年間で60以上の国々で自らの戦争体験と神の愛を語り続ける。
1977年、アメリカに移住。1983年４月、91 歳の誕生日に召天。

邦訳書：『主のための放浪者』『何という愛』（以上、いのちのことば社）など。

わたしの隠れ場

1975年10月20日初版発行
1986年２月10日新装版発行
ニュークラシック・シリーズ
2025年４月20日発行

著　者　コーリー・テン・ブーム
編　者　ジョン・シェリル
　　　　エリザベス・シェリル
訳　者　湖浜　馨
印　刷　日本ハイコム株式会社
発　行　いのちのことば社
〒164-0001 東京都中野区中野2-1-5
TEL03-5341-6923／FAX03-5341-6925
e-mail:support@wlpm.or.jp
http://www.wlpm.or.jp

ISBN 978-4-264-04542-7

ニュークラシック・シリーズの刊行にあたって

いのちのことば社は創立以来今日まで、人々を信仰の決心に導くための書籍、信仰の養いに役立つ書籍の出版を続けてきました。このたび創立七十周年を迎えるにあたり、過去に出版された書籍の中から、「古典」と目されるものや、将来的に「古典」となると思われるものを、読者の皆様のご意見を参考にしながら厳選し、シリーズ化して順次刊行することにいたしました。聖句は原則として「聖書 新改訳２０１７」に差し替え、本文も必要に応じて修正します。

今の時代の人々に読んでいただきたい、今後も読み継がれていってほしいとの願いを込めて、珠玉のメッセージをお届けします。

二〇二〇年